FAC • UNIVERSITÉS

MÉMENTOS LMD

DROIT DES OBLIGATIONS

13e édition 2016-2017

Corinne RENAULT-BRAHINSKY

est Docteur en droit et auteur de nombreux livres de droit à destination des étudiants en droit (licence et master). Retrouvez-la sur Facebook (L'auteur Corinne Renault-Brahinsky) ou sur Twitter (@CorinneRB).

Du même auteur, chez le même éditeur

Collection « Carrés Rouge »

- *L'essentiel du droit des personnes*, 10e édition 2016-2017.
- *L'essentiel du droit de la famille*, 14e édition 2015-2016.
- *L'essentiel du droit des obligations*, 12e édition 2016-2017.
- *L'essentiel de la procédure pénale*, 16e édition 2016-2017.
- *L'essentiel du droit des régimes matrimoniaux*, 8e édition 2015.
- *L'essentiel du droit des successions*, 8e édition 2015.
- *L'essentiel de la Réforme du droit des obligations*, 2016.

Collection « Mémentos LMD »

- *Droit des régimes matrimoniaux*, 8e édition 2016-2017.
- *Droit des obligations*, 13e édition 2016-2017.
- *Procédure pénale*, 17e édition 2016-2017.
- *Droit des personnes et de la famille*, 15e édition 2016-2017.
- *Droit des successions*, 8e édition 2015.

Collection « Droit en poche »

- *Le nouveau droit des contrats en 22 fiches expliquées*, 2016.

70, rue du Gouverneur Général Éboué
92131 Issy-les-Moulineaux cedex
ISBN 978 - 2 - 297 - 05559 - 8
ISSN 1288-9199

FAC • UNIVERSITÉS

MÉMENTOS LMD

DROIT DES OBLIGATIONS

À jour de la réforme du droit des obligations (ord. 10/02/2016)

Corinne RENAULT-BRAHINSKY

13e édition 2016-2017

Gualino
une marque de Lextenso

FAC • UNIVERSITÉS

MÉMENTOS LMD

La collection pour les étudiants en licence (L1, L2 et L3)
Droit, Économie et Gestion.
Chaque livre rend accessibles les connaissances
à acquérir pour réussir les examens.

Présentation

L'ordonnance n° 2016-131 du 10 février 2016 portant réforme du droit des contrats, du régime général et de la preuve des obligations constitue une réforme majeure du Code civil, dont l'entrée en vigueur est prévue pour le 1er octobre 2016. Les contrats conclus avant cette date sont soumis à la loi ancienne, sauf pour les dispositions des articles 1123, alinéas 3 et 4 (action interrogatoire en matière de pacte de préférence), 1158 (action interrogatoire en matière de représentation), et 1183 (action interrogatoire en matière de nullité), applicables ***immédiatement au 1er octobre 2016***. Lorsqu'une ***instance a été introduite*** avant l'entrée en vigueur de l'ordonnance, l'action est poursuivie et jugée conformément à la loi ancienne. Cette règle s'applique également en appel et en cassation.

Le ministère de la Justice a également lancé fin avril 2016 une consultation sur un avant-projet de loi de réforme de la responsabilité civile.

Tenant compte de ces récentes réformes, cet ouvrage présente l'ensemble des connaissances indispensables qu'un étudiant en ***deuxième année de licence en Droit*** ou un ***candidat aux divers concours de la fonction publique*** (École nationale de la magistrature, Centre de formation des avocats, etc.) comportant une épreuve de droit civil doit avoir sur le ***droit des contrats*** et la ***responsabilité civile***.

Il fait suite au livre du même auteur « *Droit des personnes et de la famille* » consacré au programme de Droit civil de première année de licence.

Le présent ouvrage développe, après un premier chapitre consacré aux principes généraux relatifs à l'obligation :

– ***le contrat*** : les principes généraux, le consentement, la forme du contrat, la sanction des conditions de fond du contrat, les effets du contrat, la durée du contrat, la cession du contrat, l'inexécution du contrat ;

– ***le fait juridique*** : dommage, lien de causalité, responsabilité du fait personnel, responsabilité du fait d'autrui, responsabilité du fait des choses, accidents de la circulation, quasi-contrats ;

– ***le régime des obligations*** : les modalités de l'obligation, les opérations sur obligations, les actions ouvertes au créancier, l'extinction de l'obligation, les restitutions.

L'ouvrage intègre l'***ordonnance n° 2016-131 du 10 février 2016*** et inclut les textes de l'***avant-projet de réforme de la responsabilité civile***.

Sommaire

PARTIE 1
Les sources des obligations

TITRE 1 • Le contrat

SOMMAIRE

Chapitre 5 Le contenu du contrat 79

SOMMAIRE

SOMMAIRE

TITRE 2 • La responsabilité civile

SOMMAIRE

TITRE 3 • Les quasi-contrats

PARTIE 2
Le régime des obligations

SOMMAIRE

Liste des principales abréviations

AJDI	*Actualité Juridique de Droit Immobilier (Dalloz)*
Cass. ass. plén., Cass. ch. mixte, Ch. réunies	Arrêt de la Cour de cassation siégeant en Assemblée plénière, en Chambre mixte, toutes Chambres réunies
Bull. inf. C. cass.	*Bulletin d'informations de la Cour de cassation*
Bull. civ.	*Bulletin des arrêts des Chambres civiles de la Cour de cassation*
Bull. crim.	*Bulletin des arrêts de la Chambre criminelle de la Cour de cassation*
C. assur.	Code des assurances
CCH	Code de la construction et de l'habitation
C. civ.	Code civil
C. consom.	Code de la consommation
C. mon. fin.	Code monétaire et financier
Cons. const.	Conseil constitutionnel
C. pén.	Code pénal
CPC	Code de procédure civile
CPC exéc.	Code des procédures civiles d'exécution
CE	Arrêt du Conseil d'état
CPI	Code de la propriété intellectuelle
C. rur.	Code rural
CSS	Code de la sécurité sociale
C. transp.	Code des transports
D.	*Recueil Dalloz*
DC	*Recueil critique de jurisprudence et de législation Dalloz*
Defrénois	*Répertoire général du notariat*
DH	*Recueil hebdomadaire de jurisprudence Dalloz*
DP	*Recueil périodique et critique mensuel Dalloz*
Dr. et patr.	*Droit et patrimoine*
Gaz. Pal.	*La Gazette du Palais*
JCP	*La Semaine Juridique*
JCP E	*JCP édition Entreprise*
JCP N	*JCP édition Notariale*
Jur.	Jurisprudence
LPA	*Les Petites Affiches*
LPF	Livre des procédures fiscales
rapp.	Rapport
Req.	Arrêt de la Cour de cassation, chambre des requêtes
Resp. civ. et assur.	*Revue Responsabilité civile et assurance*
RDC	*Revue des contrats*
RDSS	*Revue de droit sanitaire et social*
RLDC	*Revue Lamy de droit civil*
RRJ	*Revue de recherche juridique et de droit prospectif*
RS morales et politiques	*Revue des sciences morales et politiques*
RTD civ.	*Revue trimestrielle de droit civil*
RTD com.	*Revue trimestrielle de droit commercial et de droit économique*
S.	*Recueil Sirey*
Soc.	Arrêt de la Cour de cassation, Chambre sociale

CHAPITRE 1

Les principes généraux relatifs à l'obligation

L'obligation est un lien de droit c'est-à-dire un rapport juridique entre deux personnes en vertu duquel l'une d'elles, le créancier, a le pouvoir d'exiger de l'autre, le débiteur, l'accomplissement d'une prestation.

1 • LES SOURCES DES OBLIGATIONS

Les obligations trouvent leurs sources ***dans les actes juridiques, les faits juridiques ou l'autorité seule de la loi*** (C. civ., art. 1100 nouv.). L'ancien article 1370 distinguait 4 sources différentes des obligations : la convention ou contrat, la loi, les quasi-contrats et les délits et quasi-délits.

A - L'acte juridique

Le nouvel article 1100-1 du Code civil définit dans son premier alinéa les **actes juridiques** comme « *des manifestations de volonté destinées à produire des effets de droit. Ils peuvent être conventionnels ou unilatéraux* ».

L'***acte juridique*** est une opération produite en vue d'obtenir une modification dans l'ordre juridique. Il s'agit d'une opération à la base de laquelle se trouve la volonté du sujet de droit.

Les règles qui régissent la validité et les effets de ces actes sont « en tant que de raison », celles qui gouvernent les contrats (C. civ., art. 1100-1, al. 2 nouv.). Les règles du droit des contrats sont donc applicables à tous les actes juridiques, notamment aux actes juridiques unilatéraux tels que par exemple l'offre et l'acceptation.

B - Le fait juridique

L'alinéa 1er du nouvel article 1100-2 du Code civil définit les faits juridiques comme « *des agissements ou des événements auxquels la loi attache des effets de droit* ». Il peut s'agir de faits volontaires ou non :

- ***les faits involontaires*** : ils se produisent indépendamment de la volonté de ceux qu'ils concernent (ex. : la naissance) ;
- ***les faits volontaires*** : ces faits sont voulus par leur auteur. Ils peuvent être licites (gestion d'affaires, paiement de l'indu, enrichissement injustifié ou possession) ou illicites (faits générateurs de responsabilité).

Le régime juridique des faits juridiques est prévu par les dispositions relatives à la responsabilité extracontractuelle ou aux autres sources d'obligations (C. civ., art. 1100-2, al. 2 nouv.), ces dernières étant composées des seuls quasi-contrats.

C - L'obligation naturelle

L'obligation naturelle constitue une catégorie particulière d'obligations puisqu'elle est ***dépourvue de sanction*** : le créancier ne possède pas de pouvoir de contrainte en vue d'en obtenir l'exécution. L'obligation naturelle relève d'un devoir de conscience du débiteur envers le créancier. Par exemple, il n'existe pas d'obligation civile de verser des aliments entre frères et sœurs, mais il peut exister une obligation naturelle correspondant à un devoir moral.

Le nouvel article 1100 du Code civil consacre dans son 2e alinéa comme source d'obligations l'exécution volontaire ou la promesse d'exécution d'un devoir de conscience envers autrui. Ce texte confirme la jurisprudence de la Cour de cassation relative à l'***obligation naturelle.***

1) La notion d'obligation naturelle

Deux théories s'affrontent en matière d'obligation naturelle :

- selon une première théorie dite ***théorie objective***, une obligation naturelle est imparfaite car éteinte (dette prescrite), ou nulle, d'une nullité qui ne heurte pas l'ordre public. Les tenants de cette théorie opposent les obligations civiles, qu'ils qualifient de « parfaites », aux obligations naturelles, qu'ils qualifient d'« imparfaites » ;
- selon une deuxième théorie dite ***théorie subjective***, l'obligation est un devoir moral, un devoir de conscience particulièrement fort mais qui n'est pas sanctionné par le droit. Certains auteurs ont parlé d'« *obligation civile dégénérée* » ou de « *devoir moral qui monte vers l'obligation civile* »[1].

L'obligation naturelle est une obligation juridique qui n'a pas toutes les composantes de l'obligation civile : le devoir existe, mais pas la contrainte.

2) Les effets de l'obligation naturelle

Le Code civil prévoit désormais que ***l'obligation naturelle peut être transformée en obligation civile***. Cette solution est le résultat d'une lente évolution :

- la jurisprudence a longtemps considéré que ***l'obligation civile pouvait être novée par la promesse d'exécution*** du débiteur de l'obligation naturelle. Cette explication était contestable puisqu'il n'existe pas d'obligation civile ancienne s'éteignant et donc pas de novation possible (V. la novation, Chapitre 23) ;
- dans un arrêt du 10 octobre 1995[2], la Cour de cassation a estimé que « *La transformation, improprement qualifiée novation, d'une obligation naturelle en obligation civile, repose sur un engagement unilatéral d'exécuter l'obligation naturelle et ne nécessite donc pas qu'une obligation civile ait elle-même préexisté à celle-ci* » : son

1. Ripert, *La règle morale dans les obligations civiles*, 4e éd., LGDJ, 1949, n° 187.
2. Cass. 1re civ., 10 octobre 1995, n° 90-20300 : D. 1997, Jur. p. 155, note Pignarre ; Cass. 1re civ., 17 novembre 1999 : JCP 2001, II, 10458, note Chassagnard S. ; RTD civ. 2000, p. 297, obs. Hauser J.

analyse consiste à considérer que l'exécution ou la promesse d'exécution d'une obligation naturelle constitue un ***engagement unilatéral de volonté*** ;
- l'ordonnance du 10 février 2016 valide la jurisprudence de 1995 : le nouvel article 1100 du Code civil prévoit dans son 2ᵉ alinéa que les obligations « *peuvent naître de l'**exécution volontaire ou de la promesse d'exécution d'un devoir de conscience envers autrui*** ».

L'exécution volontaire de l'obligation empêche la répétition de ce qui a été versé : n'étant pas un lien de droit, l'obligation naturelle ne peut faire l'objet d'un paiement forcé ; si elle a été payée volontairement, l'engagement est valable et celui qui a payé ne peut obtenir remboursement : « *La restitution n'est pas admise a l'égard des obligations naturelles qui ont été volontairement acquittées* » (C. civ., art. 1302, al. 2 nouv.).

2 • LES CARACTÈRES DE L'OBLIGATION

Le rapport d'obligation a un ***caractère personnel*** : il met en rapport deux personnes désignées. Le créancier possède un droit contre le débiteur. Aujourd'hui, cette personnalisation est moins importante que dans le droit romain. Il est ainsi admis aujourd'hui que le débiteur peut changer. Le rapport d'obligation est personnel, par opposition à un droit réel : les droits réels constituent des pouvoirs sur les choses tandis que les droits personnels ou droits de créance permettent à une personne d'exiger une prestation d'une autre.

Le rapport d'obligation a un ***caractère patrimonial*** : il s'agit d'un droit qui a une valeur pécuniaire c'est-à-dire qu'il peut être évalué en argent. Néanmoins, l'admission de la réparation du préjudice moral apporte une limite au caractère purement patrimonial du rapport d'obligation. Le patrimoine comprend des droits de créance (passif) et des droits réels (actif).

Le rapport d'obligation a un ***caractère transmissible*** : il s'agit d'une atténuation du caractère personnel. La transmission peut être active du côté du créancier ou passive du côté du débiteur.

Le rapport d'obligation a un ***caractère mobilier*** : le rapport d'obligation est à l'actif du patrimoine du créancier parmi les biens mobiliers incorporels.

3 • LA PREUVE DES OBLIGATIONS

Le Code civil consacre désormais un titre complet à la preuve des obligations. Les dispositions tirées de l'ordonnance du 10 février 2016 réorganisent largement la matière, abordant dans un premier temps les principes généraux relatifs à la preuve puis l'admissibilité des modes de preuves et enfin les différents modes de preuve.

A - Les principes généraux relatifs à la preuve

Les dispositions générales sont relatives à la charge de la preuve, aux présomptions, à l'autorité de la chose jugée et aux contrats sur la preuve.

1) La charge de la preuve

Le nouvel article 1353 du Code civil reprend le principe classique, déjà énoncé à l'ancien article 1315, selon lequel celui qui réclame l'exécution d'une obligation doit en apporter la preuve, de même que celui qui s'en prétend libéré.

2) Les présomptions

L'ordonnance du 10 février 2016 ne reprend ni la définition des présomptions, ni ***l'énumération des présomptions légales***. Le nouvel article 1354, alinéa 1er du Code civil conserve la règle selon laquelle « *La présomption légale que la loi attache à certains actes ou à certains faits en les tenant pour certains dispense celui au profit duquel elle existe d'en rapporter la preuve* ».

Une hiérarchie est établie entre les présomptions en fonction de leur force probante (C. civ., art. 1354, al. 2 nouv.) :

- la ***présomption simple*** est celle pour laquelle la loi réserve la preuve contraire et qui peut être renversée par tout moyen de preuve ;
- la ***présomption mixte*** est celle pour laquelle les moyens de preuve contraire sont limités par la loi ;
- la ***présomption irréfragable*** est celle qui ne peut être renversée.

3) L'autorité de la chose jugée

« *L'autorité de la chose jugée n'a lieu qu'à l'égard de ce qui a fait l'objet du jugement. Il faut que la chose demandée soit la même ; que la demande soit fondée sur la même cause ; que la demande soit entre les mêmes parties, et formée par elles et contre elles en la même qualité* » (C. civ., art. 1355 nouv.).

4) Les « contrats sur la preuve »

L'ordonnance du 10 février 2016 a consacré les « *contrats sur la preuve* », c'est-à-dire la ***liberté contractuelle en matière de preuve*** : « *Les contrats sur la preuve sont valables lorsqu'ils portent sur des droits dont les parties ont la libre disposition* » (C. civ., art. 1356 nouv.).

Les dispositions sur la preuve étant d'***ordre public***, il a existé longtemps une réticence à permettre aux parties de conclure un accord sur cette question. L'ancien article 1316-2 admettait déjà les conventions entre les parties sur les conflits de preuve littérale. La doctrine et la jurisprudence s'étaient également montrées favorables à une telle évolution[3].

Certaines clauses sont néanmoins ***interdites*** (C. civ., art. 1356, al. 2 nouv.) :

- les clauses qui contredisent les présomptions irréfragables établies par la loi ;
- les clauses modifiant la foi attachée à l'aveu ou au serment ;
- les clauses qui établissent une présomption irréfragable au profit de l'une des parties.

Le nouvel article 1357 du Code civil renvoie au Code de procédure civile pour les règles concernant l'administration judiciaire de la preuve et les contestations qui s'y rapportent.

---

3. Cass. 1re civ., 8 novembre 1989, n° 86-16197.

Il permet ainsi de distinguer les règles de preuve qui relèvent du Code civil de celles qui relèvent du Code de procédure civile.

B - L'admissibilité des modes de preuve

Sur quoi doit porter la preuve et comment doit-elle être rapportée ?

1) Le principe de la liberté de la preuve

La preuve est libre : elle peut être apportée par ***tout moyen***, à l'exception des cas où la loi en dispose autrement (C. civ., art. 1358 nouv.). La distinction faite avant l'ordonnance du 10 février 2016 entre faits juridiques et actes juridiques a été abandonnée.

2) Les exceptions à la liberté de la preuve

Les textes prévoient parfois l'***obligation de prouver par écrit***. Des dispositions particulières sont organisées en cas d'impossibilité matérielle ou morale de se procurer un écrit. Il existe également des moyens de suppléer l'écrit.

a) L'obligation de prouver par écrit

Par exception, un écrit est imposé pour un grand nombre d'actes juridiques :

- la preuve de l'***acte juridique « portant sur une somme ou une valeur excédant un montant fixé par décret*** » (1 500 € selon le décret n° 2004-836 du 20 août 2004) doit être apportée par écrit sous signature privée ou authentique (C. civ., art. 1359, al. 1er nouv.) ;
- il ne peut être ***prouvé outre ou contre un écrit***, « *même si la somme ou la valeur n'excède pas ce montant* » que par un autre écrit sous signature privée ou authentique (C. civ., art. 1341, al. 2 nouv.) ;
- il n'est pas possible d'échapper à l'exigence d'une preuve par écrit sous signature privée ou authentique pour celui qui ***restreint sa demande ou fractionne sa demande*** pour parvenir à une somme inférieure au seuil de 1 500 € (C. civ., art. 1341, al. 2 et 3 nouv.).

b) L'impossibilité matérielle ou morale de se procurer un écrit

En cas d'***impossibilité matérielle ou morale de se procurer un écrit***, s'il est d'***usage*** de ne pas établir un écrit, ou lorsque l'écrit a été perdu par ***force majeure***, il peut être fait exception aux exceptions prévues à l'obligation de prouver par écrit (C. civ., art. 1360 nouv.). Jusqu'à l'ordonnance du 10 février 2016, l'usage ne faisait pas partie des causes d'impossibilité de se procurer un écrit prévues par la loi mais le principe en était admis par la jurisprudence[4].

c) Les moyens de suppléer l'écrit

L'aveu judiciaire, le serment décisoire ou un commencement de preuve par écrit corroboré par un autre moyen de preuve peuvent ***suppléer l'écrit*** (C. civ., art. 1361 nouv.).

---

4. Cass. 1re civ., 17 mars 1982, n° 80-11937.

Le ***commencement de preuve par écrit doit être complété*** (C. civ., art. 1361 nouv.), conformément à la jurisprudence[5]. « *Constitue un commencement de preuve par écrit tout écrit qui, émanant de celui qui conteste un acte ou de celui qu'il représente, rend vraisemblable le fait allégué* » (C. civ., art. 1362, al. 1er nouv.).

Peuvent servir de commencement de preuve par écrit (C. civ., art. 1362, al. 2 nouv.) :

– les ***déclarations*** faites par une partie lors de sa comparution personnelle, son ***refus de répondre ou son absence*** à la comparution ;
– la mention d'un écrit authentique ou sous signature privée sur un ***registre public***.

C - Les différents modes de preuve

Les différents modes de preuve sont l'écrit, le témoignage, la présomption judiciaire, l'aveu et le serment.

1) La preuve par écrit

« *L'écrit consiste en une suite de lettres, de caractères, de chiffres ou de tous autres signes ou symboles dotés d'une signification intelligible, quel que soit leur support* » (C. civ., art. 1365 nouv.).

a) Dispositions générales

Le nouvel article 1363 du Code civil consacre le principe avancé par la jurisprudence selon lequel « ***Nul ne peut se constituer de titre à soi-même*** ». La jurisprudence récente a limité la portée de ce principe à la preuve des actes juridiques.

Il est possible de préconstituer la preuve d'un acte juridique par un écrit en la forme authentique ou sous signature privée (C. civ., art. 1364 nouv.). Cette règle, intégrée au Code civil par l'ordonnance du 10 février 2016, a une fonction probatoire ; il ne s'agit pas d'une condition de validité de l'acte.

L'***écrit papier et l'écrit électronique*** sont considérés comme équivalents, à condition que « *puisse être dûment identifiée la personne dont il émane et qu'il soit établi et conservé dans des conditions de nature à en garantir l'intégrité* » (C. civ., art. 1366 nouv.).

La ***signature électronique*** est considérée comme équivalente à la signature manuscrite, dès lors qu'elle « *consiste en l'usage d'un procédé fiable d'identification garantissant son lien avec l'acte auquel elle s'attache* » (C. civ., art. 1367 nouv.). Le procédé est présumé ***fiable*** « *jusqu'à preuve contraire, lorsque la signature électronique est créée, l'identité du signataire assurée et l'intégrité de l'acte garantie, dans des conditions fixées par décret en conseil d'État* ».

Le juge règle les ***conflits de preuves*** en déterminant, à défaut de dispositions ou de conventions contraires, lequel des titres est ***le plus vraisemblable*** (C. civ., art. 1368 nouv.).

5. Cass. 1re civ., 12 juillet 1972, n° 71-12249.

b) L'acte authentique

1. La notion d'acte authentique

La ***définition*** de l'acte authentique exige désormais la qualité d'officier d'état civil de celui qui établit l'acte (C. civ., art. 1369, al. 1er nouv.).

L'acte authentique « *peut être dressé sur **support électronique** s'il est établi et conservé dans des conditions fixées par décret en Conseil d'État* » (C. civ., art. 1369-1, al. 2 nouv.).

L'acte authentique reçu par un ***notaire*** est ***dispensé de toute mention manuscrite*** exigée par la loi (C. civ., art. 1369, al. 3 nouv.).

L'acte authentique sera considéré comme acte sous seing privé en cas de ***défaut d'authenticité*** (en raison de l'incompétence ou de l'incapacité de l'officier d'état civil ou d'un défaut de forme), s'il a été signé par les parties (C. civ., art. 1370 nouv.).

2. La force probante de l'acte authentique

« *L'acte authentique fait foi jusqu'à inscription de faux de ce que l'officier public dit avoir personnellement accompli ou constaté. En cas de demande d'inscription de faux, le juge peut suspendre l'exécution de l'acte* » (C. civ., art. 1371 nouv.). Issu de l'ordonnance du 10 février 2016, le texte permet désormais au juge de disposer systématiquement de la faculté de prononcer la suspension de l'exécution d'un acte authentique faisant l'objet d'une inscription de faux et non plus seulement lorsque l'inscription de faux est faite incidemment.

c) L'acte sous signature privée

L'« *acte sous seing privé* » devient l'« *acte sous signature privée* ». Il s'agit d'un acte rédigé par les parties elles-mêmes.

La force probante de l'acte sous signature privée reste sans changement : il ***fait pleine foi de la convention qu'il renferme*** (C. civ., art. 1372 nouv.).

L'acte sous signature privée fait foi non seulement entre les parties mais également à l'égard de leurs ***héritiers et ayants cause***, dès lors qu'il est reconnu par celui à qui on l'oppose ou que la loi le considère comme tel (C. civ., art. 1372 nouv.).

Lorsqu'une partie ***désavoue l'écriture ou la signature*** figurant dans l'acte qui lui est opposé, il y aura vérification d'écriture (C. civ., art. 1373 nouv.), selon la procédure prévue aux articles 287 et suivants du Code de procédure civile. Cette possibilité est également donnée aux héritiers et ayants cause d'une partie.

L'exigence de la ***formalité du double*** pour les contrats synallagmatiques a été reprise par l'ordonnance du 10 février 2016 (C. civ., art. 1375 nouv.) mais les parties ont désormais la possibilité d'y faire exception en convenant de remettre à un tiers l'unique exemplaire dressé.

La pluralité d'originaux n'est pas exigée lorsque les parties ont ***déposé l'acte entre les mains d'un tiers*** (C. civ., art. 1375, al. 1er *in fine* nouv.), conformément à la jurisprudence[6].

La ***signature*** de celui qui souscrit ainsi que la ***mention manuscrite*** par celui-ci de la somme ou de la quantité en toutes lettres et en chiffres sont également exigées pour

---

6. Cass. 3e civ., 5 mars 1980, no 78-15747.

les actes constatant un engagement unilatéral portant sur une somme d'argent ou un bien fongible. Il s'agit d'une ***formalité de preuve*** et non d'une condition de validité (C. civ., art. 1376 nouv.). « *En cas de différence, l'acte sous signature privée vaut preuve pour la somme écrite en toutes lettres* » (C. civ., art. 1376 *in fine* nouv.).

Confèrent ***date certaine*** à un acte le jour de son enregistrement, le jour de la mort d'un signataire et le jour où la substance de l'acte est constatée dans un acte authentique (C. civ., art. 1377 nouv.).

Le nouvel article 1374, issu de l'ordonnance du 10 février 2016, introduit dans le Code civil l'***acte sous signature privée contresigné par avocat*** dans le Code civil (loi n° 2011-331 du 28 mars 2011). Il s'agit d'un acte sous signature privée dont la force probante est renforcée. Les parties comme leurs héritiers et ayants cause ne peuvent pas en dénier la signature ou ne pas reconnaître les signatures figurant sur l'acte c'est-à-dire que la procédure de vérification d'écriture ne peut s'appliquer (mais les parties peuvent en contester le contenu, contrairement à celui de l'acte authentique). « *La procédure de faux prévue par le Code de procédure civile lui est applicable* » (C. civ., art. 1374, al. 2 nouv.). Comme l'acte reçu par notaire, l'acte contresigné par avocat « *est dispensé de toute mention manuscrite exigée par la loi* » (C. civ., art. 1374, al. 3 nouv.).

d) Les autres écrits

Trois types supplémentaires d'écrits peuvent être distingués :

- les ***registres et livres des professionnels*** (C. civ., art. 1378 nouv.) : ils ont, contre leur auteur, la même force probante que les écrits sous signature privée à condition de ne pas en diviser les mentions ;
- les « ***registres et papiers domestiques*** » : ils ne peuvent constituer une preuve en faveur de celui qui les a écrits. Ils peuvent même faire foi contre lui dans certains cas (C. civ., art. 1378-1 nouv.) ;
- la ***mention libératoire*** (C. civ., art. 1378-2 nouv.) : la mention d'un paiement ou d'une autre cause de libération portée par le créancier sur un titre original ou la mention portée sur le double d'un titre ou d'une quittance, crée une présomption simple de libération du débiteur, dès lors que celui-ci l'a toujours en mains.

2) Les copies

La copie a désormais la même force probante que l'original à condition d'être ***fiable et durable*** (C. civ., art. 1379 nouv.).

L'appréciation de la ***fiabilité*** est laissée au juge mais la copie exécutoire ou authentique d'un écrit authentique bénéficie d'une présomption irréfragable de fiabilité alors que la copie simple bénéficie d'une présomption simple de fiabilité, à condition qu'elle soit fidèle à l'original et durable.

Enfin, « *Si l'original subsiste, sa présentation peut toujours être exigée* » (C. civ., art. 1379, al. 3 nouv.).

Ces dispositions s'appliquent aussi bien à la preuve d'un acte juridique qu'à celle d'un fait juridique.

3) Les actes récognitifs

L'acte récognitif permet de ***reconnaître un droit déjà constaté dans un acte antérieur*** en y faisant figurer à nouveau la signature des parties, ce qui le différencie de la copie. Il ***fait foi dès lors qu'il reproduit la teneur de l'acte original***. Ce dernier prévaut en cas de contradiction de celui-ci avec l'acte récognitif (C. civ., art. 1380, al. 2 nouv.). La force probante de l'acte récognitif reste donc limitée.

4) La preuve testimoniale

Selon le nouvel article 1381 du Code civil comme pour la jurisprudence, la force probante du témoignage d'un tiers (recueilli selon les formes prévues au Code de procédure civile) est ***laissée à l'appréciation du juge***.

5) Les présomptions judiciaires

L'article 1382 permet au juge de recourir à des ***indices*** : les présomptions autres que celles établies par la loi sont ***laissées à l'appréciation du juge***. Le juge ne peut admettre des présomptions que « *si elles sont* ***graves, précises et concordantes*** » et uniquement dans les cas où la loi admet la preuve par tout moyen.

La jurisprudence permet au juge de se fonder « *sur un fait unique, si celui-ci leur paraît de nature à établir la preuve nécessaire* »[7].

6) L'aveu

L'aveu est désormais ***défini*** en tenant compte des souhaits de la doctrine et de la jurisprudence (C. civ., art. 1383 nouv.) : « *L'aveu est la déclaration par laquelle une personne reconnaît pour vrai un fait de nature à produire contre elle des conséquences juridiques* » (al. 1er). L'aveu peut être judiciaire ou extrajudiciaire (C. civ., art. 1383, al. 2 nouv.) :

- l'***aveu extrajudiciaire*** ne peut être reçu que dans les hypothèses où la loi permet la preuve par tout moyen. Sa valeur probante doit être laissée à l'appréciation des juges du fond (C. civ., art. 1383-1, al. 2 nouv.)[8] ;
- « *L'**aveu judiciaire** est la déclaration que fait en justice la partie ou son représentant spécialement mandaté* » (C. civ., art. 1383-2, al. 1er nouv.) : il fait foi contre celui qui l'a fait, ne peut être divisé contre son auteur et est irrévocable, sauf en cas d'erreur de fait (C. civ., art. 1383-2, al. 2 à 4 nouv.).

7) Le serment

Le serment n'est pas défini par le Code civil. Plusieurs types de serments sont distingués (art. 1384) :

- le ***serment décisoire*** est déféré par une partie à titre décisoire. De ce serment dépend le jugement de la cause (C. civ., art. 1384 nouv.). La force probante du serment est absolue (C. civ., art. 1385-3 nouv.) ;

---

7. Cass. 1re civ., 18 mars 1997, n° 94-21396.
8. Cass. com., 28 novembre 1995, n° 92-15106.

– le ***serment supplétoire*** peut être déféré d'office par le juge à une partie (C. civ., art. 1386, al. 1er et 2 nouv.). Sa valeur probante « *est **laissée à l'appréciation du juge*** » (C. civ., art 1386, al. 3 nouv.)[9].

L'ancien article 1369 relatif au ***serment estimatoire*** n'est pas repris par le nouveau texte.

BIBLIOGRAPHIE

BRENNER (C.), « Sources des obligations dans le Code civil rénové : passage à l'acte ou acte manqué ? », JCP G, 2016, Libres propos, 524, p. 898.

COUDRAIS (M.), « L'obligation naturelle : une idée moderne ? », RTD civ. 2011, p. 453.

DENIZOT (A.), « L'étonnant destin de la théorie du patrimoine », Dr. famille, nov. 2014, n° 11.

JULIENNE (M.), « Obligation naturelle et obligation civile », D. 2009, Chron. p. 1709.

LARDEUX (G.), « Commentaire du titre IV bis nouveau du livre III du Code civil intitulé « De la preuve des obligations » ou l'art de ne pas réformer », D. 2016, Chron. p. 850.

VERGÈS (E.), « Droit de la preuve : une réforme en trompe-l'oeil », JCP G, 2016, Libres propos, 486, p. 837.

9. Cass. com., 4 octobre 1988, n° 86-13156.

PARTIE 1

Les sources des obligations

Les obligations trouvent leurs sources dans les actes juridiques dont le principal est le contrat, les faits juridiques ou l'autorité seule de la loi (C. civ., art. 1100 nouv.). Le nouveau Titre III du livre III du Code civil consacré aux sources d'obligations comprend un premier Titre relatif aux contrats (Titre 1), un deuxième relatif à la responsabilité extracontractuelle (Titre 2) et un troisième relatif aux autres sources d'obligations (Titre 3).

TITRE 1

Le contrat

Le contrat est la principale catégorie d'actes juridiques. Il constitue l'acte juridique le plus courant. La réforme opérée par l'ordonnance du 10 février 2016 rénove son régime tant du point de vue des principes généraux qui l'organisent que des règles relatives au consentement, au contenu, à la forme, aux effets, à la durée, à la cession ou à l'inexécution de celui-ci. Les dispositions du Code civil relatives au contrat suivent désormais un plan chronologique calqué sur la vie du contrat.

CHAPITRE 2

Les principes généraux du droit des contrats

L'ordonnance du 10 février 2016 a modifié la définition du contrat et introduit dans le Code civil des dispositions liminaires rassemblant les principes fondamentaux applicables à tous les contrats.

1 • LA NOTION DE CONTRAT

L'ordonnance du 10 février 2016 a substantiellement modifié la définition du contrat inscrite dans le Code civil dans l'objectif de la moderniser.

Ancien article 1101, C. civ.	Nouvel art. 1101, C. civ.
« Le contrat est	*« Le contrat est*
une convention	*un accord de volontés*
par laquelle une ou plusieurs personnes s'obligent, envers une ou plusieurs autres,	*entre deux ou plusieurs personnes destiné*
à donner, à faire ou à ne pas faire quelque chose »	*à créer, modifier, transmettre ou éteindre des obligations »*

Alors qu'il était une convention, le contrat devient un accord de volonté. Le contrat reste l'acte juridique majeur, mas il n'est pas le seul. En outre, cette définition sonne le glas de la distinction entre obligation de donner, de faire et de ne pas faire.

A - Contrat, convention et accord de volontés

La référence à la ***convention*** disparaît de la nouvelle définition du contrat découlant de l'ordonnance du 10 février 2016. Le terme d'« accord de volontés » est préféré à celui de « convention ».

La notion de convention était avant l'ordonnance considérée comme plus large que celle de contrat mais la distinction était peu usitée et les deux mots ont souvent été regardés comme ***synonymes***, d'où la modification en conséquence de la définition du contrat opérée par le nouveau texte.

B - Contrat et acte juridique

Le contrat est l'acte juridique le plus répandu ; il en existe d'autres : *l'acte juridique unilatéral* et *l'acte juridique collectif*.

1) Le contrat est un acte juridique

Le contrat est un acte juridique à plusieurs points de vue :

- ***par sa finalité*** : il s'agit d'un accord entre deux ou plusieurs personnes. Il est le résultat de la manifestation d'au moins deux volontés. Le contrat s'oppose à l'acte unilatéral ;
- ***par son but*** : chacune des parties au contrat recherchant dans l'opération ses propres intérêts, le contrat réalise une conciliation entre des intérêts contradictoires, ce qui l'oppose aux actes unilatéraux collectifs. Par ses effets, le contrat ne produit en principe d'effets qu'entre les personnes qui ont consenti. En cela, le contrat s'oppose aux actes juridiques collectifs que sont les contrats collectifs.

2) Les autres actes juridiques

Dans le Code civil, le contrat est prédominant par rapport aux autres actes juridiques et plus généralement par rapport aux autres sources d'obligations. Le Code civil n'organise ni le régime des actes unilatéraux, ni celui des actes collectifs. L'ordonnance du 10 février 2016 n'a pas remis en cause cette prépondérance : le Code civil n'aborde pas la question des actes collectifs et ne fait qu'une allusion rapide aux actes juridiques unilatéraux.

a) L'acte juridique unilatéral

1. La notion d'acte juridique unilatéral

L'acte juridique unilatéral est la manifestation de volonté d'***une seule personne*** par laquelle elle détermine des effets de droit.

Certains actes juridiques sont prévus par la loi : renonciation à une succession (C. civ., art. 804 et s.), renonciation à une prescription acquisitive (C. civ., art. 2251), testament (C. civ., art. 895), acte constitutif d'une société unipersonnelle à responsabilité limitée (C. civ., art. 1832, al. 2).

D'autres sont reconnus par la jurisprudence, comme par exemple les engagements unilatéraux de l'employeur ou les obligations naturelles.

2. Le régime juridique des actes unilatéraux

La volonté unilatérale peut-elle ***engager son auteur*** ? Le Code civil ne répond pas à cette question qui engendre encore aujourd'hui des controverses.

Les ***auteurs classiques*** refusaient de faire produire des effets aux actes juridiques unilatéraux.

Aujourd'hui, on considère que ***l'acte unilatéral peut produire des effets juridiques***. Il ne permet pas à celui qui s'engage de se délier ensuite : l'engagement est irrévocable, dès lors qu'il répond aux conditions de validité exigées pour tout acte juridique.

L'acte juridique unilatéral est créateur d'obligations dans certaines ***limites*** :

- il peut permettre à un tiers d'acquérir un droit. Il rend alors autrui créancier ;
- il ne peut rendre autrui débiteur.

Le régime juridique de l'acte juridique unilatéral est gouverné par deux principes :

- le ***régime des contrats*** est transposé aux actes juridiques unilatéraux, à l'exception des règles qui supposent l'existence de deux ou plusieurs parties ;
- le régime juridique des actes juridiques unilatéraux n'est pas uniforme : il n'y a ***pas de théorie générale*** de l'acte unilatéral.

b) Les actes juridiques collectifs

L'acte juridique collectif est un accord de volontés entre soit deux ***groupes de personnes***, soit un groupe de personnes et un individu.

Il se présente sous deux aspects :

- la manifestation de volontés de plusieurs personnes qui sont toutes tendues vers le même but (ex. : décisions prises à la majorité par les membres d'une collectivité = « ***actes unilatéraux collectifs*** ») ;
- la manifestation de volontés qui consiste en un accord de volontés soit entre deux collectivités, soit entre une collectivité et un individu (= « ***contrats collectifs*** » ; ex. : conventions collectives de travail ; C. trav., art. L. 2254-1).

Il n'existe ***pas de droit commun*** c'est-à-dire de théorie générale de l'acte collectif, chacun d'eux faisant généralement l'objet d'une réglementation spécifique.

C - La finalité du contrat

La nouvelle définition du contrat marque la ***disparition de la distinction entre obligation de donner, de faire ou de ne pas faire***, qui faisait l'objet d'une contestation importante de la part de la doctrine.

L'ancien article 1101 du Code civil définissait le contrat comme « *une convention par laquelle une ou plusieurs personnes s'obligent, envers une ou plusieurs autres, à donner, à faire ou à ne pas faire quelque chose* ». ***Seules les obligations de donner étaient susceptibles d'une exécution forcée, directe en nature***.

Le contrat est désormais « *destiné à créer, modifier, transmettre ou éteindre des obligations* » (C. civ., art. 1101 nouv.). Toute référence aux 3 anciens types d'obligations a disparu du Code civil.

2 • LES PRINCIPES FONDAMENTAUX DU DROIT DES CONTRATS

Le Code civil regroupe désormais aux articles 1102, 1103 et 1104 des principes fondamentaux du droit des contrats autrefois disséminés ou reconnus par la jurisprudence : il s'agit de la liberté contractuelle, de la force obligatoire du contrat et de la bonne foi. L'autonomie de la volonté, fondement du contrat, constitue également un principe fondamental du droit des contrats.

A - La liberté contractuelle

La liberté contractuelle est consacrée pour la première fois dans le Code civil « *Chacun est libre de contracter ou de ne pas contracter, de choisir son cocontractant et de déterminer le contenu et la forme du contrat dans les limites fixées par la loi. La liberté contractuelle ne permet pas de déroger aux règles qui intéressent l'ordre public* » (C. civ., art. 1102).

La liberté contractuelle porte sur ***3 éléments*** :

- le choix de contracter ou pas ;
- le choix du contractant ;
- le choix du contenu et de la forme du contrat.

Avant même l'ordonnance du 10 février 2016, le droit positif intégrait cette règle déduite de l'article 6 du Code civil. Le Conseil constitutionnel lui avait reconnu valeur constitutionnelle en 2013[1].

La liberté contractuelle telle qu'elle est décrite au nouvel article 1102 du Code civil comporte les mêmes limites que celles contenues à l'article 6 du Code civil. Le nouveau texte supprime toute référence aux ***bonnes mœurs***, notion considérablement restreinte au fil du temps par la jurisprudence.

B - La force obligatoire du contrat

Le nouvel article 1103 du Code civil reprend l'ancien principe de l'article 1134, alinéa 1er selon lequel « *Les contrats légalement formés tiennent lieu de loi à ceux qui les ont faits* » mais le déplace du chapitre consacré à l'effet des obligations vers les dispositions préliminaires. Le terme « contrats » remplace celui de « convention ».

C - La bonne foi

« *Les contrats doivent être négociés, formés et exécutés de bonne foi* » (C. civ., art. 1104, al. 1er nouv. ; ancien art. 1134, al. 3).

L'obligation d'agir de bonne foi s'applique désormais à l'exécution du contrat, comme l'exigeait l'ancien article 1134, alinéa 3, mais également à la ***négociation et à la formation*** du contrat. L'obligation apparaît donc plus large que dans le texte antérieur. En réalité, la jurisprudence sanctionne déjà tant la rupture abusive des pourparlers que la réticence dolosive.

Le texte n'exige pas la ***rupture de bonne foi*** du contrat, alors que la jurisprudence sanctionne notamment l'abus dans l'exercice du pouvoir de résolution ou de résiliation du contrat[2].

La bonne foi n'est pas définie.

L'article 1104 du Code civil précise dans son 2e alinéa que cette disposition est d'***ordre public***, ce qui était déjà admis par la doctrine.

D - Le fondement du contrat : l'autonomie de la volonté

Les règles du droit des contrats sont le reflet de conceptions philosophiques. Il existe une théorie traditionnelle expliquant le fondement du contrat : la théorie de l'autonomie de la volonté, aujourd'hui en déclin.

---

1. Cons. const., 13 juin 2013, n° 2013-672 DC.
2. Cass. com., 5 octobre 1993, n° 91-10408.

1) *Le contenu de la théorie de l'autonomie de la volonté*

L'autonomie de la volonté n'est pas une règle juridique mais un principe philosophique. Le Code civil n'y fait aucune allusion directe.

a) Le principe de l'autonomie de la volonté

La philosophie de l'autonomie de la volonté a pris naissance au XVIIIe siècle.

L'autonomie de la volonté est généralement considérée avant tout comme une théorie de l'engagement contractuel : elle vise d'abord à expliquer l'engagement qui découle du contrat. Cette théorie part de l'idée que la volonté de l'homme est souveraine, autonome : ***la volonté est à elle-même sa propre loi***. Seul un acte de volonté de la personne peut faire qu'elle soit engagée. On est engagé si on l'a voulu et dans la mesure où on l'a voulu.

La doctrine a parfois développé l'idée selon laquelle la théorie de l'autonomie de la volonté était une ***justification économique et morale du contrat***. Le contrat ne peut être qu'équitable car il a été voulu : « *Qui dit contractuel, dit juste* » (Fouillée, philosophe français disciple de Kant). La recherche par chacun de ses propres intérêts dans le contrat correspondrait à l'intérêt général. Pour ses partisans, cette théorie dépasse le simple engagement contractuel mais atteint les règles de la vie en société et les mécanismes juridiques du droit privé. Elle est parfois liée à la théorie du contrat social.

b) Les conséquences juridiques de la théorie de l'autonomie de la volonté

La théorie de l'autonomie de la volonté conduit à la primauté du contrat comme source d'engagement et influe sur les règles techniques de l'engagement contractuel.

1. La primauté du contrat comme source d'engagement

La théorie de l'autonomie de la volonté fait de l'***accord de volonté,*** c'est-à-dire du contrat la source principale des obligations, dans la mesure où seul un acte de volonté libre pourrait justifier l'engagement. Les autres sources d'engagement ne pourraient être qu'exceptionnelles.

2. Les règles techniques de l'engagement contractuel

La théorie de l'autonomie de la volonté a des conséquences à la fois sur les règles de formation du contrat et sur les effets de celui-ci.

La règle essentielle de la liberté contractuelle se présente sous deux aspects au moment de la ***formation du contrat*** : la liberté de contracter ou de ne pas contracter :

- le contrat doit être ***l'expression claire et libre d'un consentement***. Cette intégrité du consentement est primordiale dans la mesure où le consentement suffit à donner vie au contrat : ce principe est dénommé « consensualisme ». Le formalisme est donc tout à fait secondaire et s'oppose même au consensualisme ;
- les parties ont la ***liberté de déterminer le contenu du contrat*** : les lois d'ordre public doivent demeurer très exceptionnelles.

L'autonomie de la volonté implique également plusieurs principes quant aux ***effets du contrat*** :

- principe de la ***force obligatoire du contrat*** : les parties ne peuvent renoncer au contrat unilatéralement ou le modifier. Le contrat est la loi des parties (C. civ., art. 1103 nouv.) et s'impose au juge ;

– principe de ***l'effet relatif du contrat*** : le contrat n'engage que les parties (C. civ., art. 1199 nouv.) et ne peut lier les tiers.

2) Le déclin de la théorie de l'autonomie de la volonté

Le Conseil constitutionnel a décidé dans un premier temps que le principe de l'autonomie de la volonté n'avait pas valeur constitutionnelle puis lui a ensuite reconnu cette valeur[3], ce qui n'empêche pas son déclin.

a) La critique de la théorie de l'autonomie de la volonté

L'autonomie de la volonté est critiquée à la fois sur le terrain des principes et sur le terrain des réalités économiques et sociales :

– ***sur le terrain des principes*** : la doctrine a parfois contesté que la volonté soit à elle seule la mesure et la source de l'engagement : certains auteurs ont relevé que la volonté peut créer un engagement parce que la loi le lui permet et le juge socialement utile. La loi serait donc la source première de l'engagement. Selon certains auteurs, le fondement de l'engagement contractuel devrait être recherché dans des considérations de justice et d'utilité sociale : on ne serait engagé par sa volonté que dans la mesure où cet engagement est ***juste et socialement utile*** ;
– ***sur le terrain des réalités économiques et sociales*** : certains auteurs ont observé que l'autonomie de la volonté et son corollaire juridique, la liberté contractuelle, étaient loin d'assurer et de garantir la justice sociale et économique. Au contraire, le contrat a été très souvent un ***moyen d'asservissement*** des personnes : « *Entre le fort et le faible, c'est la volonté qui asservit et la loi qui libère* » (Lacordaire). Cette constatation ne conduit pas à nier le rôle de la volonté dans le contrat mais à en limiter la souveraineté.

b) Le droit positif et son évolution

L'autonomie de la volonté a influencé le Code civil mais l'évolution postérieure marque une atténuation du principe.

1. Le Code civil

Les règles du Code civil relatives au contrat ne résultent pas de la stricte application des principes découlant de l'autonomie de la volonté. Certes, de nombreuses règles du droit des contrats paraissent influencées par cette théorie et par les idées libérales, par exemple les articles 6 et 1103 du Code civil. ***Les règles actuelles du droit des contrats ne peuvent plus être exclusivement expliquées par la théorie de l'autonomie de la volonté***, comme le laissait penser la doctrine du XIXe siècle. Ainsi, le principe de la force obligatoire du contrat découlant de l'article 1103 du Code civil ne trouve pas forcément son fondement uniquement dans la volonté des parties : le Code civil est un ensemble de dispositions qui ne sont pas le résultat de la simple recherche par la loi de la volonté individuelle.

2. L'évolution postérieure au Code civil

Postérieurement au Code civil, l'autonomie de la volonté a connu des atténuations avec le développement de l'interventionnisme législatif et une évolution des règles techniques du droit des contrats.

---

3. Cons. const., 3 août 1994 et 3 mars 1997.

Depuis la fin du XIXe siècle, les ***règles d'ordre public*** connaissent un développement notable. Dans le même temps, l'ordre public se transforme : à l'ordre public traditionnel, qui est plutôt un ordre public d'interdiction, s'ajoute, avec l'apparition de l'intervention de l'État, un ***ordre public économique et social*** (ex. : SMIC), qui est souvent un ordre public positif, c'est-à-dire de prescription.

L'***évolution des règles techniques du droit des contrats*** a porté atteinte à l'autonomie de la volonté sous plusieurs aspects :

- par des atteintes à la liberté contractuelle :
  - *les atteintes à la liberté de contracter ou de ne pas contracter* : ces atteintes s'illustrent notamment par le développement des contrats forcés,
  - *les atteintes à la liberté de fixer le contenu du contrat* : il existe de plus en plus de contrats d'adhésion dont le contenu ne fait pas l'objet d'une négociation ;
- par des ***atteintes au principe du consensualisme***, qui se traduisent par l'augmentation du ***formalisme*** protecteur des parties au contrat ;
- par des ***atteintes au principe de l'effet relatif des contrats*** : certains contrats collectifs, telles que les ***conventions collectives de travail***, s'appliquent à des personnes qui ne les ont pas signées, ce qui constitue une atteinte au principe de l'effet relatif des contrats ;
- par des ***atteintes à la force obligatoire des conventions*** : le contrat est un accord de volontés mais reste soumis à la loi qui lui impose parfois des conditions précises, notamment afin de rétablir un équilibre contractuel entre les parties, c'est-à-dire pour restaurer les conditions d'un engagement libre. La loi peut parfois porter atteinte à la force obligatoire des contrats, par exemple, en rendant possible la rétractation du contrat en cas de démarchage ou de vente à domicile (C. consom., art. L. 222-7) ou en permettant au juge de réduire une clause pénale manifestement excessive ou dérisoire (C. civ., art. 1231-5).

3 • LA CLASSIFICATION DES CONTRATS

L'ordonnance du 10 février 2016 a permis d'actualiser la classification des contrats contenue dans le Code civil. Une grande partie de la classification existante est conservée par le nouveau texte mais prend également en compte plusieurs catégories créées par la doctrine afin de tenir compte de l'évolution de la pratique contractuelle.

A - Contrats nommés/contrats innommés

La distinction entre contrats nommés et contrats innommés était seulement supposée par l'ancien article 1107 du Code civil. Le nouvel article 1105 reprend l'ancien texte dans des termes plus clairs.

Les contrats innommés sont ceux que la loi n'a pas explicitement prévus et réglementés. Ils sont soumis, comme tous les contrats, à des ***règles générales*** constituant un droit commun, définies dans le sous-titre qui leur est consacré. La possibilité de recourir à un contrat innomé découle de la ***liberté contractuelle***.

Les contrats nommés, qui ont une dénomination propre, sont soumis en outre à des ***règles particulières qui s'ajoutent aux règles générales*** : c'est le cas de la vente, du louage, du bail, de la location, du dépôt, du contrat d'assurance, du contrat de promotion immobilière...

Le 3e alinéa du nouvel article 1105 du Code civil précise de façon inédite que ***les règles générales s'appliquent sous réserve de ces règles particulières***.

B - Contrat synallagmatique/contrat unilatéral

1) Le contenu de la distinction

Le contrat est ***synallagmatique*** lorsque les contractants s'obligent réciproquement les uns envers les autres (C. civ., art. 1106, al. 1er nouv. ; ex. : dans le contrat de bail, le bailleur a l'obligation de mettre un bien à la disposition du locataire tandis que le locataire doit payer un loyer).

L'ordonnance du 10 février 2016 a modifié légèrement la définition du ***contrat unilatéral*** : le contrat est unilatéral lorsqu'une ou plusieurs personnes s'obligent envers une ou plusieurs autres sans qu'il y ait d'engagement réciproque de celles-ci (C. civ., art. 1106, al. 1er nouv. ; ex. : dans la donation, seul le donateur s'engage).

Deux notions en apparence voisines doivent être distinguées :

- ***le contrat unilatéral*** : il existe un accord de deux ou plusieurs volontés ;
- ***l'acte juridique unilatéral*** : il est la manifestation d'une seule volonté.

2) L'intérêt de la distinction

Les intérêts de la distinction entre contrats synallagmatiques et contrats unilatéraux sont multiples :

- ***sur le plan de la preuve*** : dans le contrat synallagmatique, l'écrit probatoire sous signature privée doit être rédigé en autant d'originaux qu'il y a de parties en raison de la pluralité d'obligations réciproques (C. civ., art. 1375 nouv.). Dans le contrat unilatéral, un seul original suffit. Dès lors, il existe un risque de voir le créancier, qui a l'écrit probatoire en sa possession, le modifier à son avantage. L'article 1376 du Code civil exige que sur cet écrit sous signature privée figure la mention manuscrite par le débiteur du montant de son engagement (« *bon pour* ») ;
- ***sur le fond*** : dans le contrat synallagmatique, les obligations de chacune des parties sont interdépendantes. Cette interdépendance entre les obligations de chacune des parties explique un certain nombre de mécanismes propres aux contrats synallagmatiques et qui s'appliquent en cas d'inexécution par l'une des parties de ses propres obligations (V. Chapitre 12). Ainsi, l'exception d'inexécution (C. civ., art. 1219 et 1220 nouv.) permet à chacune des parties de refuser d'exécuter ses obligations tant que l'autre n'exécute pas les siennes. La résolution judiciaire (C. civ., art. 1224 et s. nouv.) permet, lorsque l'une des parties ne s'exécute pas (que cette inexécution apparaisse définitive ou pas), à l'autre partie d'obtenir du juge d'être déliée de son engagement (V. Chapitre 12).

C - Contrat à titre onéreux/contrat à titre gratuit

L'ordonnance du 10 février 2016 a modernisé les définitions du contrat à titre onéreux et du contrat à titre gratuit, sans apporter de changement notable.

1) Le contenu de la distinction

Le ***contrat à titre onéreux*** est celui dans lequel chacune des parties reçoit de l'autre un avantage en contrepartie de celui qu'elle procure. Ainsi, le contrat de vente est un contrat à titre onéreux. La nouvelle définition contient moins de similitudes avec celle du contrat synallagmatique.

Le ***contrat à titre gratuit*** est celui dans lequel l'une des parties procure à l'autre un avantage sans attendre ni recevoir de contrepartie. Par exemple, la donation pure et simple est un contrat à titre gratuit.

Il existe des ***contrats synallagmatiques à titre gratuit*** (ex. : la donation avec charge au profit du donateur) ; il existe également des ***contrats unilatéraux à titre onéreux*** (ex. : le prêt à intérêts avec versements d'intérêts par l'emprunteur dans l'analyse qui en fait un contrat de restitution).

Le ***critère de différenciation*** entre le contrat gratuit et le contrat onéreux est à la fois matériel (absence de contrepartie en cas de contrat à titre gratuit) et psychologique (il existe une intention libérale dans le contrat à titre gratuit).

2) L'intérêt de la distinction

Les intérêts de la distinction entre contrats à titre gratuit et contrats à titre onéreux sont multiples :

- au point de vue de la ***formation du contrat***: les règles de formation sont en général plus strictes pour les contrats à titre gratuit, notamment les règles de forme et de capacité ;
- au point de vue des ***effets du contrat***: traditionnellement, on considère que celui qui est engagé à titre onéreux est tenu plus fermement que celui qui est engagé à titre gratuit. Ainsi, dans le contrat de donation, le donateur n'est pas garant des vices cachés de la chose alors que le vendeur l'est dans le contrat à titre onéreux.

D - Contrat commutatif/contrat aléatoire

La distinction entre contrat commutatif et contrat aléatoire (C. civ., art. 1108 nouv.) a été simplifiée par l'ordonnance du 10 février 2016 afin de tirer les conséquences de la disparition de la distinction entre obligation de donner, de faire et de ne pas faire.

1) Le contenu de la distinction

Le contrat est ***commutatif*** lorsque chacune des parties s'engage à procurer à l'autre un avantage qui est regardé comme l'équivalent de celui qu'elle reçoit. C'est le cas par exemple dans le contrat de vente conclu avec un prix ferme.

Le contrat est ***aléatoire*** lorsque les parties, sans rechercher l'équivalence de la contrepartie convenue, acceptent de faire dépendre les effets du contrat, quant aux avantages et aux pertes qui en résulteront, d'un événement incertain. Par exemple, dans un contrat d'assurance, l'assuré paie les primes tandis que l'assureur devra payer la valeur, par exemple, de la maison incendiée mais on ne sait pas si un jour l'assureur devra indemniser l'assuré. De même, dans le contrat de vente avec paiement du prix sous forme de rente viagère, il est impossible de savoir quelle somme payera l'acquéreur car la durée de la rente est incertaine. Dans le contrat aléatoire, les deux parties ont accepté à l'avance l'absence d'équivalence des prestations.

Que le contrat soit commutatif ou aléatoire, il s'agit d'un ***contrat synallagmatique***.

2) *L'intérêt de la distinction*

Le contrat aléatoire n'est pas annulable pour ***lésion*** (V. Chapitre 5). Néanmoins, la jurisprudence tend parfois à reconnaître l'existence d'une lésion dans les contrats aléatoires. En effet, il est désormais possible de déterminer une valeur « normale » dans un contrat aléatoire ; par exemple à l'aide des tables de mortalité dans les contrats de rente viagère. En outre, l'aléa n'exclut pas le pouvoir judiciaire de réduction[4].

E - Contrat consensuel/contrat solennel/contrat réel

L'ordonnance du 10 février 2016 permet de faire entrer la distinction d'origine doctrinale entre contrat consensuel, contrat solennel et contrat réel dans le Code civil (art. 1109 nouv.).

Le ***contrat consensuel*** se forme par le seul échange des consentements quel qu'en soit le mode d'expression.

Le ***contrat solennel*** est celui dont la formation est subordonnée à des formalités déterminées par la loi. La formalité est exigée à peine de nullité. La formalité imposée est souvent la rédaction d'un acte authentique. De plus en plus souvent, la loi exige la rédaction d'un écrit sous signature privée. Par exemple, l'article L. 222-3, alinéa 3 du Code de la construction et de l'habitation rend solennel le contrat de promotion immobilière.

Le ***contrat réel*** est celui dont la formation est subordonnée à la remise d'une chose. Dans le contrat de prêt, il n'y a d'obligation qu'à condition que le prêteur ait prêté la chose. Le contrat de dépôt et le contrat de gage sont également des contrats réels. La catégorie des contrats réels a été conservée alors que son utilité est de moins en moins avérée parce que leur nombre se restreint ; ne sont notamment plus des contrats réels, selon la jurisprudence, le gage et le prêt lorsque le prêteur est un professionnel du crédit[5].

La distinction entre contrats consensuels et contrats non consensuels a un intérêt sur le plan des ***formalités*** : l'absence de formalité ou de remise de la chose, lorsqu'elle est exigée, entraîne la nullité du contrat.

F - Contrat de gré à gré/contrat d'adhésion

La distinction entre contrat de gré à gré et contrat d'adhésion est reconnue par l'ordonnance du 10 février 2016 et figure désormais à l'article 1110 du Code civil.

Le ***contrat de gré à gré*** est celui dont les stipulations sont librement négociées entre les parties (ex. : contrat de vente d'une maison individuelle conclu entre deux particuliers).

Le ***contrat d'adhésion*** est celui dont les conditions générales, soustraites à la négociation, sont déterminées à l'avance par l'une des parties (ex. : contrat conclu avec la SNCF lors de l'achat d'un billet).

---

4. Cass. 1re civ., 14 novembre 1960 : Bull. civ. I, n° 495.
5. Cass. 1re civ., 28 mars 2000 : D. 2000, Jur. p. 482, note Piedelièvre S. ; JCP 2000, n° du 26 avril, n° 17, p. 757, concl. Sainte-Rose J. ; Cass. 1re civ., 5 juillet 2006 : D. 2007, Jur. p. 50, note Ghestin J. ; RTD civ. 2007, p. 105, obs. Mestre J. et Fages B.

Les contrats de gré à gré correspondent à l'optique des rédacteurs du Code civil. Les contrats d'adhésion sont un phénomène récent, correspondant au développement de la consommation de masse.

G - Contrat cadre/contrat d'application

L'ordonnance du 10 février 2016 introduit dans le Code civil la distinction entre contrat cadre et contrat d'application (C. civ., art. 1111 nouv.) :

- le ***contrat cadre*** est celui par lequel les parties y conviennent des caractéristiques essentielles de leurs relations contractuelles futures ;
- le ***contrat d'application*** est celui qui précise les modalités d'exécution du contrat cadre.

H - Contrat à exécution instantanée/Contrat à exécution successive

Le Code civil distingue désormais entre contrat à exécution instantanée et contrat à exécution successive (art. 1111-1).

1) Le contenu de la distinction

Le ***contrat à exécution instantanée*** est celui dont les obligations peuvent s'exécuter en une prestation unique (ex. : contrat de vente).

Le ***contrat à exécution successive*** est celui dont les obligations d'au moins une partie s'exécutent en plusieurs prestations échelonnées dans le temps (ex. : contrat de bail, contrat de travail...).

Au sein des contrats à exécution successive, il existe une sous-distinction entre les ***contrats à durée déterminée*** dont on sait à l'avance quand ils prendront fin, c'est-à-dire que l'échéance, le terme en sont connus et les ***contrats à durée indéterminée*** qui ne prévoient aucune date d'échéance et auquel chaque partie peut mettre fin par volonté unilatérale (V. Chapitre 10).

2) L'intérêt de la distinction

L'intérêt de la distinction réside dans les ***effets de l'annulation ou de la résolution***. Dans les contrats à exécution instantanée, ces mécanismes sont rétroactifs et donnent lieu à la ***restitution*** des prestations éventuellement fournies. Pour les contrats à exécution successive, les effets du contrat ne sont anéantis que pour l'avenir.

En outre, les parties à un contrat à durée déterminée n'ont en principe pas la possibilité de ***remettre en cause le contrat*** avant l'arrivée du terme. Cependant, les nouveaux textes permettent désormais de remettre en cause le contrat à certaines conditions (C. civ., art. 1195 nouv. ; V. Chapitre 8), ce que la jurisprudence avait déjà limitativement permis[6].

---

6. Cass. 1re civ., 20 février 2001 : D. 2001, p. 705, note Jamin C., RTD civ. 2001, p. 363, obs. Mestre J. et Fages B.

BIBLIOGRAPHIE

CHÉNÉDÉ (F.), « Projet de réforme du droit des contrats. Le contrat d'adhésion », D. 2015, Chron. p. 1226.

LAITHIER (Y.-M.), « L'obligation d'exécuter le contrat de bonne foi est-elle susceptible de clause contraire ? », D. 2014, Chron. p. 33.

MEKKI (M.), « Les principes généraux du droit des contrats au sein du projet d'ordonnance sur la réforme du droit des obligations », D. 2015, Chron. p. 816.

SAVAUX (E.), *La théorie générale du contrat, mythe ou réalité*, LGDJ, Coll. « Bibliothèque de droit privé », 1997.

SABATHIER (S.), « Les espoirs suscités par la remise en cause du caractère réel du contrat de prêt », RTD com. 2005, p. 29.

GHESTIN (J.), « La notion de contrat », D. 1990, Chron. p. 147.

CHAPITRE 3

L'existence du consentement

L'ancien article 1108 du Code civil posait quatre conditions principales pour la validité des contrats : le consentement valable des parties, la capacité des parties, un objet certain qui forme la matière de l'engagement ainsi qu'une cause licite dans l'obligation. Le nouvel article 1128 prévoit désormais que « *Sont nécessaires à la validité d'un contrat : 1° Le consentement des parties ; 2° Leur capacité de contracter ; 3° Un contenu licite et certain* ».

Le contrat est la rencontre d'une offre et d'une acceptation, qui ne se produit parfois qu'aux termes d'une période préparatoire consacrée aux négociations. L'offre comme l'acceptation ne peuvent être valables que si la volonté qu'elles expriment émane d'une personne capable ou du représentant de celle-ci.

1 • LA CAPACITÉ ET LA REPRÉSENTATION

L'exigence du consentement qui est prévue à l'article 1128 du Code civil est double : le consentement doit exister et être intègre.

La volonté de contracter suppose chez chacune des parties la conscience de l'opération juridique mais également l'intention de voir se produire les effets juridiques du contrat : la volonté doit être réelle et non seulement apparente. Elle doit par conséquent émaner d'une personne capable de donner son consentement à un acte juridique, ou de son représentant.

A - La capacité

L'existence d'un véritable consentement suppose préalablement la ***capacité de contracter***, exigée par les articles 1128 et 1145 du Code civil. La capacité est l'aptitude d'une personne à passer des actes juridiques, en particulier des contrats.

1) Les notions fondamentales du droit des incapacités

L'***incapacité spéciale*** est limitée à un acte ou à un type d'actes. L'***incapacité générale*** porte sur tous les actes de la vie juridique de la personne.

L'***incapacité de jouissance*** est l'inaptitude à être sujet de droits et d'obligations, c'est-à-dire à être partie à un acte juridique. Le tuteur ne peut, par exemple, acquérir les biens du mineur (C. civ., art. 509-4°). Il n'y a pas d'incapacité générale de jouissance, c'est-à-dire portant sur tous les actes juridiques et sur tous les droits, car elle conduirait à la négation de la personnalité.

L'***incapacité d'exercice*** est l'inaptitude à exercer et à mettre en œuvre les droits dont on est titulaire. Par exemple, le majeur sous tutelle ne peut acquérir un bien sans autorisation. Les droits dont le mineur ou le majeur protégé sont ainsi privés peuvent être exercés par l'intermédiaire d'un représentant. L'incapacité d'exercice peut par conséquent être générale ou spéciale.

2) La capacité de contracter

a) Le principe

« *Toute personne physique peut contracter, sauf en cas d'incapacité prévue par la loi* » (C. civ., art. 1145, al. 1er nouv.) : le principe est la capacité et l'exception l'incapacité. Le principe déjà posé par l'ancien article 1124 a été conservé par l'ordonnance du 10 février 2016 et complété par une disposition applicable aux personnes morales : « *La capacité des personnes morales est limitée aux actes utiles à la réalisation de leur objet tel que défini par leurs statuts et aux actes qui leur sont accessoires, dans le respect des règles applicables à chacune d'entre elles* » (C. civ., art. 1145, al. 2 nouv.).

Le ***mineur et le majeur non émancipé*** souffrant d'une incapacité d'exercice, ils ne peuvent contracter (C. civ., art. 1146 nouv.) :

b) Les exceptions

L'usage ainsi que la loi autorisent déjà le mineur (C. civ., art. 408) et le majeur sous tutelle (C. civ., art. 473) à agir seul pour l'accomplissement d'actes courants. Le nouvel article 1148 du Code civil prévoit désormais clairement la possibilité pour les personnes incapables d'accomplir les actes courants autorisés par la loi ou l'usage, à condition qu'ils soient conclus dans des ***conditions normales***.

3) La sanction de l'incapacité

« *L'incapacité de contracter est une cause de nullité relative* » (C. civ., art. 1147 nouv.).

Les actes courants accomplis par le mineur peuvent être annulés pour ***simple lésion*** (les textes assimilent désormais rescision pour lésion et nullité ; V. Chapitre 5), sauf lorsque celle-ci résulte d'un événement imprévisible (C. civ., art. 1149, al. 1er nouv.). En revanche, le mineur ne peut se soustraire aux ***engagements qu'il a pris dans l'exercice de sa profession*** (C. civ., art. 1149, al. 3 nouv.). La simple déclaration de majorité ne fait pas obstacle à l'annulation (C. civ., art. 1149, al. 2 nouv.).

Le contractant capable peut faire obstacle à l'action en nullité qui est engagée contre lui de deux manières :

- il peut établir que « *l'acte était utile à la personne protégée et exempt de lésion, ou qu'il a profité à celle-ci* » (C. civ., art. 1151, al. 1er nouv.) ;
- il peut « *opposer à l'action en nullité la confirmation de l'acte par le cocontractant devenu ou redevenu capable* » (C. civ., art. 1151, al. 2 nouv.).

En outre, « *les restitutions dues à un mineur émancipé ou à un majeur protégé sont réduites à proportion du profit qu'il a retiré de l'acte annulé* » (C. civ., art. 1352-4 nouv.).

Les règles de droit commun protectrices du majeur vulnérable sont applicables.

B - La représentation

Les parties au contrat sont non seulement les personnes qui ont participé à la conclusion du contrat, qui ont donné leur consentement en leur nom et pour leur compte mais également les personnes représentées à la conclusion du contrat.

La représentation est un mécanisme juridique dans lequel une personne, le représentant, donne son consentement à la conclusion du contrat ***au nom et pour le compte d'une autre personne***, le représenté.

L'ordonnance du 10 février 2016 a créé un droit commun de la représentation.

1) Les conditions de la représentation

La représentation nécessite à la fois le pouvoir et l'intention de représenter.

Le représentant peut être désigné par la loi, par le juge ou par une convention et agit dans les limites des pouvoirs qui lui ont été conférés (C. civ., art. 1153).

Comme en matière de mandat (C. civ., art. 1987 et 1988), le pouvoir du représentant peut être général ou spécial (C. civ., art. 1155 nouv.) :

- le ***pouvoir général*** ne couvre que les actes conservatoires et les actes d'administration ;
- le ***pouvoir spécial*** est limité aux actes pour lesquels le représentant est habilité et ceux qui en sont l'accessoire.

Lorsque le représentant accomplit un acte juridique, il faut qu'il ait l'intention d'agir dans l'intérêt du représenté pour que l'acte produise ses effets à l'égard de ce dernier.

2) L'action interrogatoire

Afin d'assurer une sécurité juridique aux transactions en permettant aux parties de s'assurer du pouvoir de chacune d'elles, l'ordonnance du 10 février 2016 a donné la possibilité à la personne qui s'apprête à conclure un contrat d'interroger le représentant quant à l'***étendue de ses pouvoirs*** (C. civ., art. 1158 nouv.).

« *L'écrit mentionne qu'à défaut de réponse dans ce délai, le représentant est réputé habilité à conclure cet acte* ». Le représentant doit répondre à cette action interrogatoire dans un délai raisonnable.

3) Les effets de la représentation

Pendant la durée de la représentation légale ou judiciaire, le représenté est dessaisi de ses pouvoirs, qui sont exercés par le représentant (C. civ., art. 1159, al. 1er nouv.), contrairement à la représentation conventionnelle qui laisse au représenté l'exercice de ses droits (C. civ., art. 1159, al. 2 nouv.).

La représentation peut prendre deux formes (C. civ., art. 1154 nouv.) :

- ***la représentation parfaite*** : le représentant agit au nom et pour le compte d'autrui, la personne pour laquelle il agit étant déterminée et connue du cocontractant. Les effets du contrat se produisent chez le représenté, qui est partie au contrat. Le représentant n'est pas engagé ; il reste tiers. L'aptitude à être partie au contrat, c'est-à-dire la capacité, s'apprécie dans la personne du seul représenté mais l'existence de l'intégrité du consentement doit être vérifiée à la fois dans la personne du représenté et du représentant ;

- ***la représentation imparfaite*** : une personne agit pour le compte d'une autre, soit sans le faire savoir au contractant, soit sans faire savoir au nom de qui elle agit, notamment dans le cadre du contrat de commission. Le représentant est seul engagé à l'égard du tiers contractant, notamment dans le cadre du contrat de commission. Lors de la conclusion du contrat, les effets de celui-ci se produisent chez le commissionnaire/représentant. Le représenté est alors tiers au contrat. Lorsque le contrat est conclu et que le commettant/représenté déclare le prendre à son compte, il devient partie à la place du commissionnaire/représentant.

La mission du représentant est exercée ***à titre gratuit*** sauf stipulation dans le contrat mais il peut toujours être remboursé et indemnisé des frais qu'il a engagés pour le représenté.

Le représentant doit ***rendre compte de sa mission*** au représenté soit en cours, soit en fin de mission. Il doit se comporter loyalement envers le représenté pendant sa mission.

4) Les difficultés de la représentation

a) Les dépassements et détournements de pouvoir du représentant

Les sanctions en cas de ***dépassement*** de pouvoir du représentant sont de deux ordres :

- ***à l'égard du représenté*** : l'acte accompli sans pouvoir par le représenté lui est inopposable, « *sauf si le tiers contractant a légitimement cru en la réalité des pouvoirs du représentant, en raison du comportement ou des déclarations du représenté* » (C. civ., art. 1156, al. 1er nouv.). Le texte reprend la théorie de l'apparence, d'origine jurisprudentielle[1] ;
- ***à l'égard du tiers ignorant du dépassement de pouvoir*** : le tiers cocontractant peut demander la nullité de l'acte (C. civ., art. 1156, al. 2 nouv.).

La ***ratification*** de l'acte par le représenté empêche toute sanction, qu'il s'agisse de l'inopposabilité ou de la nullité (C. civ., art. 1156, al. 3 nouv.).

En cas de ***détournement de pouvoir***, c'est-à-dire lorsque le représentant agit, au détriment du représenté, dans la limite de ses pouvoirs mais en utilisant ceux-ci dans un autre but que celui convenu ou prévu par la loi, la nullité est également encourue si le tiers avait connaissance du détournement ou ne pouvait l'ignorer, c'est-à-dire lorsque le tiers est de mauvaise foi (C. civ., art. 1157 nouv.).

b) Les conflits d'intérêt entre représentant et représenté

L'ordonnance du 10 février 2016 s'est inspirée des projets européens et de la jurisprudence pour régler les problèmes de conflits d'intérêts entre représentant et représenté :

- le représentant a l'interdiction d'agir pour le compte de deux parties au contrat ou de contracter pour son propre compte avec le représenté (C. civ., art. 1161, al. 1er nouv.) ;
- conformément à la jurisprudence[2], la sanction des actes ainsi accomplis est la ***nullité*** « *à moins que la loi ne l'autorise ou que le représenté ne l'ait autorisé ou ratifié* » (C. civ., art. 1161, al. 2 nouv.).

---

1. Cass. ass. plén., 13 décembre 1962, n° 57-11569.
2. Cass. 1re civ., 2 novembre 2005, n° 02-14614.

2 • LE PROJET DE CONTRAT

L'offre ou « *pollicitation* » est une décision unilatérale de volonté dans laquelle une des personnes ***fait savoir son intention de conclure un contrat*** dans des conditions déterminées, à une autre ou plusieurs autres. L'offre manifeste l'initiative contractuelle. Elle peut être susceptible d'acceptation pure et simple ou être un appel aux pourparlers c'est-à-dire une offre de négocier un contrat. Par conséquent, il convient de distinguer l'***offre de contrat*** de l'***offre de contracter***.

L'offre de négocier un contrat est une ***offre de contracter***. Il s'agit d'une proposition d'entrer en pourparlers afin de déterminer quel sera le contenu définitif du contrat : on se situe dans la ***phase pré-contractuelle***.

De la première proposition à la conclusion du contrat, il peut s'écouler un laps de temps plus ou moins long pendant lequel peuvent avoir lieu des discussions. L'ordonnance du 10 février 2016 a introduit dans le Code civil qui en était jusque-là dépourvu un certain nombre de dispositions organisant cette phase pré-contractuelle. Les nouveaux textes sont non seulement relatifs aux pourparlers contractuels, mais également aux contrats préparatoires auxquels ils peuvent donner lieu ainsi qu'aux obligations de confidentialité et d'information auxquelles sont tenus les négociateurs.

A - Les pourparlers contractuels

Les pourparlers contractuels sont la période qui se situe ***entre la prise de contact et la conclusion du contrat***. Pendant cette phase, chacun des partenaires est libre d'arrêter ou de continuer la discussion, dès lors qu'il agit de ***bonne foi*** : le nouvel article 1112, alinéa 1er du Code civil issu de l'ordonnance du 10 février 2016 dispose que « *L'initiative, le déroulement et la rupture des négociations précontractuelles sont libres. Ils doivent impérativement satisfaire aux exigences de la bonne foi* ».

Le Code civil intègre pour la première fois des dispositions relatives aux négociations précontractuelles, qui consacrent globalement la jurisprudence.

1) Les principe de liberté et de loyauté

La liberté de contracter implique celle de ne pas contracter et donc celle de ***négocier ou de ne pas négocier***.

La liberté de négocier impose également le ***libre choix de la personne avec laquelle négocier***, qui suppose la possibilité pour chacun des potentiels futurs cocontractants d'engager des pourparlers avec plusieurs cocontractants possibles, ce que reconnaissait la jurisprudence[3] avant même l'ordonnance du 10 février 2016.

Ce principe de liberté implique la possibilité pour chacun des négociateurs, affirmée depuis longtemps par la jurisprudence[4], de ***mettre librement fin aux pourparlers***

---

3. Cass. com., 26 novembre 2003, n° 00-10243, Manoukian.
4. Cass. com., 12 janvier 1999, n° 96-14604.

contractuels. L'initiative par l'une des parties de mettre fin aux négociations ne peut donc en principe constituer une faute.

Les négociateurs sont également tenus, pendant les pourparlers précontractuels, de faire preuve de ***loyauté*** (C. civ., art. 1112 nouv.). Dans le même ordre d'idées, l'article 1104 du Code civil pose le principe de ***bonne foi*** notamment dans la négociation du contrat.

2) La négociation fautive

La faute commise dans les négociations peut être exceptionnellement génératrice de responsabilité (C. civ., art. 1112, al. 2 nouv.), notamment dans certains cas de rupture des négociations précontractuelles.

a) La faute

La faute génératrice de responsabilité n'est pas définie par le nouveau texte. Il découle de la jurisprudence qu'elle ***ne réside jamais dans la rupture elle-même*** mais dans les ***circonstances*** de celle-ci. Avant même l'ordonnance du 10 février 2016, la jurisprudence considérait que dans certains cas, la rupture des pourparlers pouvait être fautive et engager responsabilité de son auteur, notamment lorsque la rupture est sans raison légitime ou qu'une partie a laissé croire à ses partenaires que le contrat allait se conclure[5] : elle sanctionne le fait de « *rompre, sans raisons légitimes, brutalement et unilatéralement les pourparlers avancés* », sans exiger de caractérisation de la mauvaise foi[6].

b) Le fondement de la responsabilité

Même si l'ordonnance du 10 février 2016 ne le précise pas, on peut penser que la responsabilité résultant de la faute dans le cadre des négociations est de nature extracontractuelle. En effet, le projet d'ordonnance optait clairement pour la responsabilité extracontractuelle, de même que la jurisprudence[7]. Le rapport au président de la République publié en même temps que l'ordonnance confirme le ***fondement extracontractuel***, tout en laissant place à la responsabilité contractuelle lorsque des avant-contrats ont prévu cette phase de négociation et une éventuelle rupture.

c) L'étendue de la réparation

En cas de faute commise dans les négociations, la réparation du préjudice qui en résulte ne peut avoir pour objet de compenser la perte des avantages attendus du contrat non conclu (C. civ., art. 1112, al. 2 nouv.). Ce principe, issu de l'ordonnance du 10 février 2016, avait été dégagé par la jurisprudence lors de l'arrêt ***Manoukian***[8].

---

5. Cass. 1re civ., 6 janvier 1998 : JCP 1998, II, 10066, note Fages B.
6. Cass. com., 12 octobre 1993, n° 91-19456.
7. Cass. com., 20 mars 1972 ; Cass. com., 7 janvier et 22 septembre 1997 : D. 1998, Jur. p. 45, note Chauvel P.
8. Cass. com., 26 novembre 2003 : Grands Arrêts n° 142, D. 2004, Jur. p. 869, note Dupré-Dallemagne, RTD civ. 2004, p. 80, obs. Mestre J. et Fages B.

B - Le devoir précontractuel de confidentialité

La jurisprudence sanctionne depuis plusieurs années déjà la violation de l'obligation de confidentialité des négociateurs, estimant qu'il s'agissait d'un acte de concurrence déloyale[9] ou de parasitisme, constitutif d'une faute délictuelle.

Le nouvel article 1112-2 du Code civil, issu de l'ordonnance du 10 février 2016 crée un ***devoir précontractuel de confidentialité***, inspiré par la jurisprudence et des projets européens d'harmonisation : « *Celui qui utilise ou divulgue sans autorisation une information confidentielle obtenue à l'occasion des négociations engage sa responsabilité dans les conditions du droit commun* ».

Le texte interdit aux négociateurs à la fois ***d'utiliser et de divulguer*** sans autorisation une information confidentielle obtenue à l'occasion des négociations.

En pratique, les négociations précontractuelles s'accompagnent fréquemment d'un ***accord de confidentialité*** (appelé également « *non-disclosure agreement* », c'est-à-dire « accord de non-divulgation »), interdisant aux négociateurs de révéler les informations confidentielles échangées au cours de leurs négociations. Il est également possible d'insérer dans un avant-contrat une ***clause de confidentialité***.

C - Le devoir d'information

La doctrine s'est montrée favorable à l'adoption de dispositions imposant un devoir d'information aux cocontractants. À plusieurs reprises, la jurisprudence a sanctionné la violation de l'obligation d'information au titre du ***dol***, ce qui supposait la démonstration d'une intention[10].

L'ordonnance du 10 février 2016 a finalement créé un devoir général d'information, ***indépendant du devoir de bonne foi***, à la charge des cocontractants et futurs cocontractants (C. civ., art. 1112-1 nouv.). L'obligation d'information devient ***autonome*** : sa violation devient sanctionnable en dehors de tout dol.

Un certain nombre de ***lois spéciales*** prévoyaient déjà une obligation d'information, notamment l'article L. 111-1 du Code de la consommation.

1) Le débiteur de l'obligation d'information

Est tenue d'une obligation d'information « *Celle des parties qui connaît une information* », celle qui en sait plus que l'autre. ***Il doit exister un déséquilibre entre les connaissances respectives de chacune des parties***, qu'il s'agisse de professionnels ou de particuliers. Celui qui doit l'information n'est donc pas forcément un professionnel. La jurisprudence appliquait déjà ce principe[11].

9. Cass. com., 3 octobre 1978, n° 77-10915 ; Cass. com., 3 juin 1986, n° 84-16971.
10. Cass. com., 28 juin 2005, n° 03-16794.
11. Cass. 1re civ., 30 juin 1992, n° 90-19093.

La partie qui prétend qu'***une information lui était due*** doit le prouver (C. civ., art. 1112-1, al. 4 nouv.). L'autre partie, qui devait cette information, a la charge de ***prouver qu'elle l'a fournie***, conformément à la jurisprudence[12].

2) Le contenu de l'information

L'information qui doit être transmise est celle dont l'importance est déterminante pour le consentement de l'autre, c'est-à-dire ***les éléments sans lesquels la partie concernée n'aurait pas contracté*** (C. civ., art. 112-1 nouv.)[13]. « *Ont une* ***importance déterminante*** *les informations qui ont un lien direct et nécessaire avec le contenu du contrat ou la qualité des parties* » (C. civ., art. 1112-1, al. 3 nouv.).

L'obligation d'information a des ***limites*** : l'ignorance doit être légitime. Chacune des parties a l'obligation de se renseigner et ne doit pas se montrer trop crédule.

Conformément à la jurisprudence de la Cour de cassation *Baldus*[14], le devoir d'information ***ne porte pas sur l'estimation de la valeur de la prestation*** (C. civ., art. 1112-1, al. 2 nouv.) afin de ne pas créer d'insécurité juridique.

3) Les sanctions

Le non-respect de l'obligation d'information peut entraîner deux types de sanctions :

- la mise en œuvre de la ***responsabilité extracontractuelle*** du contractant qui y était tenu (C. civ., art. 1112-1, al. 6 nouv.) dans le cas où la violation de l'obligation ne provoque pas de vice du consentement. En l'absence d'intention de tromper, le défaut d'information ne sera sanctionné que par l'octroi de dommages et intérêts ;
- ***l'annulation du contrat*** pour dol lorsque la violation de l'obligation d'information a provoqué un vice du consentement (C. civ., art. 1112-1, al. 6 nouv.). La violation du devoir d'information sera sanctionnée comme une réticence dolosive (C. civ., art. 1137 nouv.), à condition de revêtir un caractère intentionnel (V. Chapitre 4).

Ces dispositions sont d'***ordre public*** (C. civ., art. 1112-1, al. 5 nouv.).

D - Les contrats préparatoires

Parfois, la période de pourparlers est ponctuée d'accords entre les intéressés sans que la discussion ne soit pour autant achevée. Il peut s'agit d'accords de principe, de lettres d'intentions, de contrats temporaires, etc. Ces accords ont une force plus ou moins contraignante selon les cas.

L'ordonnance du 10 février 2016 a permis pour la première fois d'organiser au sein du Code civil le régime de certains ***avant-contrats*** : la promesse de contrat et le pacte de préférence, qui constituent les avant-contrats les plus courants. Cette innovation reste limitée : ni les accords de principe, ni la lettre d'intention, par exemple, n'apparaissent dans les nouveaux textes.

---

12. Cass. 1re civ., 25 février 1997, n° 94-19685 : « *le médecin est tenu d'une obligation particulière d'information vis-à-vis de son patient et [qu']il lui incombe de prouver qu'il a exécuté cette obligation* ».
13. Cass. 1re civ., 4 octobre 1977, n° 75-10473.
14. Cass. 3e civ., 17 janvier 2007, n° 06-10442 ; Cass. 1re civ., 3 mai 2000, n° 98-11381, Baldus.

1) Le pacte de préférence

a) La notion de pacte de préférence

Le pacte de préférence est « *le contrat par lequel une partie s'engage à proposer prioritairement à son bénéficiaire de traiter avec lui pour le cas où elle déciderait de contracter* » (C. civ., art. 1123, al. 1er nouv.). Comme la jurisprudence, le nouveau texte n'exige la détermination ni d'un prix ni d'une durée dans le pacte de préférence[15].

b) L'action interrogatoire

L'ordonnance du 10 février 2016 introduit dans le Code civil une action interrogatoire en matière de pacte de préférence : elle permet au tiers de demander par écrit au bénéficiaire de confirmer dans un délai qu'il fixe et qui doit être raisonnable, ***l'existence d'un pacte de préférence et s'il entend s'en prévaloir*** (C. civ., art. 1123, al. 3 nouv.). Cette nouveauté va à l'encontre de la jurisprudence, qui l'avait rejetée[16].

L'écrit devra mentionner qu'à défaut de réponse dans ce délai, le bénéficiaire ne pourra demander que des dommages-intérêts en cas de violation du pacte de préférence (C. civ., art. 1123, al. 4 nouv.).

c) La sanction de la violation du pacte de préférence

Lorsque le promettant contracte avec un tiers en méconnaissance de son engagement, le bénéficiaire peut obtenir la ***réparation*** du préjudice subi (C. civ., art. 1123, al. 2 nouv.).

Lorsqu'en outre, le tiers connaissait l'existence du pacte et l'intention du bénéficiaire de s'en prévaloir, c'est-à-dire lorsqu'il est de ***mauvaise foi***, le bénéficiaire peut en outre obtenir d'une part la ***nullité du contrat*** et d'autre part la ***substitution de l'acquéreur***, à condition de démontrer que le tiers acquéreur connaissait l'existence du pacte au moment de conclure le contrat et l'intention du bénéficiaire de s'en prévaloir.

La jurisprudence admettait déjà la possibilité pour le bénéficiaire de se retourner à la fois contre celui qui s'est engagé et contre le tiers avec lequel il a finalement contracté[17]. Le nouveau texte valide également la jurisprudence relative à la substitution du bénéficiaire de la promesse au tiers avec lequel celui qui s'est engagé a finalement contracté[18].

2) Les promesses de contrat

Les promesses de contrat constituent des avant-contrats qui préparent le contrat définitif. Si l'une des parties s'engage, il y a promesse unilatérale de contrat. Si les deux parties s'engagent, il y a promesse synallagmatique de contrat.

---

15. Cass. 3e civ., 15 janvier 2003, n° 01-03700.
16. Cass. 3e civ., 29 juin 2010, n° 9-68110.
17. Cass. 1re civ., 11 juillet 2006, n° 03-18528.
18. Cass. ch. mixte, 26 mai 2006, 2 arrêts : D. 2006, Jur. p. 1861, note Mainguy D. et Gautier P.-Y., RTD civ. 2006, p. 550, obs. Mestre J. et Fages B. ; Cass. 3e civ., 3 novembre 2011 : D. 2011, AJ, p. 2794, obs. Forest G., RTD civ. 2012, p. 127, obs. Gautier P.-Y.

a) La promesse unilatérale de contrat

1. La notion de promesse unilatérale de contrat

« *La promesse unilatérale est le contrat par lequel une partie, le promettant, accorde à l'autre, le bénéficiaire, le droit d'opter pour la conclusion d'un contrat dont les éléments essentiels sont déterminés, et pour la formation duquel ne manque que le consentement du bénéficiaire* » (C. civ., art. 1124, al. 1er nouv.). La promesse unilatérale de contrat la plus usitée est la promesse unilatérale de vente.

Avant l'ordonnance du 10 février 2016, le Code civil n'organisait pas le régime de la promesse unilatérale de contrat ; il n'en existait pas de définition unanime de la part de la jurisprudence ou de la doctrine.

La promesse unilatérale de contrat est un ***contrat unilatéral*** par lequel le promettant ***accorde son consentement*** à un contrat futur et déterminé, alors que le bénéficiaire garde le choix de lever ou non l'option ainsi consentie dans un délai déterminé ou non.

La promesse unilatérale de contrat se distingue de l'offre unilatérale de contrat en ce qu'***elle constitue un contrat***. Elle s'en distingue parce qu'elle contient un ***accord de volontés*** alors que l'offre est seulement une manifestation unilatérale de volonté. L'offrant peut, dans l'offre unilatérale de contrat, retirer son offre. Le promettant est engagé.

La promesse unilatérale de contrat n'est pas le contrat définitif, il s'agit d'un contrat unilatéral car ***une seule personne est engagée*** : le promettant, qui a accordé une option au bénéficiaire. Le bénéficiaire de la promesse dispose d'un choix : il peut décider de ne pas contracter. Le bénéficiaire a consenti à la promesse en tant que telle mais pas au contrat.

Pour aller plus loin

L'indemnité d'immobilisation

Dans certains cas, le bénéficiaire de la promesse s'engage à payer l'engagement, le service que lui rend le promettant cocontractant : la somme qu'il paie est appelée « *indemnité d'immobilisation* ». Dans ce cas, la promesse de vente constitue un ***contrat synallagmatique***.

L'existence d'une indemnité d'immobilisation ne fait pas disparaître le ***caractère unilatéral de la promesse*** mais donne un caractère synallagmatique au contrat qui la renferme sauf si elle est trop élevée ; dans cette hypothèse, le bénéficiaire se sentirait alors obligé d'acheter (il s'agit alors d'une convention synallagmatique contenant une promesse unilatérale de vente). La validité de l'indemnité d'immobilisation a été reconnue par la jurisprudence[19].

Que devient ensuite l'indemnité d'immobilisation ?

- elle est acquise au promettant si le bénéficiaire de la promesse renonce à acheter ;
- elle vient en déduction du prix en cas de conclusion du contrat.

2. Le régime de la promesse unilatérale de contrat

La promesse unilatérale de contrat obéit à toutes les conditions générales des contrats. Elle doit contenir les ***éléments essentiels du contrat définitif***. Parfois, la loi soumet la promesse unilatérale de contrat à des conditions de forme.

19. Cass. com., 23 juin 1958 : D. 1958, Jur. p. 581, note Malaurie Ph. ; Grands arrêts n° 172.

Toute promesse unilatérale de vente doit faire l'objet d'un ***enregistrement*** à peine de nullité (C. civ., art. 1589-2) dans les 10 jours de son acceptation par le bénéficiaire.

3. Les effets de la promesse unilatérale de contrat

Le promettant est tenu de ***maintenir la promesse*** pendant le délai prévu quand il y en a un. À la différence de l'offre, la promesse est irrévocable pendant ce délai, même en cas de décès du promettant.

Le bénéficiaire ***n'est pas engagé*** avant la levée de l'option et il ne bénéficie pas non plus des droits que confère le contrat définitif. S'il se décide à passer le contrat définitif, celui-ci se forme au moment de la levée de l'option. Néanmoins, les parties à une promesse unilatérale de vente ont la liberté de prévoir au contrat que le défaut d'exécution par le promettant de son engagement de vendre se résoudra en nature par la constatation judiciaire de la vente[20].

La question de la sanction de la violation de la promesse unilatérale a donné lieu à une vive ***controverse*** à laquelle met fin le nouveau texte.

La jurisprudence avait opté en 1993 pour la sanction par des dommages-intérêts, excluant toute exécution forcée. Il s'en est suivi une jurisprudence fluctuante.

Point Jurisprudence

L'évolution de la jurisprudence relative à la violation de la promesse unilatérale de contrat

- Cass. 3e civ., 15 décembre 1993[21] : « *tant que les bénéficiaires n'avaient pas déclaré acquérir, l'obligation de la promettante ne constituait qu'une obligation de faire et la levée de l'option, postérieure à la rétractation de la promettante, excluait toute rencontre des volontés réciproques de vendre et d'acquérir* ». La Cour de cassation écarte toute possibilité d'exécution forcée.
- Cass. 3e civ., 8 septembre 2010[22] : la Cour de cassation semble amorcer un revirement. Elle décide que si le promettant, qui a définitivement consenti à vendre, décède avant la levée de l'option, celle-ci peut être valablement levée contre ses héritiers tenus de la dette qu'il a contractée, sans qu'il soit nécessaire, en présence d'héritiers mineurs placés sous le régime de l'administration légale sous contrôle judiciaire, d'obtenir l'autorisation du juge des tutelles.
- Cass. 3e civ., 11 mai 2011[23] : « *la levée de l'option par le bénéficiaire de la promesse postérieurement à la rétractation du promettant excluant toute rencontre des volontés réciproques de vendre et d'acquérir, la réalisation forcée de la vente ne peut être ordonnée* ». La Cour de cassation revient clairement à la solution de 1993.
- Cass. 3e civ., 6 septembre 2011[24] : la Cour de cassation semble à nouveau aller vers la reconnaissance de la possibilité d'une exécution forcée.

---

20. Cass. 3e civ., 27 mars 2008 : D. 2008, Pan. p. 2973, obs. Amrani Mekki S., JCP 2008, II, 10147, note Pillet G., RTD civ. 2008, p. 475, obs. Fages B.
21. Cass. 3e civ., 15 décembre 1993, Bull. civ. III, n° 174 : RTD civ. 1994, p. 587, obs. Mestre J.
22. Cass. 3e civ., 8 septembre 2010 : D. 2010, p. 2061, D. 2011, p. 1457, note Amrani Mekki S., RTD civ. 2010, p. 778, obs. Fages B. ; Cass. 1re civ., 25 juin 2014 : D. 2014, p. 1574, note Tadros A., JCP 2014, 960, note Antippas J.
23. Cass. 3e civ., 11 mai 2011 : D. 2011, Jur. p. 1457, note Mazeaud D., D. 2011, Jur. p. 1460, note Mainguy D., RTD civ. 2011, p. 532, obs. Fages B.
24. Cass. 3e civ., 6 septembre 2011 : D. 2011, Jur. p. 2838, note Grimaldi C.

– Cass. com., 13 septembre 2011, n° 10-19526 : « *la levée de l'option par le bénéficiaire de la promesse postérieurement à la rétractation du promettant excluant toute rencontre des volontés réciproques de vendre et d'acquérir, la réalisation forcée de la vente ne pouvait être ordonnée* ».

L'article 1124, alinéa 2 nouveau du Code civil, découlant de l'ordonnance du 10 février 2016, sanctionne la révocation de la promesse pendant le délai d'option par l'***exécution forcée*** du contrat, mettant fin à la controverse.

Le contrat conclu en violation de la promesse unilatérale avec un tiers est ***nul***, à condition que le tiers avec lequel le promettant a finalement signé le contrat ait eu connaissance de l'existence de la promesse (C. civ., art. 1124, al. 3 nouv.).

b) La promesse synallagmatique de contrat

La promesse synallagmatique de contrat est un contrat par lequel les parties donnent d'ores et déjà leur consentement au contrat définitif. Selon l'article 1589, alinéa 1er du Code civil, elle vaut vente : « *La promesse de vente vaut vente lorsqu'il y a consentement réciproque des deux parties sur la chose et sur le prix* ». Cette solution a été confirmée par la jurisprudence sauf dans deux cas :

– d'une part, le principe concerne les ***contrats consensuels*** mais pas les contrats réels ou solennels puisque le contrat définitif est alors soumis à la remise de la chose ou à l'accomplissement d'une formalité ;
– d'autre part, les parties peuvent également marquer leur volonté de solenniser le contrat en subordonnant son existence à ***l'accomplissement d'une formalité particulière*** : les contrats synallagmatiques de vente comportent fréquemment une clause prévoyant que la vente sera ultérieurement réalisée ou régularisée ou réitérée par acte notarié. Le juge devra rechercher si les parties ont ou non érigé la clause de réitération par acte authentique en condition de formation du contrat de vente :
  - s'il apparaît que les parties ont entendu par cette clause faire de l'acte authentique un élément constitutif de leur contrat, cette volonté opère une ***dissociation entre la promesse consensuelle et le contrat définitif ainsi solennisé***. Dans ce cas, les parties sont tenues, jusqu'à l'accomplissement de la formalité, d'une obligation de faire, qui, en cas d'inexécution, se résout en dommages-intérêts ou rend la vente caduque[25]. Cette volonté doit cependant être clairement établie,
  - en l'absence de volonté contraire avérée, le principe de l'assimilation s'applique : l'acte authentique ne constitue alors qu'une « *modalité d'exécution du contrat de vente ultérieurement et définitivement formé* »[26]. Dans les hypothèses où l'une des parties refuse à se prêter à l'établissement de l'acte, l'autre partie peut obtenir une décision judiciaire remplaçant le titre qui fait défaut.

---

25. Cass. 3e civ., 12 octobre 1994 : Defrénois 1995, 738, obs. Mazeaud.
26. Cass. req., 4 mai 1936, DH 1936, p. 313 ; Cass. 3e civ., 18 février 2009 : JCP N 2009, 1194, note Barbieri.

3 • L'OFFRE

« *Le contrat est formé par la rencontre d'une offre et d'une acceptation, par lesquelles les parties manifestent leur volonté de s'engager* » (C. civ., art. 1113, al. 1er nouv.).

L'offre de contrat est une offre qui n'est susceptible que d'acceptation pure et simple et qui ne laisse par conséquent aucune place à la négociation. L'offre de contrat se manifeste aujourd'hui par des contrats de masse, voire des ***contrats d'adhésion***. Il y a trois éléments spécifiques dans un contrat d'adhésion : la supériorité économique de l'une des parties envers l'autre, la généralité de permanence de l'offre (l'offre est faite au public en général pour toute une série de contrats semblables) et le fait que le contenu du contrat est l'œuvre exclusive ou quasi-exclusive de l'une des parties.

L'ordonnance du 10 février 2016 a permis de compléter substantiellement les textes du Code civil relatifs à l'offre et à la demande, quasiment inexistants dans le Code de 1804. Les nouveaux textes intègrent ou tranchent l'importante jurisprudence qui s'est progressivement développée.

A - Les caractères de l'offre

L'offre n'est pas définie par le nouvel article 1114 du Code civil qui se contente d'en préciser les ***caractéristiques***. L'offre doit revêtir un certain nombre de caractères à défaut desquels il s'agit seulement d'une invitation à entrer en pourparlers.

1) L'offre doit être précise

L'offre doit comprendre les **éléments essentiels du contrat** envisagé (C. civ., art. 1114 nouv.). La jurisprudence traditionnelle insistait sur la nécessité d'une offre précise[27]. Jusqu'à l'ordonnance du 10 février 2016, ces éléments ne sont pas vraiment déterminés. Le critère de précision peut concerner le prix ou d'autres éléments, selon le contrat concerné (par exemple, dans un contrat de location, l'obligation de précision porte davantage sur la chose louée que sur le prix). Pothier disait qu'il s'agit des éléments « *qui impriment à un contrat sa valorisation propre et en l'absence desquels ce dernier peut être caractérisé* ». La jurisprudence est importante en la matière.

2) L'offre doit être ferme

L'offre doit exprimer la volonté de son auteur d'être lié en cas d'acceptation (C. civ., art. 1114 nouv. ; Ord. 10 févr. 2016) : ***l'offre doit être ferme***, ce que la jurisprudence affirme également[28]. La seule acceptation doit suffire à former le contrat.

Si l'offre est assortie de ***réserves***, la proposition n'est qu'une invitation à entrer en pourparlers. Il y a deux sortes de réserves :

- si les réserves sont précises, la proposition reste une offre (*exemple* : vente de marchandises limitée à une quantité déterminée) ;

27. Cass. 1re civ., 27 juin 1973, n° 72-12321.
28. Cass. com., 6 mars 1990, n° 88-12477.

– si les réserves sont générales et permettent au proposant de modifier le contenu de ses propositions ou de choisir son cocontractant, il ne s'agit plus d'une offre véritable. Ces réserves générales peuvent être soit expresses, soit tacites (*exemple* : contrat présentant un caractère *intuitu personae*).

3) Les autres caractéristiques de l'offre

L'offre peut être destinée à une personne déterminée ou indéterminée, à ***plusieurs personnes*** en particulier ou au ***public***. Selon la Cour de cassation, il n'y a pas lieu de distinguer entre ces différents types d'offres : « *l'offre faite au public lie le pollicitant à l'égard du premier acceptant dans les mêmes conditions que l'offre faite à personne déterminée* »[29]. L'offre faite au public lie l'offrant à l'égard du premier acceptant dans les mêmes conditions que l'offre faite à une personne déterminée[30].

L'offre doit être ***extériorisée***, elle peut l'être par divers moyens : un écrit (lettre, catalogue, affiche, annonce...), la parole, les attitudes purement naturelles, par exemple, l'exposition en vitrine d'un objet et de son prix.

L'offre peut être ***tacite ou expresse***. Elle peut être faite avec ou sans délai. L'offre ne doit pas être équivoque. Aucune condition de forme n'est imposée. Néanmoins, l'offre tacite est rare en dehors de l'hypothèse de la tacite reconduction.

B - La caducité de l'offre

L'offre peut devenir ***caduque*** parce qu'elle comporte une limite de délai ou une limite de quantité, ou en cas d'incapacité ou de décès de l'offrant. En dehors des hypothèses où la personnalité de l'offrant est déterminante, le décès n'est pas un obstacle à l'acceptation (les héritiers concluront alors le contrat avec l'acceptant).

L'ordonnance du 10 février 2016 a clarifié les hypothèses dans lesquelles l'offre devient caduque (C. civ., art. 1117 nouv.) :

– à ***l'expiration du délai fixé*** par son auteur[31] ou à défaut, à l'***expiration d'un délai raisonnable*** ;
– en cas d'***incapacité ou de décès*** de son auteur : la jurisprudence était plus inconstante sur la question du décès du pollicitant[32].

C - La rétractation de l'offre

L'offre peut être rétractée à certaines conditions en dehors desquelles elle peut être fautive :

– le pollicitant a la possibilité de retirer son offre ***tant que celle-ci n'est pas parvenue*** à son destinataire (C. civ., art. 1115 nouv.) ;

---

29. Cass. 3e civ., 28 novembre 1968.
30. Cass. 3e civ., 28 novembre 1968 : JCP 1969, II, 15797, RTD civ. 1969, p. 348, obs. Cornu G., p. 555, obs. Loussouarn Y.
31. Cass. 1re civ., 7 mai 2008, n° 07-11690.
32. Cass. 3e civ., 10 mai 1989, n° 87-18 130 : le décès du pollicitant rend l'offre caduque ; *Contra* Cass. 1re civ., 25 juin 2014, n° 13-16 529 : la Cour de cassation distingue selon l'existence ou non d'un délai.

- le pollicitant a la possibilité de retirer son offre ***après l'expiration du délai prévu*** par son auteur. La jurisprudence refusait également de façon constante la rétractation avant l'expiration du délai prévu[33] ;
- ***à défaut de délai*** expressément prévu, le pollicitant a la possibilité de retirer son offre ***après l'expiration d'un délai raisonnable*** (C. civ., art. 1116, al. 1er) : le texte valide une autre jurisprudence constante[34]. La jurisprudence a précisé, ce que le texte ne fait pas, que l'appréciation du caractère raisonnable du délai était laissée à l'appréciation des juges du fond[35].

En dehors de ces hypothèses décrites ci-dessus, la rétractation est fautive et sanctionnée par la mise en œuvre de la ***responsabilité extracontractuelle*** (C. civ., art. 1116, al. 3 nouv.), c'est-à-dire par des dommages-intérêts.

Comme il est traditionnellement décidé en droit commun, l'auteur de la révocation fautive n'est pas tenu de « *compenser la perte des avantages attendus du contrat* » (C. civ., art. 1116, al. 3 nouv.).

La solution parfois adoptée par la jurisprudence[36], consistant à prononcer l'exécution forcée du contrat est exclue expressément par l'ordonnance du 10 février 2016 : « *La rétractation de l'offre en violation de cette interdiction* ***empêche la conclusion du contrat*** » (C. civ., art. 1116, al. 2 nouv.).

4 • L'ACCEPTATION

Le Code civil donne désormais une définition de l'acceptation : « *L'acceptation est la manifestation de volonté de son auteur d'être lié dans les termes de l'offre* » (C. civ., art. 1118, al. 1er nouv. ; Ord. 10 févr. 2016). En l'absence d'adhésion globale au contenu de l'offre, l'acceptation doit être requalifiée en contre-proposition (C. civ., art. 1118, al. 3 nouv.).

Il convient de déterminer comment, quand et où intervient l'acceptation. Il s'agit d'analyser d'une part les formes de l'acceptation, et d'autre part le problème des contrats entre absents.

Pour aller plus loin

Les délais de réflexion et de rétractation dans l'ordonnance du 10 février 2016

Le Code civil ne comportait jusque-là aucune disposition relative aux délais de réflexion et de rétractation, prévus uniquement par des lois spéciales, notamment par le droit de la consommation. L'article 1122 du Code civil permet désormais de les intégrer dans le droit commun des contrats :

- le délai de réflexion est celui « *avant l'expiration duquel le destinataire de l'offre ne peut manifester son acceptation* ». Le bénéficiaire d'un délai de réflexion ne peut y renoncer ;

33. Cass. 1re civ., 7 mai 2008, n° 07-11690.
34. Cass. 3e civ., 20 mai 2009, Bull. civ. III, n° 118 : RTD civ. 2009, p. 524, obs. Fages B.
35. Cass. 3e civ., 25 mai 2005, n° 03-19411 ; Cass. com., 27 avril 2011, n° 10-17177.
36. Cass. 3e civ., 7 mai 2008 : D. 2008, p. 2969, obs. Amrani Mekki S., RTD civ. 2008, p. 474, obs. Fages B.

- le délai de rétractation est celui « *avant l'expiration duquel son bénéficiaire peut rétracter son consentement* ». Pendant ce délai, le destinataire de l'offre peut librement revenir sur son consentement.

A - Les formes de l'acceptation

L'acceptation peut être expresse ou tacite. Le silence ne vaut généralement pas acceptation.

1) La manifestation de volonté expresse

La manifestation de volonté est expresse lorsque la personne extériorise sa volonté par un ***langage*** : il peut être oral, gestuel ou écrit.

Pour aller plus loin

Les conditions générales dans l'ordonnance du 10 février 2016

Le nouvel article 1119 du Code civil issu de l'ordonnance du 10 février 2016 consacre la jurisprudence selon laquelle les conditions générales doivent être ***acceptées de façon expresse*** par le contractant. Elles ne peuvent produire effet que si elles ont été portées à la connaissance du contractant et acceptées par celui-ci (C. civ., art. 1119, al. 1er nouv.). Il n'est donc plus possible d'évoquer les conditions générales uniquement par renvoi.

Lorsque les conditions générales invoquées par l'une et l'autre partie sont discordantes, les clauses incompatibles seront sans effet (C. civ., art. 1119, al. 2 nouv.), dans la mesure où la rencontre des consentements fait défaut. Dans cette hypothèse, la jurisprudence faisait prévaloir les conditions particulières.

En cas de ***discordance*** entre clauses générales et clauses particulières, « *les secondes l'emportent sur les premières* » (C. civ., art. 1119, al. 3 nouv.).

2) La manifestation de volonté tacite

La manifestation de volonté est tacite lorsque l'expression du consentement résulte du simple ***comportement***, de l'attitude de l'intéressé, de laquelle on induit la volonté de contracter. Par exemple, si un taxi stationne à l'emplacement réservé, gaine du compteur non mise, l'ouverture de la portière forme le consentement au contrat.

La manifestation de volonté peut résulter également du ***commencement d'exécution du contrat***, par exemple en cas de tacite reconduction du bail (C. civ., art. 1738).

Lorsque le consentement est ***tacite***, l'existence de la volonté interne est beaucoup moins certaine que lorsque la manifestation de volonté est expresse. Par conséquent, la loi impose parfois une manifestation de volonté expresse, par exemple en cas de contrat de cautionnement (C. civ., art. 2292) ou de dispense de rapport à succession (C. civ., art. 843).

3) Le comportement passif : le silence

Le silence est l'***absence totale de toute manifestation de volonté*** même tacite de la part du destinataire du contrat.

a) Le principe

Si la jurisprudence accepte la manifestation de ***volonté expresse aussi bien que tacite*** de l'acceptation, elle refuse traditionnellement de donner au silence la signification d'une acceptation. Ainsi, la Cour de cassation a décidé en 1870[37] que le silence ne pouvait valoir consentement : « *Attendu, en droit, que le silence de celui que l'on prétend obliger ne peut suffire, en l'absence de toute autre circonstance, pour faire preuve contre lui de l'obligation alléguée* ». Le silence étant par nature entièrement équivoque, il pourrait être interprété aussi bien comme un refus que comme une acceptation. La Cour de cassation a décidé de considérer que le silence valait refus afin de ne pas porter atteinte à la liberté individuelle.

Conformément à la jurisprudence, l'ordonnance du 10 février 2016 a consacré à l'article 1120 du Code civil le principe selon lequel ***le silence ne vaut pas acceptation***.

b) Les exceptions

« *Le silence ne vaut pas acceptation sauf s'il résulte* » (C. civ., art. 1120 nouv.) :

- ***de la loi*** : par exemple, « *Si, à l'expiration des baux écrits, le preneur reste et est laissé en possession, il s'opère un nouveau bail dont l'effet est réglé par l'article relatif aux locations faites sans écrit* » (C. civ., art. 1738) ;
- ***des usages*** : certains usages commerciaux permettent de considérer le silence comme une acceptation. Par exemple, l'absence de contestation d'une facture entre commerçants pendant un certain délai permet de considérer la facture comme acceptée. Cette exception constitue une validation de la jurisprudence ;
- ***des relations d'affaires*** : lorsque les parties ont l'habitude de signer des contrats de même nature de façon régulière, le silence n'est plus équivoque et peut valoir acceptation. Ce cas était déjà admis par la jurisprudence ;
- ***de circonstances particulières*** : la notion est large et permet sans doute d'englober certains cas dont la jurisprudence avait fait un cas d'acceptation, c'est-à-dire :
  - les cas où l'offre a été faite ***dans l'intérêt exclusif de son destinataire,*** conformément à la jurisprudence (ex. : arrêt de la Chambre des requêtes du 29 mars 1938[38] : un propriétaire qui ne parvenait pas à se faire payer ses loyers fait une offre de remise partielle de loyer. Les locataires n'ayant pas répondu, le bailleur les a assignés en justice en leur demandant la totalité du loyer. La chambre des requêtes a estimé qu'ils n'avaient pas à payer la totalité car ils étaient censés avoir accepté la première proposition),
  - les cas dans lesquels « ***les circonstances permettent de donner à ce silence la signification d'une acceptation*** ». La jurisprudence avait récemment décidé que le silence ne valait pas à lui seul acceptation mais que dans certains cas, les ***circonstances*** permettaient de donner au silence la signification d'une acceptation[39].

Le ***contrat*** peut prévoir expressément que le silence vaut acceptation, notamment par le mécanisme de la tacite reconduction (V. Chapitre 10).

---

37. Cass. civ., 25 mai 1870 : D. 1870, p. 257, S. 1870, 1, p. 241.
38. D. 1939, 1, p. 5, note Voirin.
39. Cass. 1re civ., 24 mai 2005 : D. 2006, Jur. p. 1025, note Bensamoun A. ; Cass. 1re civ., 4 juin 2009 : D. 2009, Jur. p. 2137, note Labarthe F., RTD civ. 2009, p. 530, obs. Fages B.

B - Les contrats entre absents

Dans certains cas, au moment de l'accord définitif, les contractants ne sont pas en présence l'un de l'autre, notamment lorsque les contrats se forment par correspondance.

1) Les intérêts de la date et du lieu de formation du contrat

La date et le lieu de formation du contrat comportent de multiples intérêts.

a) La date

La détermination de la date du contrat a 4 intérêts :

- à partir du moment où le contrat définitif est conclu, les parties ne peuvent plus ***se rétracter*** ;
- c'est à partir de la date de formation du contrat que commencent à se ***produire les effets*** de ce contrat ;
- c'est à la date de formation du contrat que le juge se place pour déterminer la ***loi applicable*** au contrat ;
- la date de formation du contrat constitue le ***point de départ du délai*** pour intenter l'action en nullité de ce contrat.

b) Le lieu

Les intérêts à fixer le lieu de formation du contrat sont limités. Jusqu'en 1975, le lieu de formation du contrat servait souvent à déterminer le tribunal territorialement compétent mais l'article 46 du Code de procédure civile interdit désormais que soit prévue dans le contrat l'attribution de compétence au tribunal de lieu de formation du contrat. Le seul intérêt qui subsiste aujourd'hui concerne les contrats internationaux : la loi applicable aux conditions de forme du contrat est celle du lieu où celui-ci a été conclu (« *Le lieu régit l'acte* »).

2) La détermination du moment de la formation du contrat

Pour déterminer le moment de la formation du contrat entre absents, le Code civil donne des solutions, ainsi que la doctrine.

a) Les solutions de la doctrine

La doctrine et ses auteurs sont partagés entre deux approches principales :

- selon une ***première théorie*** : le contrat se forme au moment et au lieu où intervient l'acceptation. Il existe deux variantes :
  - *théorie de la déclaration* : le contrat se forme au lieu où naît la volonté d'accepter (ex. : rédaction de la lettre d'acceptation),
  - *théorie de l'émission* : le contrat se forme au moment et au lieu où se manifeste cette volonté (ex. : remise de cette lettre à la poste) ;
- selon une ***deuxième théorie*** : ***le contrat se forme au moment et au lieu où l'offrant connaît l'acceptation***. Il faut deux volontés concordantes qui se connaissent réciproquement. Il existe deux variantes :
  - *théorie de la réception* : le contrat est formé au moment et au lieu où est reçue l'acceptation (ex. : la lettre d'acceptation est dans la boîte aux lettres de l'offrant),

- *théorie de l'information* : le contrat est formé au moment et au lieu où l'offrant prend connaissance de l'acceptation (ex. : il ouvre la lettre).

b) Le droit positif

Jusqu'à l'ordonnance du 10 février 2016, deux articles du Code civil donnaient des solutions contradictoires :

- selon l'***article 932 du Code civil,*** dans le contrat de donation, ce n'est pas l'acceptation mais la notification de la donation au donateur qui donne naissance au contrat ;
- selon l'***article 1985, alinéa 2, du Code civil,*** en matière de mandat, l'acceptation de l'offre pouvant être tacite, le contrat est formé au jour où le mandataire a accompli le premier acte d'exécution, même si le mandant l'ignore. C'est le système de l'émission qui l'emporte.

La jurisprudence a longtemps adopté la ***théorie de l'émission*** en l'absence de manifestation de volonté contraire des parties (le contrat se forme au moment et au lieu où se manifeste la volonté d'accepter)[40]. En 2011[41], elle opère un ***revirement***, optant pour la ***théorie de la réception***, selon laquelle le contrat est formé au moment et au lieu où est reçue l'acceptation. La convention de Vienne sur la vente internationale de marchandises a privilégié la théorie de la réception (art. 18-2°).

Comme la jurisprudence la plus récente, le nouvel article 1121 du Code civil consacre la ***théorie de la réception*** : « *Le contrat est conclu dès que l'acceptation parvient à l'offrant. Il est réputé conclu au lieu où l'acceptation est parvenue* ».

5 • LA CONCLUSION DU CONTRAT PAR VOIE ÉLECTRONIQUE

Les dispositions du Code civil relatifs à la conclusion du contrat par voie électronique découlent de l'ordonnance du 16 juin 2005 complétée par le décret d'application du 2 février 2011. Elles constituent la transposition de la directive 2000/31/CE du 8 juin 2000). L'ordonnance du 10 février 2016 opère une reprise quasiment *in extenso* aux articles 1126 à 1127-6 des anciens articles 1369-1 à 1369-9.

A - L'offre par voie électronique

L'offre faite par voie électronique doit en principe comporter un certain nombre d'***énonciations*** (C. civ., art. 1127-1, al. 3 et s. nouv.) :

- étapes à suivre pour la conclusion du contrat ;
- moyens techniques permettant au destinataire de l'offre, avant la conclusion du contrat, d'identifier d'éventuelles erreurs commises dans la saisie des données et de les corriger ;

40. Cass. req., 21 mars 1932 : DP 1933, 1, p. 65, note Sallé de la Marnière E., S. 1932, 1, p. 278, Gaz. Pal. 1932, 1, p. 910, Grands arrêts n° 81.
41. Cass. 3e civ., 16 juin 2011 : D. 2011, p. 2262, note Dissaux D.

– langues proposées pour la conclusion du contrat : la langue française doit en faire partie, ce qui est nouveau parmi au sein des dispositions du Code civil mais découlait déjà de la loi n° 94-665 du 4 août 1994 relative à l'emploi de la langue française ;
– le cas échéant, modalités d'archivage ainsi que conditions d'accès aux documents archivés (C. consom., art. L. 221-14) ;
– moyens de consulter par voie électronique les règles professionnelles et commerciales auxquelles l'auteur de l'offre entend, le cas échéant, se soumettre.

Il existe des ***exceptions*** à l'obligation de mentionner ces obligations pour les contrats de fourniture de biens ou de prestation de services qui sont conclus exclusivement par échange de courriers électroniques ou dans les contrats conclus entre professionnels (C. civ., art. 1127-3).

L'auteur d'une offre faite par voie électronique ***reste engagé*** par celle-ci aussi longtemps qu'elle est accessible par voie électronique de son fait (C. civ., art. 1127-1, al. 2).

B - L'acceptation par voie électronique

L'acceptation d'une offre de contrat sous forme électronique n'est valable que dès lors que le destinataire de l'offre a eu « *la **possibilité de vérifier** le détail de sa commande et son prix total, et de corriger d'éventuelles erreurs* » (C. civ., art. 1127-2, al. 1er). Il peut ensuite confirmer son acceptation. « *L'auteur de l'offre doit **accuser réception** sans délai injustifié, par voie électronique de la commande qui lui a été adressée.* » (C. civ., art. 1127-2, al. 2). Ces dispositions peuvent être écartées dans les conventions conclues entre professionnels (C. civ., art. 1127-3).

BIBLIOGRAPHIE

Didier (Ph.), « La représentation dans le nouveau droit des obligations », JCP G, 2016, 580, p. 993.

Fabre-Magnan (M.), « De l'inconstitutionnalité de l'exécution forcée des promesses unilatérales de vente », D. 2015, Chron. p. 826

Gallois-Cochet (D.), « Réforme du droit des contrats, pactes de préférence et promesses unilatérales », Dr. sociétés avril 2016, Repère n° 4, p. 1.

Grimaldi (C.), « La durée de l'offre », D. 2013, Chron. p. 2811.

Le Gac-Pech (S.), « Bâtir un droit des contractants vulnérables », RTD civ. 2014, 581.

Mekki (M.), « Réforme droit des contrats : clair-obscur de l'obligation précontractuelle d'information », Gaz. Pal. 2016, n° 14, p. 15.

CHAPITRE 4

Les vices du consentement

Pour que le contrat soit valablement formé, le consentement ne doit pas seulement exister, il doit également être exempt de vices. Le nouvel article 1130 du Code civil, comme l'ancien article 1109, prévoit 3 sortes de vices du consentement : ***l'erreur, la violence et le dol***.

Les dispositions du Code civil relatives aux vices du consentement intègrent désormais les évolutions jurisprudentielles. L'erreur, le dol ou la violence peut vicier le consentement et ainsi justifier la nullité relative à condition d'avoir été déterminant (C. civ., art. 1130 nouv.).

1 • LE CARACTÈRE DÉTERMINANT DU VICE DU CONSENTEMENT

La jurisprudence exigeait depuis longtemps que le vice du consentement ait un caractère déterminant pour pouvoir être sanctionnable[1]. L'ordonnance du 10 février 2016 consacre cette règle et définit le vice déterminant comme celui sans lequel « *l'une des parties **n'aurait pas contracté ou aurait contracté à des conditions substantiellement différentes*** » (C. civ., art. 1130, al. 1er nouv.).

L'ordonnance du 10 février 2016 ne reprend pas la distinction qu'une partie de la doctrine opère entre le ***dol déterminant***, et le ***dol incident***, ce dernier étant celui sans lequel la victime aurait « seulement » contracté à des conditions substantiellement différentes. Selon ce courant doctrinal, le dol incident ne devrait pas être considéré comme une cause de nullité mais pourrait donner lieu à des dommages-intérêts. La jurisprudence ne reprenait pas non plus cette distinction[2].

Le ***caractère déterminant*** du vice du consentement s'apprécie ***in concreto***, c'est-à-dire « *eu égard aux personnes et aux circonstances dans lesquelles le consentement a été donné* » (C. civ., art. 1130, al. 2 nouv.). Le nouveau texte valide la jurisprudence qui avait étendu aux autres vices du consentement le principe posé par l'ancien article 1112 uniquement en matière de violence.

1. Cass. com., 7 juin 2011, n° 10-13622 ; Cass. com., 7 février 2012, n° 11-10487.
2. Cass. 3e civ., 22 juin 2005, n° 04-10415.

2 • L'ERREUR

L'erreur, vice du consentement, réside dans une appréciation inexacte de la réalité. Toute erreur n'est pas forcément cause de nullité du contrat. Les nouveaux textes issus de l'ordonnance du 10 février 2016 ne donnent toujours pas de définition de l'erreur mais exposent les caractéristiques et les hypothèses dans lesquelles elle peut être cause de nullité.

A - Les caractères de l'erreur cause de nullité

1) Le caractère excusable de l'erreur

L'erreur ***ne doit pas être inexcusable***. Le nouvel article 1132 du Code civil confirme la jurisprudence selon laquelle l'erreur doit être ***excusable***. Si la victime de l'erreur s'est trompée parce qu'elle s'est montrée négligente, elle ne peut demander la nullité car les intérêts du cocontractant doivent également être sauvegardés (par exemple, lorsqu'un marchand de biens commet une erreur sur la conversion entre francs et euros[3]). Le caractère excusable ou inexcusable de l'erreur s'apprécie *in concreto*, selon l'aptitude de la personne.

2) La qualité essentielle de la prestation

L'erreur doit porter sur les ***qualités essentielles*** de la prestation due ou sur celles du cocontractant. Le nouvel article 1133 du Code civil définit dans son 1er alinéa les qualités essentielles de la prestation comme « *celles qui ont été expressément ou tacitement convenues et en considération desquelles les parties ont contracté* ». Le texte opte pour une analyse objective. La notion de « qualité essentielle » est préférée à celle de « qualité substantielle » (l'ancien article 1110, alinéa 1er du Code civil disposait que : « *L'erreur n'est une cause de nullité de la convention que lorsqu'elle tombe sur la substance même de la chose qui en est l'objet.* »). La jurisprudence a opté pour l'appréciation ***in concreto*** de la qualité substantielle, c'est-à-dire selon les données de l'espèce. Dans chaque contrat, il s'agit de se demander quelle a été la qualité déterminante pour la partie au contrat. Il ne s'agit pas forcément de la qualité qui est habituellement dominante. Les qualités substantielles ont été peu à peu définies par la jurisprudence : matière de la chose, aptitude de la chose à remplir l'usage auquel elle est destinée, authenticité d'une œuvre d'art...

Pour aller plus loin

Les conceptions doctrinales et jurisprudentielles de la substance de la chose

La doctrine est partagée entre deux conceptions de la substance de la chose :

- ***conception objective*** : la substance est la matière dont est constituée la chose objet du contrat. Par exemple, l'erreur serait caractérisée lorsque « *J'achète des chandeliers en bronze alors que je pensais acheter des chandeliers en argent* » (Pothier) ;

3. Cass. 3e civ., 4 juillet 2007, n° 06-15881.

- *conception subjective* : la substance réside dans la qualité de la chose qui a été principalement envisagée par les parties au contrat. On parle de qualité essentielle substantielle. La qualité substantielle est celle dont l'absence, si elle avait été connue, aurait empêché la conclusion du contrat. Par exemple, lors de l'achat d'un tableau, la qualité substantielle n'est pas la matière mais l'authenticité du tableau.

La ***jurisprudence*** a retenu la conception subjective depuis un arrêt de la Chambre civile de la Cour de cassation du ***28 janvier 1913***[4] : « *L'erreur doit être considérée comme portant sur la substance de la chose lorsqu'elle est de telle nature que, sans elle, l'une des parties n'aurait pas contracté.* »

3) L'erreur sur la personne

L'***erreur sur les qualités essentielles du cocontractant*** est sanctionnable dès lors que le contrat a été conclu en considération de la personne (« ***intuiti personae*** » ; C. civ., art. 1134 nouv.).

4) Le caractère commun de l'erreur

La jurisprudence exige que l'erreur porte sur un élément connu de l'autre partie : l'erreur doit être « ***commune*** ». Le contractant doit avoir eu connaissance de ce que la qualité était substantielle aux yeux de l'autre. Cette exigence semble sous-entendue par les termes du nouvel article 1132 mais n'est pas formellement exprimée.

5) Erreur de droit et erreur de fait

L'***erreur de droit*** peut être sanctionnée de la même manière que l'***erreur de fait***, dès lors qu'elle n'est pas inexcusable (C. civ., art. 1132 nouv.). L'ordonnance du 10 février 2016 reprend un principe déjà appliqué par la jurisprudence[5].

6) L'erreur du cocontractant sur sa propre prestation

L'***erreur du cocontractant sur sa propre prestation*** peut être cause de nullité : l'erreur peut porter « *sur les qualités essentielles de la prestation due ou sur celles du cocontractant* » (C. civ., art. 1132 nouv.). De même l'article 1133 dispose dans son 2e alinéa que « *L'erreur est cause de nullité relative, qu'elle porte sur la prestation de l'une ou de l'autre partie* ». Ces deux textes confirment les solutions constantes de la jurisprudence.

Pour aller plus loin

L'erreur du contractant sur sa propre prestation

La jurisprudence ne fait pas de distinction entre l'erreur sur la prestation reçue ou la chose achetée et l'erreur sur la prestation fournie ou la chose vendue. Dès 1930, la Cour de cassation a estimé « *qu'il y a erreur sur la substance, notamment quand le consentement de l'une des parties a été déterminé par l'idée fausse que cette partie avait des droits dont elle croyait se dépouiller ou qu'elle croyait acquérir par l'effet du contrat* ». Ainsi, dans la célèbre affaire du

4. Cass. civ., 28 janvier 1913 : S. 1913, 1, p. 487, JCP 1971, II, 16913, note Ghestin.
5. Cass. 3e civ., 5 juillet 1995, n° 92-20425.

« ***Poussin*** », un couple de vendeurs avait cru vendre un tableau de l'École des Carrache alors qu'il s'agissait d'un Poussin, ce qui avait été exclu par l'expert du couple lors de la vente[6]. La vente a été finalement annulée.

D'autres erreurs sont considérées comme cause d'annulation par la jurisprudence :
- l'***erreur sur la nature du contrat*** (ex. : une personne vend un bien alors que l'autre croit prendre un bail) ;
- l'***erreur sur l'objet du contrat*** (ex. : une partie pense vendre un certain lot d'un terrain alors que l'autre pense que c'en est un autre).

Pour certains, ces erreurs sont d'une gravité telle qu'elles empêchent la rencontre des volontés nécessaire à la formation du contrat : elles constitueraient des ***obstacles au consentement***, assimilables à des absences de consentement. Les nouveaux textes du Code civil ne retiennent pas cette notion d'« erreur-obstacle ».

B - Les erreurs indifférentes

Certaines erreurs ne sont pas prises en compte par le droit.

1) L'erreur sur la valeur

L'erreur sur la valeur est définie pour la première fois dans le Code civil par l'effet de l'ordonnance du 10 février 2016. Elle consiste en une ***appréciation économique inexacte*** qui ne va pas jusqu'à l'erreur sur les qualités essentielles de la prestation due (C. civ., art. 1136 nouv.).

Elle ne peut être une cause de nullité du contrat, sauf si elle remet en cause l'essence même du contrat[7].

Le nouveau texte avalise la jurisprudence en réservant le cas de l'erreur sur les qualités essentielles : l'erreur sur la valeur n'est une cause de nullité que lorsqu'elle est la conséquence d'une erreur sur les qualités essentielles. Ainsi, dans l'affaire du « ***Poussin*** » (cf. *supra*), le tableau avait été vendu comme étant de l'école des frères Carrache mais s'est révélé après la vente être un authentique Poussin : l'erreur sur les qualités substantielles a eu pour conséquence une erreur sur la valeur du tableau.

2) L'erreur sur les motifs

L'***erreur sur les motifs*** n'est pas une cause de nullité, dès lors que ceux-ci sont étrangers aux qualités essentielles de la prestation due et du cocontractant, sauf dans le cas où les parties en ont fait expressément un élément déterminant de leur consentement (C. civ., art. 1135, al. 1er nouv.). La jurisprudence appliquait cette règle avant qu'elle soit validée par les textes[8].

---

6. Versailles, 7 janvier 1987 : D. 1987, Jur. p. 485, note Aubert J.-L., JCP 1988, II, 21121, note Ghestin J., RTD civ. 1987, p. 741, obs. Mestre J.
7. Cass. com., 4 octobre 2011, n° 10-20956.
8. Cass. com., 11 avril 2012, n° 11-15429.

En revanche, l'***erreur sur le motif d'une libéralité*** est une cause de nullité lorsque sans elle, son auteur n'aurait pas disposé (C. civ., art. 1135, al. 2). Avant l'ordonnance du 10 février 2016, ce type d'erreur était auparavant sanctionné sur le fondement de l'absence de cause dans les contrats à titre gratuit.

3) Erreur et aléa

L'erreur sur la qualité d'une prestation due sur laquelle un aléa a été accepté n'est pas sanctionnée : ***l'aléa chasse l'erreur***. Le nouvel article 1333 du Code civil, dans son 3e alinéa, valide la solution donnée par la jurisprudence.

Pour aller plus loin

Erreur et aléa

Affaire du « Verrou » : un tableau intitulé « *Le Verrou* » est vendu comme étant « *attribué à Fragonard* »[9], or, il s'avère plus tard qu'il s'agit d'un authentique Fragonard. Dans cette affaire, il n'y a pas de vérité au moment de la vente donc pas d'erreur possible. Au moment de la vente, chacun des cocontractants accepte l'éventualité que le tableau soit authentique ou non : chacun croit que le tableau n'est pas d'un auteur connu avec certitude. Il y a acceptation d'un aléa.

Affaire « Poussin » : dans l'affaire du Poussin (un couple de vendeurs avait cru vendre un tableau de l'École des Carrache alors qu'il s'agissait d'un Poussin ; cf. *supra*), la Cour d'appel d'Amiens déclare que l'exposition du tableau au Louvre et l'article déclarant que le tableau était de Poussin étaient largement postérieurs à la vente et donc la discordance entre réalité et conviction du vendeur était bien différente au moment de la vente. La vente a été annulée parce que les vendeurs avaient la conviction qu'il ne s'agissait pas d'un Poussin, ce qui n'était pas le cas de l'acheteur : il n'y avait pas d'aléa inséré au contrat, à l'inverse du cas concernant le Fragonard.

3 • LE DOL

Le dol est défini par le Code civil comme « *le fait pour un contractant d'obtenir le consentement de l'autre par des manœuvres ou des mensonges* » (C. civ., art. 1137, al. 1er nouv.) ou de dissimuler intentionnellement « *une information dont il sait le caractère déterminant pour l'autre partie* » (C. civ., art. 1137, al. 2). La définition est plus claire et plus complète que celle de l'ancien article 1116.

A - Les formes du dol cause de nullité

Le dol peut prendre 3 formes (C. civ., art. 1137 nouv.) :

– des ***manœuvres*** : les manœuvres frauduleuses peuvent consister en une véritable ***mise en scène*** : « *on appelle dol toute surprise, fraude, finesse, feinte et toute autre mauvaise voie pour tromper quelqu'un* » (Domat). Par exemple, il peut s'agir de modifier le compteur kilométrique d'une voiture en vue de sa vente ;

---

9. TGI Paris, 21 janvier 1976 : D. 1977, Jur. p. 478, note Malinvaud ; Cass. 1re civ., 24 mars 1987 : D. 1987, Jur. p. 489, note Aubert J.-L., JCP 1989, II, 21300, note Vieville-Miravet.

– des ***mensonges*** : la jurisprudence assimilait déjà le mensonge aux manœuvres, alors même que l'ancien texte ne le prévoyait pas[10] : « *Un simple mensonge, non appuyé d'actes extérieurs, peut constituer un dol* » ;
– la ***dissimulation intentionnelle d'une information*** : le dol peut consister en une dissimulation intentionnelle par l'un des contractants d'une information dont il sait le caractère déterminant pour l'autre partie (C. civ., art. 1137, al. 2 nouv.). La réticence dolosive existe chaque fois qu'une dissimulation a pour objectif de tromper l'autre partie. La violation du devoir d'information, prévue à l'article 1112-1 (V. Chapitre 3), constitue l'une des formes de la réticence dolosive. Lorsqu'elle a provoqué un vice du consentement (erreur ou dol), elle peut conduire à l'annulation du contrat.

Pour aller plus loin

L'évolution de la jurisprudence relative à la réticence dolosive

Après avoir longtemps refusé de considérer que la simple réticence (fait de garder le silence) sur un élément important, si elle est intentionnelle, peut constituer un dol et justifier la nullité du contrat, la jurisprudence l'a admis selon plusieurs étapes :

- dans un premier temps, elle a concédé que le silence pouvait constituer un dol dans certaines circonstances, par exemple lorsqu'il existait des rapports de confiance particuliers entre les cocontractants ;

- elle a ensuite décidé que « *le dol peut être constitué par le silence d'une partie dissimulant au cocontractant un fait qui, s'il avait été connu de lui, l'aurait empêché de contracter*[11] » ;

- dans une troisième phase, la jurisprudence a considéré que le silence constituait une réticence chaque fois qu'un cocontractant retenait une information qu'il connaissait[12], puis, la jurisprudence est revenue à une solution plus équilibrée, estimant que « *l'acquéreur, même professionnel, n'est pas tenu d'une obligation d'information au profit du vendeur sur la valeur du bien acquis* »[13].

B - L'exigence d'un comportement intentionnel

L'auteur du dol doit avoir eu l'intention de tromper son cocontractant.

En cas de ***mensonges ou de manœuvres***, l'élément intentionnel est ***présumé*** car l'intention se déduit du comportement. Le nouveau texte n'aborde d'ailleurs pas la question de l'intention pour ces deux formes de dol. La jurisprudence refuse de prendre en considération tous les mensonges notamment lorsque la victime a été imprudente et n'a pas vérifié les allégations de l'autre partie. Elle distingue le bon dol, c'est-à-dire un mensonge avec une exagération (« ***dolus bonus*** »), qui est normal, du mauvais dol (« ***dolus malus*** »), qui est un mensonge plus grave permettant d'obtenir la nullité. Le mensonge trop exagéré n'est pas pris en compte car il est peu probable qu'il ait déterminé le consentement.

10. Cass. 3e civ., 6 novembre 1970, n° 69-11665.
11. Cass. 3e civ., 15 novembre 2000 : JCP 2001, I, 301, n° 1, obs. Serinet Y.-M.
12. Cass. 3e civ., 27 mars 1991 : D. 1992, Somm. p. 196, obs. Paisant, RTD civ. 1992, p. 81.
13. Cass. 3e civ., 17 janvier 2007 : D. 2007, Jur. p. 1051, note Mazeaud D. et p. 1054, note Stoffel-Munck P., JCP 2007, II, 10042, note Jamin C., RTD civ. 2007, p. 335, obs. Mestre J. et Fages B.

En cas de ***dissimulation d'une information***, la jurisprudence exigeait déjà que l'***intention de tromper*** soit prouvée[14]. À défaut, elle décidait qu'il ne pouvait y avoir lieu qu'à dommages-intérêts et non pas à nullité. Le nouveau texte précise effectivement que la dissimulation doit être intentionnelle.

C - Le caractère excusable de l'erreur provoquée

« *L'erreur qui résulte d'un dol est toujours excusable* ». Le nouvel article 1139 du Code civil reprend une jurisprudence constante[15].

L'erreur provoquée par le dol peut entraîner la nullité même si elle porte sur la ***valeur de la prestation ou sur un simple motif*** du contrat (C. civ., art. 1139 nouv.)[16].

D - Le dol émanant d'un tiers

L'ancien article 1116 prévoyait que le dol devait émaner de l'une des parties. La jurisprudence en concluait que dol qui émane d'un tiers ne permettait donc pas d'obtenir la nullité[17]. Le nouvel article 1137 prévoit également que le dol doit émaner de la ***partie contractante***.

Ce principe est modéré par plusieurs ***exceptions*** (C. civ., art. 1138 nouv.), déjà validées par la jurisprudence : ainsi, le dol peut être sanctionné lorsqu'il émane du ***représentant*** du contractant[18], de son ***gérant d'affaires***[19], de son ***porte-fort***[20] ou d'un ***tiers de connivence***[21].

4 • LA VIOLENCE

La violence est une ***contrainte*** sous la pression de laquelle le contractant s'engage parce qu'il craint d'exposer sa personne, sa fortune ou celles de ses proches à un mal considérable (C. civ., art. 1140 nouv.). Le nouveau texte reprend les principes énoncés par l'ancien article 1111, même si celui-ci ne donnait pas véritablement de définition.

La violence est traditionnellement définie comme une ***contrainte exercée sur la volonté*** d'une personne pour l'amener à donner son consentement. La crainte qu'inspire cette menace a pour conséquence de vicier le consentement.

Les dispositions relatives à la violence sont substantiellement modifiées par l'ordonnance du 10 février 2016, en raison notamment de l'introduction de l'abus de dépendance.

Le vice du consentement n'est pas le fait de violence lui-même mais celui de la menace.

---

14. Cass. com., 28 juin 2005, n° 03-16794.
15. Cass. 3e civ., 21 février 2001, n° 98-20817.
16. Cass. com., 17 juin 2008, n° 07-15398.
17. Cass. com., 22 juillet 1986, n° 85-12392.
18. Cass. com., 13 juin 1995, n° 93-17409.
19. Cass. 1re civ., 7 juillet 1960, Bull. civ. I, n° 371.
20. Cass. com., 27 février 1996, n° 94-11241.
21. Cass. com., 25 mars 1974, n° 73-10910 : un tiers s'était présenté comme un mandataire apparent avec la complicité du cocontractant.

A - Les formes de la violence

La violence peut présenter plusieurs formes.

La crainte qu'elle engendre doit exister au moment de la conclusion du contrat. La violence s'apprécie ***au jour de la conclusion du contrat*** mais les juges peuvent tenir compte d'éléments postérieurs permettant d'apprécier la réalité de la violence au jour du contrat.

a) La violence physique

La violence peut être ***physique*** et résulter de la main que l'on tient au moment de la signature du contrat ou d'une séquestration, ou ***morale***, par exemple au moyen d'un chantage. Elle peut viser la personne dans son intégrité physique, sa vie, sa santé ou dans sa liberté ou son honneur, sa réputation.

b) L'abus de dépendance

Le nouvel article 1143 du Code civil permet de sanctionner ce que la doctrine dénomme la « ***violence économique*** ». Il consacre l'abus de dépendance, caractérisé « *lorsqu'une partie, abusant de l'état de dépendance dans lequel se trouve son cocontractant, obtient de lui un engagement qu'il n'aurait pas souscrit en l'absence d'une telle contrainte et en tire un avantage manifestement excessif* ».

Avant l'ordonnance du 10 février 1016, la jurisprudence avait admis que la violence pouvait concerner le ***patrimoine***, soit dans sa totalité, soit tel ou tel de ses éléments. Ainsi, la Cour de cassation a précisé que la contrainte économique se rattachait à la violence et non à la lésion[22]. Elle a ensuite précisé les conditions faisant de la contrainte économique un vice du consentement[23]c'est-à-dire l'existence d'une situation de dépendance économique et l'exploitation abusive de cette situation de dépendance économique.

Le Code de la consommation sanctionne l'***abus de faiblesse*** (C. consom., art. L. 122-8) et le Code du commerce l'***exploitation de l'état de dépendance économique*** d'une partie (C. com., art. L. 420-2) comme des formes de violence.

À l'instar de la jurisprudence, l'article 1143 exige la démonstration de la preuve de l'***extorsion d'un avantage excessif*** ou manifestement excessif (ce qui rappelle davantage la lésion que la violence).

La formulation de l'article 1143 permet d'englober toutes les hypothèses de dépendance, pas seulement économique.

c) La menace d'une voie de droit

La violence ne doit pas être illégitime, ce qui signifie qu'elle peut parfois être légitime ; elle n'entraîne pas alors la nullité du contrat. La menace d'exercer une voie de droit régulière est une menace légitime et ne constitue donc pas une violence mais elle peut devenir illégitime si elle est utilisée dans le but d'obtenir plus que ce qui est dû. Par exemple, l'exploitation de l'état de nécessité n'entraîne la nullité que si elle a eu lieu en

22. Cass. 1re civ., 30 mai 2000 : D. 2000, Jur. p. 879, note Chazal J.-P., JCP 2001, II, 10461, note Loiseau G.
23. Cass. 1re civ., 3 avril 2002 : D. 2002, Jur. p. 1860, note Gridel J.-P., D. 2002, Jur. p. 1862, note Chazal J.-P.

vue d'obtenir un avantage excessif : ainsi, en matière maritime, l'état de nécessité constitue une cause de nullité du contrat (C. transp., art. L. 5132-6).

L'ordonnance du 10 février 2016 clarifie la question. En principe, la menace d'une voie de droit ne peut constituer une violence, sauf en cas d'abus c'est-à-dire « *lorsque la voie de droit est détournée de son but ou lorsqu'elle est invoquée ou exercée pour obtenir un avantage manifestement excessif* » (C. civ., art. 1141 nouv.)[24].

1) L'auteur de la violence

L'auteur de la violence peut être ***le cocontractant ou un tiers***. Cette règle était sous-entendue par l'ancien article 1111 du Code civil mais découle désormais clairement du nouvel article 1142 « *La violence est une cause de nullité, qu'elle ait été exercée par une partie ou par un tiers.* »

2) La victime de la violence

La victime de la violence peut être le ***cocontractant*** mais également ses ***proches*** (C. civ., art. 1140). L'ancien article 1113 était plus restrictif, sanctionnant la violence exercée « *sur son époux ou sur son épouse, sur ses descendants ou ses ascendants* ». Le texte se modernise et s'adapte aux nouveaux modèles familiaux. Sa formulation permet en effet d'englober aussi bien l'époux(se) que le/la partenaire ou concubin(e) ou tout autre proche.

BIBLIOGRAPHIE

Barbier (H.), « Violence économique : vers une approche subjective de la dépendance économique ? », RTD civ. 2015, p. 371.

Grimaldi (C.), « Retour sur l'erreur sur les motifs », D. 2012, Chron. p. 2823.

Lardeux (G.), « La réticence dolosive n'est pas un dol comme les autres », D. 2012, p. 2986.

Mouly (J.), « Une règle de nature à induire en erreur « la réticence dolosive rend toujours excusable l'erreur provoquée » », D. 2012, Chron. p. 1346.

Rouvière (F.), « Le moment d'appréciation de l'erreur », D. 2014, Chron. p. 1782.

24. Cass. 3e civ., 17 janvier 1984, n° 82-15753.

CHAPITRE 5

Le contenu du contrat

L'article 1128 du Code civil exige comme condition de validité du contrat un contenu licite et certain. Cette exigence remplace celle relative à la ***cause*** et à l'***objet***. L'une des principales innovations apportées au droit des contrats par l'ordonnance du 10 février 2016 est assurément la disparition de toute référence à la cause, facteur de nombreuses difficultés pratiques et critiquée par la doctrine. Les nouveaux textes englobent néanmoins la jurisprudence découlant des fonctions assignées à la cause.

Les nouveaux textes du Code civil issus de l'ordonnance du 10 février 2016 traitent successivement, au titre du contenu du contrat tout d'abord son caractère licite et certain puis des règles relatives à la fixation du prix, à la qualité de la prestation et enfin à l'équilibre du contrat. Le contenu du contrat peut parfois nécessiter une interprétation.

1 • LE CONTENU LICITE ET CERTAIN DU CONTRAT

Le contenu du contrat doit être d'une part licite, d'autre part certain.

A - Le respect de l'ordre public

La nécessité de la conformité du contrat à l'ordre public est confirmée et clarifiée, notamment par le nouvel article 1162. L'ancien article 1128 prévoyait déjà que seules les choses qui étaient dans le commerce pouvaient être l'objet des conventions. Par exemple, serait illicite une prestation consistant à commettre un délit, de même qu'une convention portant sur le corps humain (C. civ., art. 16-1 et s.).

Pour aller plus loin

La cession de clientèle

La question s'est posée de savoir si la cession de clientèle était possible. La cession des clientèles commerciales est admise de longue date. En revanche, était traditionnellement considérée comme illicite la cession des clientèles civiles des professions libérales (médecins, avocats...) car celle-ci est hors commerce. Néanmoins, l'engagement de présenter son successeur à la clientèle et de lui céder son local était autorisé. La jurisprudence a finalement admis que « *si la cession de la clientèle médicale, à l'occasion de la constitution ou de la cession d'un fonds libéral d'exercice de la profession n'est pas illicite, c'est à la condition que soit sauvegardée la liberté de choix du patient* »[1]. La Cour de cassation a donc posé le principe de la ***licéité de la cession des clientèles civiles*** tout en la subordonnant au respect de la liberté de choisir son médecin ou son avocat par exemple.

1. Cass. 1re civ., 7 novembre 2000 : D. 2001, Jur. p. 2400, note Auguet Y., JCP 2001, II, 10452, note Vialla F., RTD civ. 2001, p. 130, obs. Mestre J. et Fages B.

Le nouvel article 1162 du Code civil modernise et complète les dispositions déjà contenues à l'article 6 du Code civil. Il dispose que le contrat ne peut déroger à l'ordre public :

- ni par ses stipulations : cette interdiction était autrefois appréhendée sous l'angle de la ***licéité de l'objet*** ;
- ni par son but, que ce dernier ait été connu ou non par toutes les parties : cette interdiction était antérieurement appréhendée sous l'angle de la ***licéité de la cause subjective***.

Le nouveau texte abandonne la distinction entre ***obligation de donner, de faire et de ne pas faire*** contenue à l'ancien article 1126 et qui faisait l'objet de vives critiques de la part de la doctrine.

L'expression désuète de « ***bonnes mœurs*** » est supprimée, sous l'impulsion de la jurisprudence[2] ; elle se trouve absorbée par celle d'ordre public.

L'alinéa 2 de l'article 1162 complète ce dispositif, en prévoyant que « *la liberté contractuelle ne permet pas de déroger aux règles qui intéressent l'ordre public* ».

La jurisprudence affirme depuis plusieurs années que la ***nullité*** est encourue même lorsque l'une des parties ignorait le but illicite poursuivi par l'autre partie au contrat[3]. Le nouvel article 1162 confirme *in fine* cette règle.

B - L'exigence d'un « contenu certain »

L'ancien article 1108 du Code civil exigeait parmi les conditions de validité du contrat « *Un objet certain qui forme la matière de l'engagement* ».

Pour aller plus loin

Les conceptions de l'objet avant l'ordonnance du 10 février 2016

Les anciens articles 1126 et suivants du Code civil évoquaient soit l'objet du contrat (art. 1126 à 1128), soit l'objet de l'obligation (art. 1129 et 1130). Deux sortes d'objets pouvaient en réalité être distinguées :

- ***l'objet de l'obligation ou prestation objet de l'obligation*** : il s'agit de la prestation due par le débiteur. Cette prestation peut être une obligation de faire, de ne pas faire ou de donner (ex. : dans la vente d'immeuble, la prestation du vendeur consiste à transférer la propriété) ;
- ***l'objet de la prestation ou chose objet de la prestation*** : il s'agit de la chose sur laquelle s'effectue la prestation (ex. : dans la vente d'immeuble, la prestation du vendeur consiste à transférer la propriété tandis que l'objet de la prestation est l'immeuble vendu).

Certains auteurs caractérisaient en outre un objet du contrat qui serait l'opération juridique globale souhaitée par les parties (ex. : dans la vente d'immeuble, l'objet du contrat serait la vente). En réalité, c'est l'obligation qui a un objet et non pas le contrat.

Dans un souci de clarté, le texte du nouvel article 1163 du Code civil privilégie l'expression « ***objet de l'obligation*** » au détriment de celle d'« objet du contrat ». La notion de

2. Cass. 1re civ., 3 février 1999, n° 99-11946 ; Cass. ass. plén., 29 octobre 2004, n° 03-11238.
3. Cass. 1re civ., 7 octobre 1998, n° 96-14359.

« *prestation* » (C. civ., art. 1163 nouv.) remplace celle de « chose » (ancien art. 1130). Il s'agit de la prestation conçue au sens large, qui doit avoir plusieurs caractéristiques :

- elle peut être ***présente ou future*** : « *L'obligation a pour objet une prestation présente ou future* (C. civ., art. 1163, al. 1er nouv.). Ainsi, un immeuble à construire peut être vendu (C. civ., art. 1601-1 à 1601-4). Néanmoins, le contrat qui porte sur une ***chose qui n'existe pas*** au moment de la conclusion du contrat est nul. Le contrat sera nul si, dès l'origine, il existe une ***impossibilité de produire la chose***. En revanche, il est valable si la chose a péri depuis la formation du contrat ;
- elle doit être ***possible*** (C. civ., art. 1163, al. 2 nouv.), ce qui n'était pas jusque-là inscrit dans le Code civil mais validé comme une évidence. L'impossibilité qui entraîne la nullité est celle qui existe au moment de la conclusion du contrat. Si elle survient après la conclusion du contrat, elle est sanctionnée par la résolution (pour inexécution). Pour entraîner la nullité, ***l'impossibilité doit être absolue***, c'est-à-dire qu'elle doit exister pour tous et pas seulement pour le débiteur ;
- elle doit être ***déterminée et déterminable*** (C. civ., art. 1163, al. 2 nouv.). « *La prestation est déterminable lorsqu'elle peut être déduite du contrat ou par référence aux usages ou aux relations antérieures des parties, sans qu'un nouvel accord des parties soit nécessaire* » (C. civ., art. 1163, al. 3 nouv.). Une distinction doit être faite :
  - ***s'il s'agit d'un corps certain***, la détermination, c'est-à-dire l'identification de l'objet doit être suffisamment précise,
  - ***s'il s'agit d'une chose de genre***, il n'est pas nécessaire que l'objet soit identifié avec précision. Il doit être déterminable au moins quant à son espèce et à sa quantité (quotité).

2 • LA FIXATION DU PRIX

Le nouvel article 1163 du Code civil dispose que la prestation prévue au contrat doit être déterminée et déterminable. Cette exigence s'applique au prix, qui a fait l'objet d'une jurisprudence importante depuis plusieurs années.

A - Le prix dans les contrats cadre

Des difficultés particulières sont apparues en matière de fixation du prix à propos des contrats de fourniture exclusive ; elles ont donné lieu à une série d'importants arrêts de la Cour de cassation en 1995. La jurisprudence a permis que le prix prévu dans le contrat cadre (pour une définition, V. Chapitre 2) soit simplement ***déterminable*** et pas forcément déterminé.

Point Jurisprudence

Les arrêts de l'Assemblée plénière du 1er décembre 1995 en matière de contrats de fournitures

Les contrats en cause dans cette série d'arrêts sont des contrats de fournitures, comportant une clause d'exclusivité, entre fabricants et détaillants, qui sont ensuite complétés par des ventes (ex. : contrats de bière ou contrats entre pompistes et sociétés pétrolières). L'opération de fourniture se décompose en un contrat-cadre suivi de contrats d'application. Dans ces cas, il est difficile de fixer un prix unique qui serait appliqué aux différents contrats successifs.

L'Assemblée plénière de la Cour de cassation a mis fin aux hésitations jurisprudentielles par une série d'arrêts du 1er décembre 1995[4] en décidant, sur la base des articles 1709, 1710, 1134 et 1135 du Code civil, que lorsqu'une convention prévoit la conclusion de contrats ultérieurs, l'indétermination du prix de ces contrats ultérieurs dans la convention-cadre initiale n'a pas pour conséquences, sauf dispositions légales particulières, de remettre en cause la validité de celle-ci. Seul l'abus dans la fixation du prix sera sanctionné par la résiliation ou l'indemnisation. Cette solution consacre le principe d'autonomie des contrats-cadres.

L'un des arrêts du 1er décembre 1995 affirme clairement l'inapplicabilité de l'article 1129 du Code civil à la détermination du prix. Il est donc permis à une partie de fixer ultérieurement le prix : la référence au tarif futur pratiqué par l'une des parties est un procédé en lui-même licite. Cette jurisprudence ne signifie pas qu'il n'existe plus aucun contrôle, mais que celui-ci se fera désormais en cas d'abus dans l'indétermination du prix : le créancier peut fixer le prix unilatéralement à condition de ne pas commettre d'abus. En outre, la convention doit contenir au moins un prix déterminable.

Le nouvel article 1164 du Code civil, issu de l'ordonnance du 10 février 2016, confirme la jurisprudence de l'Assemble plénière du 1er décembre 1995 : en présence d'un contrat-cadre, ***le prix peut être fixé unilatéralement*** par l'un des cocontractants si les parties en conviennent, à condition de ne pas commettre d'***abus***, qui seul pourra être sanctionné.

En cas de ***contestation***, la partie qui fixe le prix devra en ***motiver le montant***, « *c'est-à-dire exposer comment le prix a été calculé, au regard des prévisions des parties* » (Rapport au président de la République).

En cas d'***abus dans la fixation du prix,*** le juge peut être saisi. Il pourra allouer des dommages-intérêts ou prononcer, le cas échéant, la résolution du contrat (C. civ., art. 1164, al. 2), conformément à la jurisprudence[5]. La possibilité pour le juge de réviser le prix a finalement été écartée par l'ordonnance du 10 février 2016.

En raison du danger qu'elle peut présenter, la fixation unilatérale du prix est ***limitée aux contrats cadre***.

B - Le prix dans les contrats de prestation de service

Dans les contrats de prestation de service (ex. : contrat d'entreprise), le nouvel article 1165 du Code civil permet au créancier, à défaut d'accord des parties avant

4. Cass. ass. plén., 1er décembre 1995 (4 arrêts) : D. 1996, Jur. p. 18, note Aynès L., JCP 1996, II, 22565, note Ghestin, Defrénois 1996, p. 747, obs. Delebecque Ph., RTD civ. 1996, p. 153.
5. Cass. ass. plén., 1er décembre 1995, préc.

l'exécution de leur prestation, de fixer le prix, « *à charge d'en* ***motiver le montant*** *en cas de contestation* ».

En cas d'***abus dans la fixation du prix***, le juge sera compétent pour allouer des dommages-intérêts (C. civ., art. 1165 nouv., *in fine*).

C - La fixation du prix en référence à un indice

Lorsque le prix ou tout autre élément du contrat doit être déterminé par référence à un indice qui n'existe pas ou a cessé d'exister ou d'être accessible, le nouvel article 1167 prévoit que cet indice est remplacé par celui qui s'en rapproche le plus afin d'assurer le maintien du contrat. Le nouveau texte met fin à une incertitude jurisprudentielle, certaines décisions octroyant le juge la possibilité de substituer un indice valable[6] alors que d'autres le refusaient[7].

3 • LA QUALITÉ DE LA PRESTATION

La question de la qualité des prestations dues par la ou les parties au contrat était jusque-là peu abordée par le Code civil. L'ancien article 1246 optait, lorsque la qualité de la prestation n'était pas déterminée ou déterminable dans le contrat, pour une qualité moyenne. Le nouvel article 1166 dispose que la qualité doit être conforme aux « *attentes légitimes des parties en considération de sa nature, des usages et du montant de la contrepartie* », c'est-à-dire en adéquation avec ce que ***le créancier pouvait raisonnablement espérer en fonction des circonstances***.

4 • L'ÉQUILIBRE DU CONTRAT

Les nouveaux articles 1168 à 1170 du Code civil permettent d'assurer un certain équilibre du contrat et de garantir une justice contractuelle malgré la suppression de la notion de cause et l'absence de principe d'équivalence des prestations.

A - L'admission exceptionnelle de la lésion

Le nouvel article 1168 du Code civil pose la règle selon laquelle l'équivalence des prestations n'est pas une condition de validité des contrats synallagmatiques, sauf si la loi prévoit exceptionnellement le contraire, c'est-à-dire lorsque des dispositions particulières admettent la ***lésion***.

6. Cass. 3e civ., 22 juillet 1987, n° 84-10548.
7. Cass. com., 16 novembre 2004, n° 02-15202.

L'article 1168 reprend le principe posé à l'ancien article 1118, sans employer le terme de lésion. Le nouveau texte exclut également le terme « vicie » qui laissait entendre que la lésion était une variété de vice du consentement, ce que la jurisprudence avait démentie dès 1932[8].

1) La notion de lésion

La lésion peut être définie de plusieurs manières :

- ***au sens strict***, il s'agit d'un déséquilibre, existant au moment de la formation du contrat, entre les prestations de chacune des parties dans un contrat synallagmatique (ex. : prix supérieur ou inférieur à la valeur de la chose vendue dans le contrat de vente) ;
- ***dans un sens plus large***, la lésion peut exister même en dehors des contrats synallagmatiques. Il s'agit alors d'un défaut d'équivalence entre l'avantage retiré d'un contrat et le sacrifice consenti (ex. : dans un contrat unilatéral à titre onéreux comme le prêt à intérêt, il y a lésion si le taux d'intérêt est trop élevé).

2) Le domaine de la lésion

Le Code civil a conçu la lésion de manière très restrictive en posant le principe selon lequel la lésion ne vicie pas les conventions : la lésion n'est sanctionnée que dans certains contrats ou à l'égard de certaines personnes.

La lésion est sanctionnée par la loi notamment dans les cas suivants :

- ***en matière de partage*** (C. civ., art. 889) : est retenue la lésion de plus d'un quart au détriment de l'un des héritiers en application du principe selon lequel « *L'égalité constitue l'âme des partages* » ;
- ***en matière de vente immobilière*** (C. civ., art. 1674 et 1675) : est prise en compte la lésion de plus des 7/12e au détriment du vendeur ;
- ***en matière de vente d'engrais et de semences,*** quand il y a lésion de plus du quart au détriment de l'acheteur (loi du 8 juillet 1907 modifiée par les lois du 10 mars 1937 et du 13 juillet 1979) ;
- ***en matière de contrat de cession du droit d'exploitation d'une œuvre littéraire ou artistique***, lorsque l'auteur cède ses droits, est retenue la lésion de plus de 7/12e au préjudice de l'auteur (loi du 11 mars 1957 ; CPI, art. L. 131-5) ;
- dans le ***contrat d'assistance maritime*** lorsque les conditions du contrat sont inéquitables (C. transp., art. L. 5132-6 et s.) ;
- dans le ***prêt à intérêts***, si le taux d'intérêt dépasse un taux moyen au-delà duquel il y a usure (art. 1er de la loi du 28 décembre 1966 ; C. consom., art. L. 314-6) ;
- à l'égard des ***mineurs*** : l'article 1149 nouveau du Code civil sanctionne la lésion à l'égard du mineur protégé par la nullité. Le principe est repris de l'ancien article 1305 mais le terme rescision est remplacé par celui de nullité, équivalent mais plus clair ;
- à l'égard des ***majeurs protégés*** : le nouvel article 1150 du Code civil prévoit que les actes qu'ils ont accomplis « *sont régis par les articles 435 (sauvegarde de justice),*

---

8. Cass. req., 28 décembre 1932, DP 1932, 1, 87, Grands arrêts, T. 2, n° 261 : « *la lésion légalement constatée est par elle-même et à elle seule une cause de rescision, indépendamment des circonstances qui ont pu l'accompagner ou lui donner naissance* ».

465 (tutelle ou curatelle) et 494-9 (habilitation familiale) sans préjudice des articles 1148, 1151 et 1352-4 ».

3) La sanction de la lésion

Il convient de déterminer d'une part les conditions de la sanction, d'autre part les modalités de celle-ci.

a) Les conditions de la sanction

Lorsqu'elle est admise par les textes, la lésion est sanctionnée indépendamment de tout vice du consentement.

La lésion n'est traditionnellement pas retenue dans les ***contrats aléatoires*** car l'existence d'un aléa empêche d'apprécier la lésion lors de la conclusion du contrat. Néanmoins, il est possible de déterminer dans un contrat aléatoire une valeur « *normale* », par exemple à l'aide des tables de mortalité dans les contrats de rente viagère, ce qui peut permettre de relever une lésion (sur le contrat aléatoire, V. Chapitre 3).

La lésion s'apprécie ***au moment de la formation du contrat***.

b) Les modalités de la sanction

En principe, la sanction de la lésion est la ***nullité*** : le terme de ***rescision*** disparaît au profit de celui de nullité par l'effet de l'ordonnance du 10 février 2016. Dans certains cas, notamment dans les hypothèses de lésion apparues après 1804, la sanction de la lésion est la révision des conditions pécuniaires du contrat (ex. : réduction de l'intérêt stipulé).

Dans la plupart des cas, la loi fixe le ***montant à partir duquel la lésion est prise en compte***. Plus exceptionnellement, elle laisse le droit aux tribunaux d'apprécier ce montant. Par exemple, lorsque la lésion touche le majeur protégé, la loi laisse au juge un pouvoir d'appréciation quant à la nécessité d'annuler le contrat.

B - La contrepartie illusoire ou dérisoire

Le nouvel article 1169 du Code civil sanctionne par la ***nullité*** le contrat prévoyant une contrepartie illusoire ou dérisoire au moment de sa formation. La même sanction était déjà appliquée par la jurisprudence sur le fondement de l'absence de cause[9].

Le principe s'applique aux ***contrats à titre onéreux***, c'est-à-dire non seulement aux contrats synallagmatiques et commutatifs, mais également aux contrats aléatoires et aux contrats unilatéraux à titre onéreux. En sont exclus les contrats à titre gratuit.

Le caractère illusoire ou dérisoire de la contrepartie doit être apprécié « ***au moment de sa formation*** », conformément à la jurisprudence[10].

La sanction de la contrepartie illusoire ou dérisoire est la ***nullité de la totalité du contrat***.

---

9. Cass. 3e civ., 21 septembre 2011, n° 10-21900.
10. Cass. com., 21 octobre 1974, n° 73-11099.

Si la ***contrepartie disparaît***, le contrat n'est pas nul mais ***caduc*** (C. civ., art. 1186, al. 1er nouv. ; V. Chapitre 7)[11], de même lorsque des contrats sont liés et que l'un des deux disparaît (C. civ., art. 1186, al. 2 nouv.)[12].

C - L'obligation essentielle et les clauses limitatives de responsabilité

Les clauses limitatives ou exclusives de responsabilité prévoient l'exclusion ou la limitation des dommages-intérêts en cas d'inexécution de l'obligation prévue au contrat.

La Cour de cassation a ***admis leur validité*** sauf dans certaines hypothèses :

- en cas de ***dol ou de faute lourde*** du débiteur ou de ses préposés. Dans deux arrêts du 22 avril 2005, la Cour de cassation a défini la faute lourde dans le contrat de transport comme « *une négligence d'une extrême gravité confinant au dol et dénotant l'inaptitude du débiteur à l'accomplissement de sa mission contractuelle* »[13] ;
- en cas de ***disposition légale*** prévoyant l'exclusion ;
- en cas de ***vente entre un vendeur professionnel et un acheteur non professionnel*** (C. consom., art. R. 132-1)...

Les clauses limitatives de responsabilité peuvent engendrer des difficultés lorsqu'elles portent sur une ***obligation essentielle*** du contrat.

Point Jurisprudence

La jurisprudence relative aux clauses limitatives ou élusives de responsabilité

- Cass. com., 22 octobre 1996, *Chronopost*[14] : la Cour de cassation a déclaré nulle et non écrite une clause limitative de responsabilité portant sur l'obligation essentielle du contrat : l'invocation de cette clause avait pour conséquence d'exclure toute réparation même lorsque le débiteur n'exécutait pas son obligation essentielle qui consistait dans la livraison rapide d'un pli et « *contredisait la portée de l'engagement pris* » par le transporteur rapide.
- Cass. ch. mixte, 22 avril 2005, Cass. com., 13 février 2007 : la Cour de cassation décide de réputer non-écrite toute clause limitative ou élusive de responsabilité visant une obligation essentielle[15].
- Cass. com., 18 décembre 2007[16] : dans le cadre d'un contrat de fourniture d'électricité, la Cour de cassation confirme l'éviction d'une clause limitative de responsabilité qui porte sur une obligation essentielle tout en admettant que la sanction n'est pas automatique et qu'une appréciation *in concreto* de la clause litigieuse est nécessaire pour savoir si celle-ci a pour effet de vider l'obligation essentielle de sa substance.

---

11. Cass. 1re civ., 30 octobre 2008, n° 07-17646.
12. Cass. ch. mixte, 23 novembre 1990, n° 88-16883 et 86-19396.
13. Cass. ch. mixte, 22 avril 2005 : JCP 2005, II, 10066, note Loiseau.
14. Cass. com., 22 octobre 1996, Chronopost : D. 1997, Jur. p. 121, note Suran, JCP 1997, II, 22881, note Cohen D.
15. Cass. ch. mixte, 22 avril 2005 : JCP 2005, II, 10066, note Loiseau ; Cass. com., 13 février 2007, Faurecia 1 : D. 2007, Jur. p. 2975, RTD civ. 2007, p. 567, obs. Fages B.
16. Cass. com., 18 décembre 2007, Bull. civ. IV, n° 265 : RTD civ. 2008, p. 310, obs. Jourdain P.

– Cass. com., 29 juin 2010[17] : « *Seule est réputée non écrite la clause limitative de réparation qui contredit la portée de l'obligation essentielle souscrite par le débiteur* ». La Cour de cassation exige, pour réputer la clause limitative ou éludive de responsabilité non-écrite, que non seulement celle-ci aménage la sanction du manquement à une obligation essentielle mais également que cette clause vide de sa substance l'***obligation essentielle*** du débiteur.

Le nouvel article 1170 du Code civil confirme les jurisprudences *Chronopost* et *Faurecia II* en disposant que « *Toute clause qui prive de sa substance l'obligation essentielle du débiteur est réputée non écrite* » (art. 1170). L'obligation essentielle a parfois été abordée par la jurisprudence sous l'expression « ***économie du contrat*** ».

Le nouveau texte vise « ***toute clause*** », alors que la jurisprudence ne concernait que les clauses limitatives ou élusives de responsabilité.

Point Avant-projet de réforme de la responsabilité civile

Art. 1281, C. civ. : « *Les contrats ayant pour objet d'exclure ou de limiter la réparation sont en principe valables, aussi bien en matière contractuelle qu'extracontractuelle. Toutefois, la responsabilité ne peut être limitée ou exclue par contrat en cas de dommage corporel* ».

Art. 1283, C. civ. : « *En matière contractuelle, les clauses limitatives ou exclusives de réparation n'ont point d'effet en cas de faute intentionnelle ou de faute lourde du débiteur, ou lorsqu'elles contredisent la portée de l'obligation essentielle souscrite. Elles n'ont pas non plus d'effet si la partie à laquelle elles sont opposées n'a pas pu en prendre connaissance avant la formation du contrat* ».

D - Les clauses abusives

La licéité de l'objet du contrat est également remise en cause lorsque les stipulations contractuelles sont telles qu'elles bouleversent l'***équilibre contractuel***. Le législateur a tenté d'apporter une protection particulière au consommateur par la sanction des clauses abusives.

À la ***loi du 10 janvier 1978 dite « Scrivener »*** ont succédé les lois du ***1er février 1995*** et du ***4 août 2008***. Ces dispositions sont intégrées dans le Code de la consommation (art. L. 212-1 et s.) et dans le Code du commerce (art. L. 442-6-I-2°).

L'ordonnance du 10 février 2016 a créé un article 1171 du Code civil qui constitue la première disposition relative aux clauses abusives contenue dans le Code civil. Leur intégration dans le code permet de sanctionner la clause abusive dans ***tous les contrats d'adhésion***.

a) Définition

Conformément au Code du commerce et au Code de la consommation, la clause abusive est celle qui crée un ***déséquilibre significatif*** entre les droits et obligations des parties au contrat (C. civ., art. 1171, al. 1er nouv.).

17. Cass. com., 29 juin 2010, Faurecia 2 : D. 2010, Jur. p. 1832, note Mazeaud D., JCP 2010, n° 787, note Houtcieff D., RTD civ. 2010, p. 55, obs. Fages B.

Art. 1171, al. 1er, C. civ.	*« Dans un contrat d'adhésion, toute clause qui crée un déséquilibre significatif entre les droits et obligations des parties au contrat est réputée non écrite ».*
Art. L. 132-1, al. 1er, C. consom.	*« Dans les contrats conclus entre professionnels et non-professionnels ou consommateurs, sont abusives les clauses qui ont pour objet ou pour effet de créer, au détriment du non-professionnel ou du consommateur, un déséquilibre significatif entre les droits et obligations des parties au contrat ».*
Art. L. 442-6-I, C. com.	*« I.-Engage la responsabilité de son auteur et l'oblige à réparer le préjudice causé le fait, par tout producteur, commerçant, industriel ou personne immatriculée au répertoire des métiers : [...] 2° De soumettre ou de tenter de soumettre un partenaire commercial à des obligations créant un déséquilibre significatif dans les droits et obligations des parties ; [...] ».*

Suite à la loi du 4 août 2008, le décret du 18 mars 2009 a créé deux listes :

- une première liste détermine des ***clauses présumées abusives*** : elle comprend 12 clauses présumées abusives. Le professionnel pourra apporter, en cas de litige, la preuve du caractère non abusif de la clause (« ***liste grise*** ») ;
- une deuxième liste détermine dix ***clauses réputées irréfragablement abusives*** et donc interdites (« ***liste noire*** »).

b) Domaine d'application

Le domaine d'application est large quant aux contrats concernés. La législation sur les clauses abusives s'applique à ***toutes les formes et supports de contrats*** (factures, bons de garantie, bons de commande...) (C. consom., art. L. 132-1).

La notion de ***professionnel, de non-professionnel ou de consommateur*** est rarement définie. Seule la directive européenne donne la définition du consommateur et du professionnel. L'un agit dans le cadre de son activité professionnelle, l'autre pas. La notion de non-professionnel n'est pas définie. La jurisprudence interprète très restrictivement la notion de professionnel. Ainsi, elle refuse d'appliquer la législation sur les clauses abusives aux contrats de fourniture de biens et services qui ont un rapport direct avec l'activité professionnelle exercée par le cocontractant[18].

Le champ d'application de l'article 1171 du Code civil est réduit aux contrats d'adhésion, dans lesquels elles sont les plus fréquentes.

c) La sanction de la clause abusive

Les titulaires de l'action ainsi que l'objet de la preuve doivent être déterminés avant d'envisager les modalités de la sanction.

1. Les titulaires de l'action

Le professionnel, le non-professionnel ou le consommateur victime de la clause abusive ne sont pas les seuls à pouvoir exercer une action. L'action des ***associations de consommateurs*** a été largement favorisée (C. consom., art. L. 621-7). La jurisprudence

18. Cass. 1re civ., 24 janvier 1995 : D. 1995, Jur. p. 327, note Paisant ; Cass. 1re civ., 3 janvier 1996 : D. 1996, Jur. p. 228, note Paisant, JCP 1996, II, 22654, note Leveneur, RTD civ. 1996, p. 609, obs. Mestre.

a permis aux associations de consommateurs d'agir non seulement par voie d'action mais également par voie d'intervention.

2. L'objet de la preuve

Deux hypothèses doivent être distinguées :

- lorsque la clause se trouve dans la ***liste grise***, le professionnel devra, en cas de litige, apporter la preuve du caractère non abusif de la clause ;
- lorsque la clause se trouve dans la ***liste noire***, elle est présumée être abusive : la victime n'aura aucune preuve à apporter et le professionnel ne pourra apporter la preuve du caractère non abusif de la clause.

L'***appréciation du caractère abusif*** doit se faire en fonction de toutes les circonstances qui entourent la conclusion du contrat (C. consom., art. L. 212-1, al. 5). Ainsi, si le contrat dépend d'un autre, l'appréciation du caractère abusif pourra être faite par rapport à ce contrat indissociable. L'appréciation du déséquilibre significatif ne peut porter ***ni sur l'objet principal du contrat, ni sur l'adéquation du prix à la prestation*** (C. civ., art. 1171, al. 2 nouv. ; C. com., art L. 132-1).

3. La nature de la sanction

La sanction prévue par le nouvel article 1171 du Code civil est identique à celle prévue par le Code de la consommation ou le Code du commerce : la clause abusive sera ***réputée non écrite***.

La commission des clauses abusives peut également émettre des ***recommandations de sanctions***.

5 • L'INTERPRÉTATION DU CONTRAT

La détermination du contenu du contrat ne pose pas de problème particulier lorsque les parties se sont exprimées clairement et complètement mais il arrive qu'involontairement, les parties se soient exprimées de manière ambiguë, qu'elles aient insuffisamment prévu ou qu'elles aient volontairement dissimulé ce qu'elles ont réellement voulu. L'interprétation consiste à préciser le sens et la portée du contrat ou de l'une de ses clauses en cas d'ambiguïté.

Cette opération se distingue de deux opérations voisines :

- ***la preuve*** : elle consiste à démontrer l'existence du contrat, c'est-à-dire d'un accord de volontés destiné à produire un effet juridique. Elle est préalable à l'interprétation qui n'est utile que si l'existence du contrat est prouvée ;
- ***la qualification du contrat*** : lorsqu'est acquise la certitude de l'existence et du contenu du contrat, il est alors nécessaire de déterminer le régime juridique applicable au contrat. Cette étape est celle de la qualification du contrat ; elle permet de déterminer à quelle catégorie juridique connue le contrat appartient. L'interprétation n'intervient qu'en cas de problème entre les parties tandis que la qualification appartient au seul juge, même si les parties sont d'accord sur une autre qualification. Le juge n'est pas lié par la qualification donnée par les parties mais il l'est par un accord sur l'interprétation.

un effet sur celui qui n'en fait produire aucun. On suppose que les parties ont agi de manière raisonnable et intelligente.

C - La dénaturation du contrat

Les juges du fond sont souverains pour interpréter les contrats : il s'agit d'une question de fait. En revanche, la Cour de cassation contrôle la nécessité de l'interprétation du contrat, c'est-à-dire la ***dénaturation*** du contrat : lorsqu'un contrat est obscur, il est du devoir du juge de l'interpréter ; si le contrat est clair et précis, le juge n'a pas le droit de l'interpréter[22]. S'il le fait, il dénature le contrat. L'article 1192 consacre l'interdiction de dénaturer le contrat consacrée en 1808 par la Cour de cassation[23] : « *On ne peut interpréter les clauses claires et précises à peine de dénaturation* ». Aucune disposition similaire n'existait jusque-là dans le Code civil.

BIBLIOGRAPHIE

FRISON-ROCHE (M.-A.), « L'indétermination du prix », RTD civ. 1992, p. 269.

BOFFA (R.), « Juste cause (et injuste clause). Brèves remarques sur le projet de réforme du droit des contrats », D. 2015, Chron. p. 335.

GENICON (T.), « Défense et illustration de la cause en droit des contrats. À propos du projet de réforme du droit des contrats, du régime général et de la preuve des obligations », D. 2015, Chron. p. 1551.

MOUT (J.), « La détermination du prix dans le « nouveau » droit des contrats », D. 2016, Chron. p. 1013.

22. Cass. civ., 15 avril 1872, Foucault et Coulombe c/Pringault : DP 1872, 1, p. 176, S. 1872, 1, p. 232, Grands arrêts n° 160.
23. Cass. ch. réunies, 8 février 1808, Lubert.

CHAPITRE 6

La forme du contrat

L'ordonnance du 10 février 2016 regroupe au sein d'une même section les dispositions consacrées aux conditions de forme du contrat, auparavant dispersées à la fois parmi les dispositions relatives à la preuve et celles relatives aux conditions de validité de chaque contrat.

Le contrat est en principe valable par le simple échange des consentements. Aucune condition de forme n'est imposée pour la validité d'un contrat. Il existe cependant des exceptions : dans certains cas, de véritables conditions de forme sont nécessaires à la validité du contrat, dans d'autres, des conditions de forme étrangères à la validité du contrat sont imposées. Les conditions de forme du contrat conclu par voie électronique sont également prévues par le Code civil.

1 • LE PRINCIPE DU CONSENSUALISME

Le nouvel article 1172 du Code civil reprend le principe du ***consensualisme,*** dans son 1er alinéa : « *Les contrats sont par principe consensuels* », rappelant la maxime de Loysel : « *On lie les bœufs par les cornes et les hommes par la parole* ». L'ancien article 1108 ne faisait pas non plus de la forme du contrat une condition de ***validité*** de celui-ci. Le nouvel article 1102 du Code civil dispose dans le même sens que « *Chacun est libre de contracter ou de ne pas contracter, de choisir son cocontractant et de déterminer le contenu et la forme du contrat dans les limites fixées par la loi* ». Présent dans plusieurs autres anciens articles du Code civil tels que les articles 1138 ou 1589, le principe du consensualisme n'avait jamais été formulé aussi clairement.

2 • LES EXCEPTIONS AU PRINCIPE DU CONSENSUALISME

Les formalités exigées pour la conclusion du contrat peuvent être selon les cas nécessaires à la validité du contrat ou sans conséquence sur la validité de celui-ci.

A - Les formalités nécessaires à la validité du contrat

Dans certains cas, le simple échange des consentements ne suffit pas pour que le contrat soit valable. Le principe du consensualisme reçoit exception pour les ***contrats solennels et réels***, définis à l'article 1109 du Code civil (V. Chapitre 2).

1) Les contrats solennels

Les contrats solennels sont ceux qui nécessitent pour leur validité une expression du consentement respectant certaines formalités, en principe la rédaction d'un écrit, qu'il s'agisse d'un acte authentique ou d'un simple écrit : en l'absence de celles-ci, le contrat est nul, « *sauf possible régularisation* » (C. civ., art. 1172, al. 2 nouv.). L'ancien article 1107 faisait déjà de l'observation de ces formalités une condition de formation du contrat.

a) L'exigence d'un acte authentique

L'acte authentique est un acte passé devant un ***notaire***. Il est exigé par exemple pour les 4 contrats solennels traditionnels du droit français : ***donation*** (C. civ., art. 931), ***subrogation consentie par le débiteur*** (C. civ., art. 1346-2 nouv.), ***contrat de mariage*** (C. civ., art. 1394) et ***convention constitutive d'hypothèque*** (C. civ., art. 2416).

Postérieurement au Code civil, la loi a complété cette première liste, y incluant notamment le contrat de vente d'immeuble à construire portant sur un logement d'habitation (loi du 3 janvier 1967).

b) L'exigence d'un simple écrit

L'exigence d'un ***acte sous signature privée ou d'un autre écrit ordinaire*** s'est également largement développée au XXe siècle. L'écrit simple est ainsi exigé par exemple pour le contrat de promotion immobilière relatif à un immeuble à usage d'habitation ou à usage professionnel (CCH, art. L. 222-3), pour la vente d'un navire (C. transp., art. L. 5114-1) ou la vente de fonds de commerce (C. com., art. L. 141-1).

c) La sanction de l'absence de formalisme

La sanction de l'absence du formalisme imposé par la loi varie :

- la loi prévoit parfois que le contrat écrit ou la mention particulière est prévu à peine de ***nullité*** ;
- la loi peut prévoir une sanction particulière. Par exemple, lorsqu'un contrat de crédit mobilier ne porte pas les mentions obligatoires, la sanction est la ***déchéance de plein droit du droit aux intérêts*** (C. consom., art. L. 341-2 et s.) ;
- dans certains cas, les textes ne prévoient ***aucune sanction***. Dans ces hypothèses, la jurisprudence considère parfois que l'absence de certaines formes imposées ne doit pas être sanctionnée par la nullité parce qu'elle ne constitue qu'une exigence de forme ; dans d'autres cas, elle considère que la formalité est imposée à peine de nullité. Globalement, la jurisprudence a tendance à prononcer la nullité absolue.

2) Les contrats réels

Les contrats réels sont ceux qui, pour être valablement formés exigent, en plus de l'échange des consentements, la ***remise d'une chose :*** « *En outre, la loi subordonne la formation de certains contrats à la remise d'une chose* » (C. civ., art. 1172, al. 3 nouv.).

Le prêt, le dépôt et le gage sont traditionnellement considérés comme des contrats réels. Cette conception classique est aujourd'hui contestée. Par exemple, la jurisprudence considère désormais que le contrat de prêt consenti par un professionnel du crédit n'est pas un contrat réel[1]. La remise de la chose doit par conséquent être analysée non pas comme l'une des conditions de forme mais comme le ***premier acte de l'exécution du contrat***. Dans ce cas, « *la cause du contrat de prêt est constituée par la remise de la chose* », cette remise étant « *aussi une condition de formation du contrat* »[2].

B - Les formalités étrangères à la validité du contrat

Certaines formalités peuvent être requises à des fins de preuve ou d'opposabilité. Le nouvel article 1173 distingue deux types de formalités :

- certaines sont ***exigées à peine de nullité du contrat*** : afin de respecter le principe du consensualisme, la nullité n'est en principe appliquée que si le texte exigeant la formalité le prévoit[3] ;
- d'autres peuvent être uniquement ***exigées à des fins probatoires et de publicité***. Ces dernières ne remettent pas en cause la validité du contrat si elles n'ont pas été respectées comme l'exprime désormais clairement le nouvel article 1173 qui reprend une règle classique.

3 • LE CONTRAT CONCLU PAR VOIE ÉLECTRONIQUE

Les articles 1174 à 1177 du Code civil posent le principe de l'équivalence des formalités lors de la conclusion des contrats sous forme électronique. Ces textes, issus de la loi du 21 juin 2004 pour la confiance dans l'économie numérique, complétée par une ordonnance du 16 juin 2005, ont été déplacés par l'ordonnance du 10 février 2016 à l'intérieur même du Code civil (anciens art. 1108-1, 1108-2, 1369-10 et 1369-11).

Il est en ***principe*** possible d'établir sous la forme électronique un contrat pour lequel un écrit est exigé, « *dans les conditions prévues aux articles 1366 et 1367 et, lorsqu'un acte authentique est requis, au deuxième alinéa de l'article 1369* » (C. civ., art. 1174 nouv.). La mention écrite de la main de celui qui s'oblige peut être également apposée sous forme électronique.

L'article 1175 prévoit des ***exceptions*** à ce principe pour les actes sous signature privée relatifs au droit de la famille et des successions ainsi que ceux relatifs à des sûretés personnelles ou réelles, de nature civile ou commerciale, sauf s'ils sont passés par une personne pour les besoins de sa profession.

Les articles 1176 et 1177 du Code civil, relatifs à la preuve, disposent que l'écrit électronique est soumis aux ***mêmes conditions particulières de lisibilité ou de présentation*** qui peuvent être prévues pour l'écrit sur papier (C. civ., art. 1176, al. 1er nouv.). En outre, l'exigence d'un formulaire détachable est satisfaite par un procédé électronique

1. Cass. 1re civ., 28 mars 2000 : D. 2000, Jur. p. 482, note Piedelièvre S., JCP 2000, n° du 26 avril, n° 17, p. 757, concl. Sainte-Rose J. ; Cass. 1re civ., 14 janvier 2010 : D. 2010, Jur. p. 620, note François J.
2. Cass. 1re civ., 19 juin 2008 : JCP 2008, II, 10150, obs. Constantin A.
3. Cass. 1re civ., 30 juin 1987, n° 85-15760 mais *contra* Cass. 1re civ., 24 juin 1981, n° 80-12773 pour l'article 1907, al. 2, C. civ.

qui permet d'accéder au formulaire et de le renvoyer par la même voie (C. civ., art. 1176, al. 2 nouv.).

Enfin, lorsqu'un envoi en plusieurs exemplaires est exigé, la possibilité pour chaque partie destinataire de l'imprimer sera suffisante (C. civ., art. 1177 nouv.).

BIBLIOGRAPHIE

Chénédé (F.), « La cause de l'obligation dans le contrat de prêt réel et dans le contrat de prêt consensuel. À propos de 2 arrêts de la première chambre civile du 19 juin 2008 », D. 2008, Chron. p. 2555.

Forray (V.), *Le consensualisme dans la théorie générale du contrat*, LGDJ, coll. « Bibliothèque de droit privé », Tome 480, 2007.

Mouligner (N.), « Le contrat réel dans l'évolution du droit des contrats », RRJ 4/2004, p. 2233.

Nicod (M.), *Le formalisme en droit des libéralités*, Thèse Paris III, 1996.

CHAPITRE 7

La sanction des conditions de formation du contrat

Un contrat qui ne présente pas les conditions imposées par la loi pour sa validité est un contrat irrégulier. L'irrégularité est fréquente dans la mesure où il n'existe pas de contrôle préventif de la régularité des actes juridiques.

La section du Code civil consacrée aux sanctions des conditions de validité du contrat est désormais divisée en deux paragraphes : l'un est relatif à la ***nullité*** (art. 1178 à 1185), l'autre à la ***caducité*** (art. 1186 à 1187). Les dispositions relatives à la nullité sont complétées et simplifiées alors que celles relatives à la caducité sont inédites dans le Code civil. Dans les deux cas, les nouvelles dispositions tiennent compte des solutions consacrées par la jurisprudence.

L'***inopposabilité*** reste absente du Code civil. Malgré les critiques de la doctrine sur le projet d'ordonnance, elle ne fait toujours pas l'objet de développements spécifiques.

1 • LA NULLITÉ

La nullité se distingue d'un certain nombre de sanctions qui peuvent atteindre le contrat. À l'intérieur même de la catégorie des nullités, il convient de distinguer entre nullité relative et nullité absolue.

A - La notion de nullité

L'ordonnance du 10 février 2016 ne fournit pas véritablement de ***définition*** de la nullité qui est caractérisée par ses conditions : le contrat est nul lorsque ne sont pas remplies les conditions nécessaires à sa validité (C. civ., art. 1178, al. 1er nouv.).

La nullité présente deux caractéristiques :

- d'une part, du point de vue de ses ***causes*** : la nullité sanctionne toujours l'irrespect de l'une des conditions de formation du contrat, que ce soit une condition objective ou une condition subjective ;
- d'autre part, du point de vue de ses ***effets*** : la nullité entraîne la disparition rétroactive des effets du contrat irrégulier ; tout se passe comme si le contrat n'avait jamais existé. La nullité se distingue par conséquent de la résolution, de l'inopposabilité ou de la caducité.

1) Nullité et résolution

La résolution, en particulier la résolution judiciaire (C. civ., art. 1224 et s. nouv.), est une sanction propre à l'inexécution d'un contrat synallagmatique (V. Chapitre 12).

La résolution se distingue de la nullité dans ses conditions mais pas dans ses effets :

- la résolution a pour ***condition*** l'inexécution du contrat alors que la nullité trouve son origine dans l'irrespect de l'une des conditions de formation du contrat ;
- les ***effets*** de la nullité et de la résolution sont les mêmes : le contrat est anéanti rétroactivement sauf dans les contrats à exécution successive.

2) Nullité et inopposabilité

Les sanctions de la nullité et de l'inopposabilité se rapprochent du point de vue des causes et se distinguent du point de vue des effets :

- l'inopposabilité est une sanction qui se rapporte à une irrégularité qui ne touche pas à l'exécution du contrat ;
- l'inopposabilité ne fait pas disparaître le contrat à l'égard de tous, on dit que l'acte est maintenu entre les parties mais les tiers sont autorisés à le méconnaître.

3) Nullité et caducité

La nullité et la caducité (V. *infra*) sanctionnent toutes les deux le défaut d'une condition essentielle de la formation du contrat. Il y a caducité lorsque cette condition essentielle existait au moment de la formation du contrat mais a disparu ensuite ; au contraire, la cause de nullité existe déjà lors de la formation du contrat.

En cas de caducité, le contrat disparaît à l'égard de tous mais seulement pour l'avenir (alors que la nullité est rétroactive).

B - Nullité relative et nullité absolue

Le nouvel article 1179 du Code civil issu de l'ordonnance du 10 février 2016 fait entrer dans le Code civil la théorie moderne des nullités, notamment en consacrant la distinction entre nullité relative et nullité absolue, d'origine doctrinale. Ces notions sont définies pour la première fois.

1) Les notions de nullité relative et de nullité absolue

La conception de la distinction entre nullité relative et nullité absolue diffère dans la conception classique et dans la conception moderne.

Dans la conception classique, la ***nullité*** est ***relative*** lorsque l'irrégularité n'est pas grave, par exemple un vice du consentement. Lorsqu'un élément essentiel de l'acte juridique fait défaut, le contrat est mort-né ; la ***nullité*** est alors ***absolue***. Une troisième sanction est envisagée : l'***inexistence***, conçue pour les vices les plus graves tel que le défaut d'objet. En cas d'inexistence, le contrat est censé n'avoir jamais existé car la rencontre des volontés n'a pas pu avoir lieu (« erreur-obstacle »).

Dans la conception moderne, la ***nullité*** est ***relative*** si la règle non respectée vise à la protection des ***intérêts particuliers*** de l'une ou l'autre des parties (ex. : vices du consentement, absence d'objet, de consentement, absence de cause). La ***nullité*** est ***absolue*** en cas de non-respect de règles visant la protection de l'***intérêt général*** (ex. : objet ou cause illicite ou immorale, violation d'une règle de l'ordre public de direction, violation d'une règle de forme de caractère solennel).

Le nouvel article 1179 du Code civil définit ces deux notions :

- la ***nullité absolue*** est la sanction qui s'applique à la violation d'une règle qui a pour objet la sauvegarde de l'intérêt général (al. 1er) ;
- la ***nullité relative*** est la sanction qui s'applique à la violation d'une règle ayant pour objet la sauvegarde d'un intérêt privé (al. 2).

L'ordonnance du 10 février 2016 met fin au moins en partie à la théorie classique des nullités selon laquelle existerait une « ***erreur-obstacle*** », d'une gravité telle qu'elle empêcherait la rencontre des volontés nécessaire à la formation du contrat et qui devrait être sanctionnée par l'***inexistence*** dans la mesure où le contrat n'aurait pu exister. Cette sanction ne nécessiterait pas d'intervention judiciaire. La théorie de l'inexistence n'a jamais été consacrée par la jurisprudence. Le nouveau texte s'en tient également à une distinction entre nullité relative et nullité absolue.

2) *Nullité judiciaire et nullité consensuelle*

Selon la ***doctrine classique***, dans l'hypothèse d'une nullité absolue, la décision du juge était inutile ; si la nullité était relative, le juge voyait son rôle limité à l'annulation du contrat.

Selon la ***doctrine moderne***, il n'y a pas de nullité automatique : aucune distinction ne doit être faite de ce point de vue entre nullité relative et nullité absolue. Aucune nullité ne s'opère d'elle-même : il faut toujours un jugement qui a un rôle de constatation de la nullité. Le jugement est déclaratif et non constitutif. Lorsque la nullité est dite « de plein droit », le juge est obligé de constater la nullité si les conditions de celles-ci sont remplies ; il n'a pas de pouvoir d'appréciation.

Le nouvel article 1178 introduit une innovation dans son 1er alinéa, *in fine* : « *La nullité doit être prononcée par le juge, à moins que les parties ne la constatent d'un commun accord* » :

- la nullité peut être ***prononcée par le juge*** : aucun changement n'est opéré sur ce point ;
- la nullité peut être ***constatée par les parties,*** si elles en sont d'accord. L'article 1193, situé au sein des dispositions relatives à la force obligatoire du contrat, dispose également que « *Les contrats ne peuvent être modifiées ou modifiées que du consentement mutuel des parties, ou pour les causes que la loi autorise* ». Ce texte est une reprise de l'ancien article 1134, alinéa 2, considéré comme le fondement de la possibilité d'un ***mutuus dissensus***, c'est-à-dire d'une convention par laquelle les parties consentent à la révocation de la convention qu'elles ont conclue antérieurement. L'innovation doit par conséquent être relativisée : rien n'interdisait aux parties, dans la version initiale du Code civil, de s'accorder pour mettre à néant le contrat, en application du principe de la liberté contractuelle et dans la limite du respect de l'ordre public, notamment des règles de capacité. La nouveauté de l'article 1178 réside seulement dans l'affirmation explicite de la possibilité pour les parties de prononcer la nullité d'un commun accord.

3) Le droit d'invoquer la nullité

La ***nullité relative*** sanctionne le non-respect de la règle de ***protection de certains intérêts particuliers*** : « *La **nullité relative** ne peut être invoquée que par celui que la loi entend protéger* » (C. civ., art. 1181, al. 1er nouv.) (ex. : en cas de vice du consentement, seule la victime peut invoquer la nullité). Lorsque plusieurs bénéficiaires peuvent invoquer la nullité, la renonciation de l'un à s'en prévaloir n'empêche pas les autres d'agir (C. civ., art. 1181, al. 3, en contradiction avec la jurisprudence[1]).

D'autres personnes peuvent éventuellement faire valoir la nullité :

- lorsqu'existe une mesure de protection de la personne, c'est le ***représentant légal*** du mineur ou du majeur protégé qui peut l'invoquer ;
- en cas de décès, le droit d'invoquer la nullité passe aux ***ayants cause universels*** du défunt (personne qui a vocation à recueillir la totalité d'un patrimoine) ;
- les ***créanciers chirographaires*** (créanciers qui n'ont pas de garantie spéciale pour leur paiement) peuvent invoquer la nullité au nom de leur débiteur par une action oblique (V. Chapitre 24) ;
- les ***ayants cause à titre particulier*** (personne qui a reçu de son auteur un ou plusieurs droits particuliers) peuvent parfois faire valoir la nullité : la doctrine déduit de l'article 1338, alinéa 3 du Code civil que la confirmation d'un acte nul n'est pas opposable aux ayants cause à titre particulier.

La ***nullité absolue*** est la sanction d'une règle de protection de l'intérêt général, elle « *peut être demandée par toute personne justifiant d'un intérêt, ainsi que par le ministère public* » (C. civ., art. 1180, al. 1er nouv.). Le texte n'exige pas que l'intérêt soit légitime, comme le faisait la jurisprudence[2] et comme le prévoit l'article 31 du Code de procédure civile. La possibilité pour le Ministère public d'invoquer la nullité absolue est consacrée.

Peuvent invoquer la nullité absolue :

- les ***parties au contrat*** ou, en cas d'incapacité, les personnes qui les ***assistent*** ou les ***représentent*** et, en cas de décès, leurs ***ayants cause universels*** ;
- les ***ayants cause à titre particulier***, lorsque leur situation juridique est affectée par le contrat passé par leur auteur ;
- les ***créanciers chirographaires*** qui peuvent agir en leur propre nom si le contrat nul leur cause un préjudice ;
- les tiers justifiant d'un ***intérêt légitime*** à agir.

En revanche, la jurisprudence ne donne pas qualité pour invoquer la nullité du contrat aux ***tiers absolus*** c'est-à-dire à ceux qui n'ont pas de relation juridique avec les parties au contrat (ils n'ont que des relations de fait).

Les nouveaux textes ne précisent pas si le juge peut relever d'office la nullité absolue. Traditionnellement, il était permis au ***juge***, pendant un procès relatif à un contrat, de « *relever d'office* » la nullité absolue de celui-ci. Aujourd'hui, il est admis que le juge peut relever d'office la cause de la nullité relative comme la cause de nullité absolue. Cette possibilité est fondée sur l'article 12, alinéa premier du Code de procédure civile.

---

1. Cass. 3e civ., 21 février 1978, n° 76-11621.
2. Cass. civ., 1er mars 1938.

Le juge le fait rarement et doit alors respecter les règles de procédure, en particulier la règle du contradictoire.

4) La disparition du droit d'invoquer la nullité

L'acte qui comporte une cause de nullité peut être néanmoins validé en raison d'une confirmation ou de l'écoulement du délai de prescription.

a) La confirmation

La confirmation est définie pour la première fois par le Code civil par le 1er alinéa de l'article 1182 du Code civil découlant de l'ordonnance du 10 février 2016, comme « *l'acte par lequel celui qui pourrait se prévaloir de la nullité y **renonce*** ». Dans la ***conception classique***, la confirmation s'analyse comme une adjonction à l'acte de l'élément qui lui manquait au départ. Selon la ***conception moderne***, il s'agit d'un acte juridique postérieur à la formation du contrat nul à la suite duquel ce contrat est considéré comme valable depuis l'origine.

Aujourd'hui, la confirmation est considérée comme une renonciation au droit d'invoquer la nullité.

1. Les conditions de la confirmation

La confirmation est limitée aux hypothèses de ***nullité relative*** (C. civ., art. 1181, al. 2 nouv.). Lorsqu'il y a nullité absolue, la confirmation n'est pas possible (C. civ., art. 1180, al. 2 nouv.) car l'intérêt général est en question.

Il existe des conditions de fond et des conditions de forme à la confirmation.

La confirmation est un acte juridique unilatéral qui émane de la personne qui renonce à invoquer la nullité. En tant qu'acte juridique, elle obéit à des conditions de validité :

- la confirmation ne peut avoir lieu qu'en ***connaissance du vice*** dont le contrat est entaché : l'acte valant renonciation doit ***mentionner*** « *l'objet de l'obligation et le vice affectant le contrat* » (C. civ., art. 1182, al. 1er *in fine*) ;
- la confirmation doit toujours intervenir ***après la conclusion du contrat*** (C. civ., art. 1182, al. 2). Elle ne peut être faite par anticipation ;
- en cas de ***violence***, la confirmation ne peut être valable que si celle-ci a cessé (C. civ., art. 1182, al. 3, *in fine*).

Le nouvel article 931-1 du Code civil, reprenant les principes développés aux articles 1339 et 1340 anciens du Code civil, ***interdit*** la confirmation d'une donation entre vifs affectée par un vice de forme.

La confirmation est un ***acte unilatéral*** qui doit respecter les conditions d'existence et de validité des contrats. Aucune autre condition relative à la ***forme de l'acte*** n'est mentionnée, ce qui semble faire de la confirmation un acte consensuel, d'autant plus que celle-ci peut également être ***tacite :***

- la confirmation peut être ***expresse*** (C. civ., art. 1182, al. 1er nouv.) : l'acte de confirmation doit mentionner l'objet de l'obligation et le vice affectant le contrat ;
- la confirmation peut être ***tacite*** : l'article 1182, alinéa 3 nouveau du Code civil dispose désormais que « *l'exécution volontaire du contrat, en connaissance de la cause de nullité, vaut confirmation* ». Cette possibilité était déjà donnée par l'ancien article 1182 du Code civil dans son 2e alinéa, dans des termes légèrement différents.

2. Les effets de la confirmation

La confirmation emporte disparition du droit d'invoquer la nullité. Le contrat est ***rétroactivement validé***. Le nouvel article 1182 du Code civil précise en outre dans son 4e alinéa que « *La confirmation emporte renonciation aux moyens et exceptions qui pouvaient être opposés, sans préjudice néanmoins des droits des tiers* ». Il s'agit d'une reprise de l'ancien alinéa 3 de l'article 1182 du Code civil.

Vis-à-vis des parties, la confirmation a un effet ***relatif*** : elle n'engage que son auteur si celui-ci est le seul à pouvoir invoquer la nullité. Si une autre personne a le droit d'invoquer la nullité, elle conserve ce droit : la confirmation opérée ne le lui interdit pas. La confirmation a un effet ***rétroactif*** vis-à-vis de son auteur : tout se passe comme si le contrat initial était valable depuis l'origine. L'auteur de la confirmation ne peut pas contester les effets futurs ni passés du contrat.

L'article 1182, alinéa 3 du Code civil prévoit *in fine* que la confirmation ne peut pas porter préjudice aux tiers. Ces tiers sont les ***ayants cause à titre particulier*** de l'auteur de la confirmation ou plus exactement ceux qui ont acquis, entre l'acte nul et la confirmation, un droit auquel la confirmation porte atteinte. La confirmation leur est ***inopposable***.

b) La prescription de l'action en nullité

Le délai de prescription de l'action en nullité est de ***5 ans,*** en application du droit commun, que la nullité soit relative ou absolue (C. civ., art. 2224 ; loi du 17 février 2008). Le point de départ du délai est le jour de la formation du contrat. Ce délai peut être suspendu (C. civ., art. 2233 à 2239) ou interrompu dans certains cas (C. civ., art. 2240 à 2246).

Les règles relatives au ***point de départ de la prescription*** restent identiques (C. civ., art. 1144 nouv.). Il ne court qu'à partir :

– en cas d'erreur ou de dol, du jour où ils ont été découverts ;
– en cas de violence, du jour où elle a cessé.

Le nouvel article 1185 précise de manière inédite dans le Code civil le ***caractère perpétuel de l'exception de nullité***, posé par la jurisprudence : l'exception de nullité est imprescriptible, elle peut être invoquée sans limite dans le temps à condition que le contrat n'ait reçu aucun commencement d'exécution. Jusqu'à l'ordonnance du 10 février 2016, cette règle n'était pas formulée par la loi mais par un adage traditionnel : « *Quae temporalia sunt ad agendum perpetua sunt ad excipiendum* ». En effet, s'agissant d'un moyen de défense qui empêche l'exécution du contrat nul, la nullité, lorsqu'elle est invoquée, ne remettra pas en cause une situation donnée : elle aboutit à un *statu quo*. L'exception de nullité produit ses effets rétroactivement.

C - L'action interrogatoire en matière de nullité

L'ordonnance du 10 février 2016 a créé une action interrogatoire en matière de nullité : elle permet à une partie de demander à l'autre, qui pourrait dans le futur se prévaloir de la nullité, de ***confirmer*** le contrat ou d'agir en nullité dans un délai de 6 mois à peine de forclusion. Ce mécanisme permet d'éviter que ne persiste une incertitude sur la validité du contrat jusqu'à l'expiration du délai de prescription, tant pour les parties que pour les tiers.

Le recours à l'action interrogatoire nécessite que ***la cause de nullité ait cessé*** (C. civ., art. 1183, al. 1er nouv.) et qu'il s'agisse d'une cause de ***nullité relative***.

La partie interpellée doit, si elle ***refuse*** de confirmer le contrat, ***agir en nullité*** dans les 6 mois à peine de forclusion.

La demande doit ***mentionner*** expressément « *qu'à défaut d'action en nullité exercée avant l'expiration du délai de six mois, le contrat sera réputé confirmé* » (C. civ., art. 1183, al. 2 nouv.). Aucune autre condition tenant à la forme de l'acte n'est mentionnée dans les textes mais la nécessité d'un acte écrit paraît évidente pour des raisons de preuve.

D - Les effets de la nullité

La nullité entraîne l'anéantissement rétroactif du contrat. Son étendue peut varier.

1) L'anéantissement rétroactif du contrat

« *Le contrat annulé est censé n'avoir jamais existé* » (C. civ., art. 1178, al. 2 nouv.). La nullité du contrat est rétroactive, ce qui était un principe déjà admis. Le contrat disparaît pour l'avenir mais aussi pour le passé, que la nullité soit relative ou absolue.

La nullité sanctionnant une irrégularité qui existe lors de la formation du contrat, la rétroactivité connaît peu d'***exceptions***. Par exemple, la nullité du contrat de société n'est pas rétroactive (C. civ., art. 1844-15).

La nullité donne lieu à restitution. L'article 1178, alinéa 3 renvoie aux articles 1352 à 1352-9 du Code civil (V. Chapitre 26).

L'annulation intéresse les tiers, notamment ceux qui ont conclu avec l'une des parties. Les ***ayants cause à titre particulier*** de la partie dont les droits sont anéantis par la nullité sont particulièrement concernés, par exemple les sous-acquéreurs d'un bien. Ainsi, dans le cas d'une première vente entre A et B, B est l'acheteur et il revend à C. Si la première vente est nulle, C est dans ce cas un tiers, mais la nullité touche-t-elle ce tiers ?

Ces tiers subissent le contrecoup de l'annulation telle que celle-ci s'applique dans les rapports entre les parties. Néanmoins, la rétroactivité ne s'applique pas à eux de plein droit. Ils doivent être ***mis en cause*** dans l'instance d'annulation.

Il y a des ***exceptions*** d'origine légale et jurisprudentielle au principe de l'application aux tiers de la rétroactivité de l'annulation :

- les tiers de bonne foi peuvent invoquer l'article 2276 du Code civil en matière mobilière : « *En fait de meubles, la possession vaut titre* » ;
- en matière immobilière, le tiers acquéreur de bonne foi qui dispose d'un juste titre est soumis à une prescription acquisitive abrégée de 10 ans au lieu de 30 (C. civ., art. 2272) ;
- le tiers ne peut se voir réclamer une restitution en nature de la part de son auteur. Celui-ci peut agir en nullité mais ne peut demander qu'une restitution en valeur ;
- les actes d'administration passés avec les tiers de bonne foi subsistent ;

– le tiers peut invoquer la théorie de l'apparence s'il est de bonne foi et si l'erreur est commune.

2) L'étendue de la nullité

L'ordonnance du 10 février 2016 complète utilement le Code civil sur la question de l'étendue de la nullité.

En principe, la nullité n'affecte que les ***clauses concernées***, sauf si « *cette ou ces clauses ont constitué un* ***élément déterminant*** *de l'engagement des parties ou de l'une d'elles* » (C. civ., art. 1184, al. 1er nouv.).

Avant la clarification de la situation par le nouveau texte, la jurisprudence a dû gérer les contradictions entre deux articles du Code civil : l'ancien article 900 prévoyait que la clause était réputée non écrite (en matière de libéralités) alors que l'ancien article 1172 optait pour la nullité du contrat (en matière de conformité aux bonnes mœurs de la condition).

La jurisprudence a apporté les solutions suivantes :

– si la clause concernée a un caractère déterminant du consentement, le contrat doit être annulé (*Cass. 1re civ., 17 octobre 2007, n° 05-14818*) ;
– si la clause ne remet pas en cause l'essentiel de l'accord des parties, seule la clause litigieuse sera annulée (*Cass. 3e civ., 13 février 1969*).

Le nouveau texte reprend la distinction opérée par la jurisprudence :

– l'article 1184 prévoit dans son 1er alinéa la nullité lorsque la ou les clauses(s) affectée(s) a ou ont constitué un élément déterminant de l'engagement d'une ou des parties ;
– l'article 1184 prévoit dans son 2e alinéa le maintien du contrat d'une part « *lorsque la loi répute la clause non écrite* » et d'autre part « *lorsque les fins de la règle méconnue exigent son maintien* ».

Le nouveau texte ne reprend pas la possibilité de ***réduction par le juge d'une clause excessive***[3].

3) Les dommages-intérêts

Lorsqu'un contrat est annulé et que les choses sont remises dans leur état antérieur, un préjudice peut apparaître pour l'une des parties au contrat nul. Par exemple, en cas de dol ou de violence, la victime qui a obtenu la nullité peut subir un préjudice si elle avait engagé des frais.

Deux thèses se sont affrontées quant à la nature de la responsabilité découlant de l'annulation : certains ont soutenu qu'il s'agissait d'une responsabilité de nature contractuelle, d'autres ont opté pour le caractère délictuel de celle-ci. Le droit français a opté pour une ***responsabilité de nature délictuelle***[4]. Deux explications sont données à cette option : d'une part, le contrat est nul et d'autre part, la responsabilité délictuelle est fondée sur une faute.

3. Cass. soc., 18 septembre 2002, n° 00-42904.
4. Cass. 1re civ., 14 novembre 1979, Bull. civ. I, n° 279, p. 226 : RTD civ. 1980, p. 763, obs. Chabas F.

Conformément à la jurisprudence, le nouvel article 1178 prévoit clairement dans son 4e alinéa que des dommages-intérêts peuvent s'ajouter à la nullité du contrat, dans les conditions du droit commun de la ***responsabilité extra-contractuelle*** (C. civ., art. 1178, al. 4 nouv.), c'est-à-dire à la condition que la preuve d'une ***faute*** soit rapportée. Les dommages-intérêts ne peuvent découler de la seule nullité.

2 • LA CADUCITÉ

Le Code civil ne comportait jusque-là aucun développement relatif à la caducité. En revanche, la doctrine en a souvent fait l'objet de travaux et la jurisprudence l'a régulièrement appliquée[5]. Son intégration dans les sanctions des conditions de formation du contrat peut surprendre dans la mesure où la caducité sanctionne la disparition d'un élément qui est présent au moment de la formation du contrat mais qui disparaît ensuite.

A - La notion de caducité

La caducité est désormais définie à l'article 1186, alinéa 1er comme la ***disparition*** de l'un des éléments essentiels du contrat valablement formé, c'est-à-dire postérieurement à la formation du contrat. Il peut s'agir notamment d'une incapacité qui surgit au cours de l'exécution d'un contrat à exécution successive.

B - Les effets de la caducité

La caducité ***met fin au contrat*** entre les parties (C. civ., art. 1187, al. 1er nouv.).

Aucune précision n'est donnée quant à la ***mise en œuvre de la caducité*** : on ne sait pas si celle-ci intervient de plein droit et même si elle nécessite l'intervention du juge. L'intervention de ce dernier sera au moins indispensable pour apprécier l'opportunité de la rétroactivité.

En effet, l'ordonnance ne tranche pas la question de la ***rétroactivité*** afin de tenir compte de la variété des situations auxquelles s'applique la caducité qui peut, selon les cas, intervenir à un moment plus ou moins éloigné de celui de la conclusion du contrat et qui dépend également de la nature du contrat (notamment exécution instantanée ou successive).

La caducité peut donner lieu à ***restitution*** dans les mêmes conditions qu'en cas de nullité c'est-à-dire selon les modalités prévues à l'alinéa 2 du nouvel article 1187 (1352 à 1352-9 anciens ; V. Chapitre 26).

---

5. Cass. 1re civ., 8 octobre 2008, n° 07-17646.

C - La caducité appliquée aux contrats interdépendants

La question des contrats interdépendants, c'est-à-dire ***nécessaires à la réalisation d'une même opération*** n'était pas abordée par le Code civil jusqu'à l'ordonnance du 10 février 2016. Elle a donné lieu à une jurisprudence hésitante, partagée entre une conception subjective et une conception objective de l'interdépendance des contrats :

- ***conception subjective*** : l'exécution du contrat disparu était une condition déterminante du consentement de l'une des parties à un autre contrat. Il s'agit de rechercher quelle était la volonté des parties et de s'assurer de la connaissance par le cocontractant, lors de la conclusion du contrat, de l'existence des autres contrats de l'ensemble[6] ;
- ***conception objective*** : il est tenu compte de l'opération économique dans son ensemble, qui conduit à l'impossibilité d'exécuter les autres contrats lorsque l'un d'eux disparaît[7].

Le nouvel article 1186 du Code civil dispose dans son 2e alinéa que les contrats interdépendants peuvent être caducs dans deux cas :

- d'une part lorsque leur exécution est rendue ***impossible*** par cette disparition : le texte consacre une conception objective de l'interdépendance ;
- d'autre part lorsque l'exécution du contrat disparu était une ***condition déterminante*** du consentement d'une partie : le texte prend en compte la dimension subjective de l'interdépendance.

La sanction par la caducité exige en outre que « *le contractant contre lequel elle est invoquée connaissait l'existence de l'opération d'ensemble lorsqu'il a donné son consentement* » (C. civ., art. 1186, al. 2 nouv.).

BIBLIOGRAPHIE

BROS (S.), « L'interdépendance contractuelle, la Cour de cassation et la réforme du droit des contrats », D. 2016, Chron. p. 29.

CUMYN (M.), *La validité du contrat suivant le droit strict ou l'équité : étude historique et comparée des nullités contractuelles*, LGDJ, Coll. « Bibliothèque de droit privé », 2003.

GOUT (O.), *Le juge et l'annulation du contrat*, Presses Universitaires d'Aix-Marseille, 2001.

PICOD (N.), « Le déclin de l'exception de nullité à l'époque contemporaine », RTD com. 2014, p. 509.

TRAULLÉ (J.), « L'indemnisation du préjudice né de l'impossibilité de contracter avec un tiers après la conclusion d'un contrat vicié », D. 2013, Chron. p. 2651.

WESTER-OUISSE (V.), « La caducité en matière contractuelle : une notion à réinventer », JCP 2001, I, 290.

6. Cass. com., 4 avril 1995, n° 93-14585 et 93-20029.
7. Cass. 1re civ., 4 avril 2006, n° 02-18277 ; Cass. 1re civ., 10 septembre 2015, n° 14-13658 et 14-17772.

CHAPITRE 8

Les effets du contrat entre les parties

Les parties au contrat sont les personnes qui donnent leur consentement à celui-ci. Ceux qui ont ainsi consenti sont engagés de manière irrévocable.

La nouvelle section du Code civil découlant de l'ordonnance du 10 février 2016, consacrée aux effets du contrat entre les parties, est divisée en deux sous-sections traitant successivement de la force obligatoire puis de l'effet translatif du contrat.

1 • L'EFFET OBLIGATOIRE DU CONTRAT

Dès la formation du contrat, les parties sont liées par leur engagement : ni l'une ni l'autre ne peut y échapper. Les parties ne peuvent en principe revenir sur leur consentement par leur seule volonté : ce que le consentement mutuel a fait, seul ce même consentement mutuel peut le défaire.

Le principe de la force obligatoire du contrat est réaffirmé par l'ordonnance du 10 février 2016 mais de nouvelles limites apparaissent, en raison notamment de la reconnaissance de l'imprévision. La question de la force obligatoire du contrat peut être rendue complexe par l'existence d'une simulation.

A - Le principe de la force obligatoire du contrat

Le contrat ne peut être révoqué que par le consentement mutuel des parties ou pour les causes que la loi autorise. L'ordonnance du 10 février a transféré le principe majeur du droit des contrats contenu à l'ancien article 1134, alinéa 1er au sein des dispositions liminaires relatives au contrat : le nouvel article 1103 du Code civil qui le remplace réaffirme le principe de la force obligatoire du contrat entre les parties et reprend dans des termes quasiment identiques l'ancien texte ; seul le terme de « convention » est remplacé par celui de « contrat » : « *Les contrats légalement formés tiennent lieu de loi à ceux qui les ont faits* » (C. civ., art. 1103, al. 1er nouv.). L'aspect essentiel du principe de la force obligatoire des contrats est l'impossibilité pour la partie d'échapper à la loi contractuelle. Ce contrat ne peut en principe être ni écarté, ni modifié ou révisé.

« *Les contrats obligent non seulement à ce qui y est exprimé, mais encore à toutes les suites que leur donnent l'équité, l'usage ou la loi* » (C. civ., art. 1194 nouv. /ancien art. 1135). Sur le fondement de l'ancien article 1135, la jurisprudence a parfois mis à la charge des parties des ***obligations implicites*** telles que les obligations de conseil, d'information, de sécurité... Certains ont parlé de forçage du contrat (Josserand).

B - Les limites de la force obligatoire du contrat

La force obligatoire du contrat est atténuée par la possibilité de modifier ou révoquer le contrat mais surtout, désormais, par la possibilité de le renégocier.

1) La modification ou la révocation du contrat

Le contrat ne peut être révoqué que par consentement mutuel des parties, il ne peut pas être révoqué unilatéralement, mais ce principe connaît quelques exceptions.

a) La modification ou la révocation du contrat d'un commun accord

Le ***contrat ne peut être modifié ou révoqué autrement que par consentement mutuel*** : « *Les contrats ne peuvent être modifiés ou révoqués que du consentement mutuel des parties, ou pour les causes que la loi autorise* » (C. civ., art. 1193 nouv.).

La modification du contrat ***d'un commun accord*** des parties était permise depuis longtemps par une interprétation *a fortiori* de l'article 1134, alinéa 2 (V. Chapitre 7). Le nouvel article 1193 du Code civil reprend l'alinéa 2 de l'article 1134 qui constitue une déclinaison de ce principe essentiel.

L'ordonnance du 10 février 2016 offre en outre aux parties une véritable faculté de renégociation du contrat.

b) La modification ou la révocation unilatérale du contrat

Au moment de la conclusion du contrat, les parties ont pu s'accorder pour reconnaître à l'une d'elles le pouvoir de révoquer le contrat par leur seule volonté. Le Code civil donne quelques exemples, notamment la vente avec arrhes (C. civ., art. 1590).

La loi donne parfois la faculté aux parties de révoquer unilatéralement le contrat, notamment dans les contrats à exécution successive. Cette possibilité peut parfois également exister dans les contrats à exécution instantanée. Par exemple, les donations consenties entre époux sont révocables par l'époux donateur.

La faculté de révocation unilatérale existe pour les contrats à durée indéterminée. Les exemples les plus courants sont le contrat de bail ou le contrat de travail. Ces contrats peuvent être ***résiliés unilatéralement*** par l'une ou l'autre des parties (C. civ., art. 1736 pour le bail).

Il est admis, au-delà de ces textes particuliers, qu'il existe un principe général permettant à chacune des parties de s'évader du contrat lorsqu'il est à durée indéterminée afin que les contractants ne soient pas liés à vie ; le Code civil ***interdit en effet le contrat perpétuel*** (C. civ., art. 1210, al. 1er nouv. ; V. Chapitre 10).

La faculté de résiliation unilatérale est exceptionnelle dans les contrats à durée déterminée. Les articles 2003 et 2007 du Code civil prévoient que le contrat de ***mandat*** prend fin soit par la volonté du mandant, soit par la volonté du mandataire. L'idée selon laquelle une confiance réciproque doit exister entre les deux intéressés (il s'agit d'un contrat conclu *intuitu personae*) justifie cette solution. Cependant, la seule constatation de l'*intuitu personae* dans un contrat ne permet pas, en dehors des cas prévus par la loi, la rupture unilatérale du contrat. Un certain nombre de textes récents sur la protection des consommateurs ont accordé des facultés de rétractation ou de repentir (ex. : C. consom., art. L. 222-7).

La Cour de cassation a admis peu à peu la faculté de rompre unilatéralement un contrat dans des circonstances spécifiques et limitées : « *la **gravité du comportement** d'une partie à un contrat peut justifier que l'autre partie y mette fin de façon unilatérale à ses risques et périls* »[1], peu importe que le contrat soit à durée déterminée ou pas[2]. L'ordonnance du 10 février 2016 confirme la ***possibilité d'une résolution unilatérale du contrat*** dans un nouvel article 1226 du Code civil : « *Le créancier peut, à ses risques et périls, résoudre le contrat par voie de notification...* » (V. Chapitre 12 sur la résolution unilatérale du contrat).

2) La renégociation du contrat

Le problème de la révision des conditions du contrat se pose essentiellement dans les contrats à exécution successive ou échelonnée. En effet, l'équilibre entre les intérêts respectifs des parties tel qu'il a été défini à l'origine a pu disparaître du fait de l'évolution des circonstances. Le problème qui se pose est de savoir s'il faut tenir compte de l'évolution des circonstances qui accompagnent le déroulement du contrat. Parfois, la révision a pu être prévue dans le contrat originaire.

La théorie de l'imprévision veut que le juge modifie le contrat en tenant compte des circonstances. La jurisprudence civile a toujours refusé dès 1876 toute possibilité de révision du contrat lorsque ***les circonstances qui accompagnent l'exécution du contrat ont changé*** par rapport à celles qui existaient au moment de sa conclusion et qu'elles en rendent plus difficile l'exécution par l'une des parties.

L'ordonnance du 10 février 2016 rompt avec l'arrêt *Canal de Craponne* et introduit l'***imprévision*** dans le droit des contrats à l'article 1195 du Code civil en permettant une révision ou renégociation du contrat dans des conditions strictement organisées.

Cette nouvelle disposition permet d'***éviter la survenance et la persistance de déséquilibres contractuels*** majeurs au cours de l'exécution du contrat et de respecter ainsi l'objectif de justice contractuelle poursuivie par l'ordonnance.

Point Jurisprudence

Cour de cassation, Chambre civile, 6 mars 1876, Canal de Craponne[3]

Selon un contrat conclu en 1560 entre le propriétaire d'un canal d'irrigation et les riverains, il était prévu que le propriétaire fournirait de l'eau contre une redevance fixe. Les successeurs du propriétaire demandent au juge d'augmenter le prix, la Cour d'appel accepte une hausse. La Cour de cassation casse au motif que l'article 1134 du Code civil consacre une règle générale qui s'applique à tous les contrats. Il est interdit au juge de modifier le contrat pour tenir compte du temps et des circonstances.

---

1. Cass. 1re civ., 13 octobre 1998 : D. 1999, Jur. p. 197, note Jamin, JCP 1999, II, 10133, note Rzepecki, RTD civ. 1999, p. 394, obs. Mestre.
2. Cass. 1re civ., 20 février 2001 : D. 2001, Jur. p. 1569, note Jamin C., RTD civ. 2001, p. 363, obs. Mestre et Fages.
3. Cass. civ., 6 mars 1876 : DP 1875, 1, p. 193, note Giboulot, S. 1876, 1, p. 161, Grands arrêts, n° 94.

Cette décision a suscité de nombreuses critiques de la part de la doctrine. Elle se justifie néanmoins par le souci d'éviter que l'un des cocontractants ne demande la révision dès que l'exécution de ses obligations devient plus difficile. Il s'agit également d'éviter des répercussions en chaîne c'est-à-dire des demandes de révision successives de la part des différents cocontractants. Au contraire, la jurisprudence administrative a consacré la théorie de l'imprévision dans un célèbre arrêt *Gaz de Bordeaux*[4].

Depuis une vingtaine d'années, la jurisprudence civile a semblé faire preuve d'une plus grande souplesse en matière d'imprévision.

Point Jurisprudence

L'évolution récente de la jurisprudence civile en matière d'imprévision contractuelle

- Cass. com., 3 novembre 1992 et 24 novembre 1998 : elle condamne le cocontractant refusant la révision à des dommages-intérêts sur le fondement de la « *bonne foi dans l'exécution du contrat* »[5], considérant que l'absence de révision aurait conduit l'autre à la ruine.
- Cass. 1re civ., 16 mars 2004 : elle affirme l'existence d'une obligation de renégocier le contrat lorsque celui-ci devient profondément déséquilibré, notamment en cas de « ***modification imprévue des circonstances économiques*** »[6].
- CA Nancy, 26 septembre 2007[7] : elle confirme le mouvement vers la reconnaissance, sur le fondement de l'***obligation d'exécuter le contrat de bonne foi***, d'une obligation de renégocier le contrat, même en l'absence de clause en ce sens dans ledit contrat. Cet arrêt reconnaît qu'il y aurait place, dans le cas où cette renégociation échouerait, pour une responsabilité des parties (ce qui est déjà le cas lorsque le contrat comporte une clause de renégociation).
- Cass. com., 29 juin 2010[8] : la Cour de cassation admet la caducité d'un contrat sur le fondement de la ***disparition de la cause***, lorsque l'évolution des circonstances économiques conduit à ***déséquilibrer l'économie générale du contrat*** tel que voulu par les parties lors de la signature de celui-ci.
- Cass. com., 8 mars 2011[9] : « *hors le cas de fraude, l'ouverture de la procédure de sauvegarde ne peut être refusée au débiteur au motif qu'il chercherait ainsi à échapper à ses obligations contractuelles, dès lors qu'il justifie, par ailleurs, de difficultés qu'il n'est pas en mesure de surmonter et qui sont de nature à le conduire à la cessation des paiements* » *: la révision est admise en raison d'une* ***modification des circonstances économiques****.*

Jusqu'à l'ordonnance du 10 février 2016, le législateur autorisait la modification du contrat dans des cas limitativement prévus, sans pour autant adopter de principe général autorisant la révision. Suite notamment aux ***difficultés économiques***

4. CE, 30 mars 1916 : D. 1916, 3, p. 25, S. 1916, 3, p. 17, note Hauriou.
5. Cass. com., 3 novembre 1992 : RTD civ. 1993, p. 124, obs. Mestre J. ; Cass. com., 24 novembre 1998 : JCP 1999, II, 10210, note Picod, RTD civ. 1999, p. 98, obs. Mestre et Fages.
6. Cass. 1re civ., 16 mars 2004 : D. 2004, Jur. p. 1754, note Mazeaud D., RTD civ. 2004, p. 290, obs. Mestre et Fages.
7. CA Nancy, 26 septembre 2007 : D. 2008, Jur. p. 1120, note Boutonnet, D. 2008, Pan., p. 2898, obs. Amrani Mekki S.
8. Cass. com., 29 juin 2010, Soffimat : D. 2010, Jur. p. 2481, note Mazeaud D., et p. 2485, note Genicon T., JCP 2010, II, 1056, note Favario T., RTD civ. 2010, p. 782, obs. Fages B.
9. Cass. com., 8 mars 2011 : D. 2011, p. 919, note Le Corre M., RTD civ. 2011, p. 351, obs. Fages B.

consécutives à la Seconde Guerre mondiale, le législateur est intervenu pour reconnaître au juge la possibilité d'intervenir dans les contrats dans des domaines précis. Il y a donc eu des mesures ponctuelles, par exemple :

Texte	Possibilité de révision du contrat
Loi Failliot du 21 janvier 1918	Faculté de révision judiciaire du contrat en cas de difficulté d'exécution résultant des changements économiques.
Loi du 25 mars 1949	Révision des rentes viagères de plein droit ou par intervention du juge dans certains cas.
Article 900-2, C. civ.	Les charges dans les libéralités, qui sont des obligations pesant sur le bénéficiaire, peuvent être révisées en justice lorsque par suite d'un changement de circonstances, l'exécution en est devenue soit extrêmement difficile, soit sérieusement dommageable.
Article 900-1, C. civ.	Les clauses d'inaliénabilité du bien dans une libéralité peuvent être supprimées par le juge lorsque l'intérêt qui avait justifié la clause a disparu.
Articles L. 145-1 et s., C. com.	Mesures relatives à la révision des baux commerciaux.

1. Les conditions de la renégociation

Dans le cadre d'un contrat à exécution successive, une partie peut désormais demander à l'autre une renégociation du contrat à trois conditions (C. civ., art. 1195, al. 1er nouv.) :

- un ***changement de circonstances « imprévisible »*** ;
- ce changement doit rendre l'***exécution « excessivement onéreuse »*** pour une partie ;
- cette partie *« n'avait **pas accepté d'en assumer le risque** »* : le texte ne donne aucune indication sur la manière de caractériser l'existence de cette condition.

2. Les modalités de la renégociation

La renégociation peut se dérouler en une ou deux étapes.

Une partie peut ***demander à l'autre une renégociation***. La partie sollicitée pour renégocier peut accepter ou refuser. Si elle accepte, la partie qui a sollicité la renégociation continue à exécuter ses obligations pendant la renégociation (C. civ., art. 1195, al. 1er *in fine* nouv.). Cette règle vise à éviter que l'un des cocontractants ne prenne pour prétexte une demande de révision pour se soustraire à ses engagements.

Si la partie sollicitée pour une renégociation refuse ou si la renégociation se solde par un échec, les parties ont ***deux possibilités*** :

- elles peuvent ***convenir de la résolution*** du contrat ;
- elles peuvent, d'un commun accord, demander au juge de procéder à l'***adaptation du contrat*** (C. civ., art. 1195, al. 2 nouv.). À défaut d'accord dans un délai raisonnable, « *le juge peut, à la demande d'une partie, **réviser le contrat ou y mettre fin**, à la date et aux conditions qu'il fixe* » (C. civ., art. 1195, al. 3 nouv.). La révision ou la résolution du contrat apparaissent comme de simples possibilités pour le juge ; il n'est pas mentionné clairement s'il garde ou non un pouvoir d'appréciation sur l'opportunité de la révision ou de la résolution.

L'intervention du juge n'est possible que dans la deuxième phase. La priorité est donnée à l'accord des parties.

La possibilité pour le juge de procéder à la révision du contrat à la demande d'une partie a pour objectif d'***inciter les parties à négocier*** : la crainte d'une révision décidée par le juge peut contraindre la partie pour laquelle le contrat est avantageux à négocier malgré tout.

Ce texte est ***supplétif de volonté*** : les parties peuvent accepter par avance de supporter les conséquences des déséquilibres qui peuvent survenir au cours de l'exécution du contrat, notamment en insérant au contrat une ***clause dite « de hardship »***.

3) La prévision contractuelle

Les contractants sont aujourd'hui habitués aux changements des circonstances économiques : ils prévoient généralement dès la conclusion du contrat des ***procédures spéciales permettant de modifier le contrat pour l'adapter aux circonstances nouvelles***.

Les parties au contrat peuvent prévoir que l'objet des obligations variera en fonction d'une référence choisie d'un commun accord et prévue par le contrat. Ainsi, elles prévoient fréquemment l'insertion au contrat une ***clause d'indexation*** : celle-ci permet de faire varier le prix de l'une des prestations en fonction d'un indice prédéterminé. Pendant longtemps, la jurisprudence a hésité à valider ces clauses qui semblaient en contradiction avec le principe du nominalisme monétaire, énoncé incidemment par l'article 1895 du Code civil. Finalement, en 1957[10], la Chambre civile de la Cour de cassation a décidé que l'article 1895 du Code civil n'était pas d'ordre public : toutes les clauses ont été autorisées (C. mon. fin., art. L. 112-1 et s.). Les textes interdisent néanmoins les indexations fondées sur le niveau général des prix ou des salaires ou sur les prix de biens et services qui n'ont pas de relation directe avec l'objet du contrat ou l'activité de l'une des parties.

Cette réglementation générale est écartée dans certains cas de deux manières :

- d'une part, pour les paiements internationaux dans lesquels les clauses d'indexation ont toujours été admises : sont ainsi permises les « *clauses-or* » ou les « *clauses-monnaie étrangère* » ;
- d'autre part, il existe des hypothèses de liberté d'indexation, notamment pour les rentes d'aliments et rentes viagères constituées entre particuliers.

Dans les contrats internationaux, la prévision contractuelle se traduit par la clause de « ***hardship*** » ou clause de sauvegarde mais cette clause est également envisageable dans un contrat interne. Elle permet d'adapter le contrat à la survenance des circonstances exceptionnelles bouleversant l'équilibre des prestations prévues au contrat.

C - La simulation

La simulation est le fait pour les parties de ***dissimuler dans un contrat leur volonté réelle derrière une volonté purement apparente***. Seul l'article 1201 du Code civil aborde la question de la simulation de façon générale. D'autres textes permettent de préciser le régime de la simulation (C. civ., art. 911 et 1596).

10. Cass. 1re civ., 27 juin 1957 : D. 1957, Jur. p. 649, note Ripert, JCP 1957, II, 10 093 *bis,* concl. Besson, Grands arrêts n° 160.

1) La notion de simulation

La simulation est un mensonge qui suppose une dissimulation voulue. Elle se réalise au moyen de deux actes :

- ***l'acte apparent ou ostensible*** réalise le mensonge puisqu'il ne correspond pas à la volonté réelle des parties. Cet acte apparent ne doit pas révéler l'existence de l'acte secret. En pratique, cet acte apparent est constaté par écrit ;
- ***l'acte secret ou clandestin*** correspond à la volonté réelle des parties. Cet acte est appelé la contre-lettre. Il peut être constaté par écrit, ce qui est rare en pratique et rend donc difficile la preuve de son existence. Cet acte secret doit être concomitant à l'acte apparent. Les parties ont voulu les deux actes à la fois.

Le nouvel article 1201 du Code civil explique la ***notion de contre-lettre*** : il s'agit du contrat occulte qui est dissimulé par le contrat apparent.

La ***contre-lettre n'est pas interdite et est donc valable,*** sauf dans le cas où elle est illicite.

2) Les formes de la simulation

La simulation peut prendre quatre formes :

- ***la simulation peut porter sur l'existence même de l'acte du contrat*** : le contrat ostensible est une pure et simple apparence ; il est entièrement fictif. Par l'acte secret, les parties décident que le contrat apparent n'existe pas (ex. : vente simulée) ;
- ***la simulation peut porter sur la nature de l'acte*** : c'est la technique du « déguisement ». L'acte apparent se présente comme un contrat d'une certaine nature alors que l'acte secret correspond à un contrat de nature différente (ex. : donation déguisée sous forme de vente) ;
- ***la simulation peut porter sur l'objet de l'acte du contrat*** : seuls certains aspects du contrat réel sont dissimulés ; il s'agit d'un « *déguisement partiel* » (ex. : dissimulation d'une partie du prix dans un contrat de vente) ;
- ***la simulation peut porter sur les parties à l'acte*** (« *interposition de personnes* ») : une personne figure comme partie à l'acte apparent mais en réalité, une autre est réellement partie, notamment afin de contourner les obstacles créés par les régimes de protection du mineur ou du majeur. La simulation peut également avoir pour but de réaliser une fraude.

3) Les effets de la simulation

La simulation n'est pas en elle-même une cause de nullité de l'opération. L'article 1201 du Code civil induit que l'opération ***n'est pas illicite*** : « *Lorsque les parties ont conclu un contrat apparent qui dissimule un contrat occulte, ce dernier, appelé aussi contre-lettre, produit effet entre les parties* ».

Lorsque les parties ont agi dans un but louable, la technique de la simulation ne doit pas être condamnée. En revanche, si elles ont agi dans un but de ***fraude*** et que la simulation est prouvée, il conviendra d'appliquer la convention secrète comme si elle avait été ostensible. Par exemple, dans l'hypothèse d'une donation par personne interposée à un bénéficiaire mineur ou majeur protégé, la simulation devra être démontrée et les règles des incapacités appliquées.

La preuve de la simulation étant difficile à apporter, le législateur a préféré considérer, dans certains cas, que la simulation est parfois en elle-même illicite.

a) La simulation licite

L'article 1201 du Code civil fait une distinction entre les rapports des parties à l'acte et les rapports avec les tiers.

1. Les effets de la simulation entre les parties

La contre-lettre, c'est-à-dire le contrat dissimulé, produit effet ***entre les parties*** car elle est l'expression de leur volonté réelle (C. civ., art. 1201 nouv.) :

- si le contrat est lui-même parfaitement régulier, l'accord secret s'applique parce qu'il correspond à la volonté réelle des parties ;
- si l'accord secret est irrégulier, il sera nul pour irrégularité mais pas pour simulation puisque la simulation est licite.

La technique de la simulation est en elle-même ***neutre***, c'est-à-dire qu'elle ne rend pas valable l'acte secret qui, ostensible, aurait été nul, mais la simulation ne rend pas nul l'acte simulé qui est en lui-même valable. Ainsi, la donation déguisée derrière une vente est valable, même si elle n'a pas été constatée par acte authentique, dès lors que les conditions de forme de l'acte apparent sont respectées.

Pour s'appliquer entre les parties, l'accord secret doit être invoqué et prouvé.

2. Les effets de la simulation à l'égard des tiers

La contre-lettre n'est pas opposable aux ***tiers*** mais ceux-ci peuvent s'en prévaloir (C. civ., art. 1201, *in fine* nouv.), à condition, selon la jurisprudence, de ne pas avoir participé à la simulation[11].

En ***principe***, la contre-lettre est inopposable aux tiers. Par ***exceptions***, peuvent se voir opposer la contre-lettre :

- les tiers de mauvaise foi lorsqu'ils connaissaient l'acte secret ;
- les ayants cause universels de l'une ou de l'autre des parties parce qu'ils remplacent les parties sauf lorsqu'ils agissent pour défendre un droit qui leur est propre, par exemple les héritiers réservataires qui agissent pour défendre leur réserve face à une donation déguisée.

Les tiers ont le droit de se prévaloir de l'acte secret (C. civ., art. 1201 *in fine* nouv.) : lorsqu'ils y ont intérêt, les tiers peuvent aussi, comme les parties, exercer une action en déclaration de simulation. Pour les tiers, la preuve de la simulation est libre.

Un conflit peut exister entre les tiers, les uns se prévalant de l'acte apparent, les autres de l'acte secret. Dans un tel cas, la jurisprudence fait prévaloir l'acte apparent.

b) La simulation illicite

La simulation est illicite dans deux cas :

- lorsqu'elle a « *pour objet une augmentation du prix stipulé dans le traité de cession d'un office ministériel* » (C. civ., art. 1202, al. 1er nouv.) ;
- lorsqu'elle a « *pour but de dissimuler une partie du prix, lorsqu'elle porte sur une vente d'immeubles, une cession de fonds de commerce ou de clientèle, une cession d'un droit à un bail, ou le bénéfice d'une promesse de bail portant sur tout ou partie d'un immeuble et tout ou partie de la soulte d'un échange ou d'un*

---

11. Cass. civ., 8 mars 1893, DP 1893, 1, 243.

partage comprenant des biens immeubles, un fonds de commerce ou une clientèle » (C. civ., art. 1202, al. 2 nouv.).

Des principes identiques existaient auparavant à l'article 1321-1 du Code civil.

2 • L'EFFET TRANSLATIF DU CONTRAT

La suppression de la distinction entre obligation de faire, de ne pas faire et de donner par l'ordonnance du 10 février 2016 a pour conséquence de ***faire du transfert de propriété un effet légal du contrat***, découlant de l'échange des consentements. Tout en tenant compte de ces modifications, les nouvelles règles reprennent globalement celles des anciens articles 1136 à 1138.

Les dispositions relatives à l'effet translatif du contrat permettent de régler la question de l'articulation entre le droit commun des contrats et le droit des biens.

A - Le transfert de propriété

1) *Le principe*

Le nouvel article 1196 du Code civil prévoit dans son premier alinéa que le transfert de propriété s'opère dès la conclusion du contrat, c'est-à-dire dès l'échange des consentements (*solo consensu*), lorsque celui-ci a pour objet « *l'aliénation de la propriété ou la cession d'un autre droit* ». Ce texte reprend le principe du consensualisme déjà posé à l'ancien article 1138, alinéa 1er du Code civil.

2) *Les exceptions*

Par exception, ce transfert peut être ***différé*** dans trois hypothèses (C. civ., art. 1196, al. 2 nouv.) :

- par la volonté des parties (ex. : en cas de clause de réserve de propriété tel qu'il est prévu à l'article 2367, alinéa 1er du Code civil) ;
- en raison de la nature des choses (ex. : pour les choses de genre dont le transfert n'intervient qu'au moment de l'individualisation, ou pour les choses futures) ;
- en application d'une disposition contraire de la loi (ex. : en cas de vente sous condition suspensive).

B - Le transfert des risques de la chose

Le moment du transfert des risques est fixé par le nouvel article 1196, alinéa 3 du Code civil (reprenant l'ancien art. 1138) selon la nature du contrat :

- pour les ***contrats translatifs de droit réel***, le transfert des risques s'opère toujours en même temps que le transfert de la propriété (*res perit domino*) ;
- pour les ***autres contrats***, « *lorsque l'impossibilité d'exécuter résulte de la perte de la chose due, le débiteur mis en demeure est néanmoins libéré s'il prouve que la perte*

se serait pareillement produite si l'obligation avait été exécutée » (art. 1351-1, al. 1er, *res perit debitori*).

La ***mise en demeure*** de délivrer la chose met les risques à la charge du débiteur non-propriétaire (vendeur) (C. civ., art. 1196, al. 3 et 1344-2 nouv.), sous réserve des dispositions de l'article 1351-1 qui libèrent le débiteur qui prouve que la perte de la chose se serait produite même si celle-ci avait été livrée.

Les parties gardent la possibilité de prévoir conventionnellement une date de transfert des risques différente de celle du transfert de propriété.

Des règles différentes existent en matière de ***contrats entre professionnels et consommateurs***, en application de la loi Hamon (C. consom., art. L. 216-4).

C - Les obligations des parties quant à la conservation de la chose objet du contrat

Le débiteur a l'obligation de conserver la chose « *en y apportant* ***tous les soins d'une personne raisonnable*** », jusqu'à sa délivrance (C. civ., art. 1197 nouv.). Ce texte reprend les dispositions contenues aux anciens articles 1136 et 1137 du Code civil, dans une formulation simplifiée tenant compte de la disparition d'une part de l'obligation de donner et d'autre part de la notion de « *bon père de famille* » dans le Code civil (loi du 4 août 2014).

D - Les conflits de droits d'acquéreurs successifs

En cas de conflits des droits d'acquéreurs successifs d'un même bien meuble corporel : le premier possesseur est préféré, « *même si son droit est postérieur, à condition qu'il soit de bonne foi* » (C. civ., art. 1198, al. 1er nouv.). Le même principe s'applique, quant aux immeubles, à celui qui « *a, le premier, publié son titre d'acquisition passé en la forme authentique au fichier immobilier* » (C. civ., art. 1198, al. 2 nouv.).

BIBLIOGRAPHIE

ANCEL (P.), « Force obligatoire et contenu obligationnel du contrat », RTD civ. 1999, p. 774.

MOLFESSIS (N.), « Le rôle du juge en cas d'imprévision dans la réforme du droit des contrats », JCP 2015, Libres propos, p. 2390 (n° 1415).

SAVAUX (L.), « L'introduction de la révision ou de la résiliation pour imprévision », RDC 2010, 1057.

THÉRON (J.), « Ordre et désordre dans la notion de partie », RTD civ. 2014, p. 231.

CHAPITRE 9

Les effets du contrat à l'égard des tiers

Le contrat n'a théoriquement d'effet qu'entre les parties. Il n'intéresse pas les tiers mais ceux-ci ne peuvent néanmoins l'ignorer totalement. L'ordonnance du 10 février 2016 modernise les dispositions relatives à l'effet du contrat à l'égard des tiers sans apporter de changements profonds. La section relative aux effets du contrat à l'égard des tiers est divisée en 2 sous-sections, l'une consacrée aux dispositions générales, l'autre à la promesse de porte-fort et à la stipulation pour autrui.

1 • LES PRINCIPES GÉNÉRAUX RELATIFS AUX EFFETS DU CONTRAT À L'ÉGARD DES TIERS

Par l'effet de l'ordonnance du 10 février 2016, le principe de l'effet relatif et celui de l'opposabilité aux tiers sont désormais clairement séparés et prévus par deux articles distincts.

A - L'effet relatif du contrat

Le Code civil dans sa version antérieure à l'ordonnance du 10 février 2016 prévoyait déjà le principe de l'effet relatif des contrats à l'article 1165 du Code civil. Le nouvel article 1199 dispose dans son premier alinéa que « ***le contrat ne crée d'obligations qu'entre les parties*** » : les effets du contrat ne se produisent qu'entre les parties au contrat ; ils ne peuvent se produire ni au profit de tiers, ni à leur encontre. Ce principe interdit d'une part l'extension des effets du contrat au-delà des parties, c'est-à-dire aux tiers, d'autre part la possibilité de conclure des contrats pour autrui. « *Les tiers ne peuvent ni demander l'exécution du contrat, ni se voir contraints de l'exécuter* », sous réserve des règles prévues d'une part en matière de simulation, de promesse de porte-fort et de stipulation pour autrui, d'autre part en matière d'action oblique, d'action paulienne et d'actions directes (C. civ., art. 1199, al. 2 nouv. ; V. Chapitre 24). Ce principe est celui de l'***effet relatif du contrat***.

Cette règle n'est pas absolue : les tiers peuvent être intéressés aux contrats, qui leur sont opposables.

B - Les tiers intéressés : l'opposabilité du contrat aux tiers

Le contrat peut avoir des répercussions sur les tiers. En effet, dans certains cas, le contrat intéresse les tiers à travers les effets qu'il a produits. Dans d'autres cas, le contrat intéresse les tiers indépendamment des effets juridiques qu'il a pu produire. Les effets du contrat sont opposables aux tiers, qui ne peuvent pas les ignorer. L'opposabilité oblige les tiers à respecter les effets du contrat.

Le contrat est opposable par les parties aux tiers et par les tiers aux parties.

1) L'opposabilité du contrat par les parties aux tiers

« *Les tiers doivent respecter la situation juridique créée par le contrat* » (art. 1200, al. 1er) : ils ***ne peuvent totalement ignorer le contrat.*** Le principe n'était pas ainsi affirmé par les textes antérieurs, notamment par l'ancien article 1165, mais la doctrine avait souvent dénoncé le caractère absolu de l'effet relatif porté par ce texte. Même si le terme n'est pas employé par le texte ni par les textes antérieurs, le contrat est opposable aux tiers. Cette opposabilité est parfois subordonnée à l'accomplissement de certaines formalités.

En cas de simulation, la contre-lettre n'est pas opposable aux tiers (C. civ., art. 1201, *in fine* nouv. ; V. Chapitre 8).

a) L'opposabilité aux ayants cause à titre particulier

L'ayant cause à titre particulier est, par exemple, l'acheteur d'une chose ou le donataire. Il a reçu de son auteur un bien ou un droit déterminé.

Selon le type de contrat, les ayants cause à titre particulier subissent différemment les effets des contrats conclus par leur auteur, sauf si les contractants ont prévu expressément la transmission aux ayants cause à titre particulier :

- ***contrat n'ayant aucune relation avec le droit ou le bien objet du contrat :*** lorsque le contrat n'a aucune relation avec le droit ou le bien transmis, il n'y a pas de transmission des contrats ;
- ***contrat ayant un lien avec le droit ou le bien objet de l'acquisition :*** l'acquéreur d'un bien ne peut pas ignorer le contrat conclu par son auteur relativement au bien qu'il acquiert. Il ne peut ignorer ni les contrats constitutifs de droits réels sur le bien, ni les contrats générateurs de simples créances relatives au bien. Cette opposabilité est soumise à certaines conditions, en particulier de forme, telles que l'antériorité de date certaine, ou, dans certains cas, à des conditions de publicité.

Lorsque le contrat a pour objet des ***droits réels***, il y a transmission de plein droit des contrats à l'ayant cause à titre particulier. Ainsi, en présence d'une convention portant sur un immeuble auquel est attachée une servitude, qu'il s'agisse du fonds servant ou du fonds dominant, la servitude est toujours transmise à l'ayant cause à titre particulier. Cette solution trouve son fondement dans l'article 1615 du Code civil qui dispose que « *l'obligation de délivrer la chose comprend ses accessoires et tout ce qui a été destiné à son usage perpétuel* ».

Lorsque le contrat a pour objet des ***droits personnels***, les contrats relatifs au bien acquis sont-ils transmis avec lui ? L'ayant cause à titre particulier devient-il débiteur ou bien créancier à la place de son auteur ? Il convient de distinguer entre la transmission des créances et la transmission des dettes :

- s'il s'agit de la ***transmission de créances*** : selon la doctrine classique, la créance se transmet uniquement lorsqu'elle constitue un accessoire au bien transmis. La doctrine moderne est en faveur de la transmission des créances relatives à la chose. La jurisprudence s'en tient au principe de l'intransmissibilité sauf manifestation de volonté contraire. La jurisprudence admet la cession de créance accessoire, en particulier les créances de garantie de la chose, mais également sur le fondement d'une stipulation pour autrui implicite, d'une cession de créance ou d'une subrogation implicite ou de la théorie de l'accessoire ;
- s'il s'agit de la ***transmission d'une dette*** : la dette est intransmissible à l'ayant cause à titre particulier. La transmission n'a été admise par la jurisprudence que dans certains cas en utilisant une motivation détournée[1] ;
- s'il s'agit de la ***transmission à la fois de créances et de dettes***, il n'y a pas de réponse précise de la part de la doctrine mais il semble que l'ayant cause a une option : il renonce ou il accepte les deux.

b) L'opposabilité aux créanciers chirographaires

Les créanciers chirographaires ne deviennent personnellement ni créancier, ni débiteur en vertu des contrats conclus par leur auteur : ces contrats leur sont ***inopposables.***

Exceptionnellement, la loi leur accorde parfois une ***action directe*** contre les débiteurs de leur débiteur. Par exemple, le propriétaire a une action contre le sous-locataire (C. civ., art. 1753). De même, en matière d'assurance de responsabilité, la victime du dommage a une action directe contre l'assureur du dommage (C. assur., art. L. 124-3). Dans ce cas, le créancier agit en son nom propre ; il s'agit d'une exception à l'article 1199 du Code civil. La jurisprudence a étendu ces hypothèses (V. *infra,* sur les groupes de contrats). Les créanciers chirographaires ne peuvent pas ignorer l'effet des contrats conclus par leurs débiteurs à condition qu'il n'y ait ni simulation, ni fraude (ils disposent dans ce cas de l'action paulienne, V. Chapitre 24).

c) L'opposabilité aux tiers absolus

Les contrats peuvent ***exceptionnellement*** intéresser les tiers absolus. Par exemple, lorsqu'un dommage est causé à un bien, le responsable ne peut prétendre ignorer le transfert de la propriété invoqué par le nouveau propriétaire du bien. La vente lui est opposable. Cette opposabilité n'est soumise à aucune condition particulière.

2) L'opposabilité du contrat par les tiers aux parties

Les tiers peuvent se prévaloir du contrat notamment pour apporter la ***preuve*** d'un fait (C. civ., art. 1200, al. 2 nouv.).

L'opposabilité du contrat par les tiers aux parties peut-il permettre au tiers de ***se prévaloir du contrat*** lorsque le manquement d'une partie à son engagement contractuel lui a causé un ***préjudice*** ? L'emploi par le texte de l'adverbe « notamment » au début de l'alinéa 2 de l'article 1200 permet de penser que la fonction de preuve d'un fait n'est

---

1. Rouen, 28 novembre 1925 : D. 1927, 2, p. 172, note Lepargneur, S. 1925, 2, p. 125, note H. R.

pas la seule fonction assignée à l'opposabilité du contrat par les tiers aux parties. La possibilité pour le tiers d'invoquer le manquement contractuel reste incertaine, comme elle l'est déjà en jurisprudence : dans un arrêt du 6 octobre 2006 (n° 05-13255), l'Assemblée plénière de la Cour de cassation avait estimé que « *le tiers à un contrat peut invoquer, sur le fondement de la responsabilité délictuelle, un manquement contractuel dès lors que ce manquement lui a causé un dommage* »[2] mais certains arrêts, approuvés par le Conseil d'État (*CE, 11 juillet 2011*), ont ensuite remis en cause cette solution[3].

Point Avant-projet de réforme de la responsabilité civile

Art. 1234, C. civ. (avant-projet de loi) : « *Lorsque l'inexécution d'une obligation contractuelle est la cause directe d'un dommage subi par un tiers, celui-ci ne peut en demander réparation au débiteur que sur le fondement de la responsabilité extracontractuelle, à charge pour lui de rapporter la preuve de l'un des faits générateurs visés à la section II du chapitre II* ».

3) Les groupes de contrats

Le principe de l'effet relatif du contrat prévu à l'article 1199 du Code civil voudrait qu'un contrat ne puisse pas avoir de répercussion sur un autre. La doctrine et la jurisprudence ont cependant bien voulu reconnaître l'existence de liens entre certains contrats qui constituent une chaîne, notamment lorsqu'ils ont dû déterminer quel type de responsabilité pouvait être engagée lorsque l'inexécution d'un contrat entraîne des conséquences à l'égard de tiers au contrat.

Une distinction est faite selon le type de chaîne de contrats concerné.

Type de chaîne de contrats	Solutions	Exemples *Que se passe-t-il en cas de litige ?*
Chaîne homogène de contrats translative de propriété	Responsabilité du premier vendeur « nécessairement contractuelle » (Cass. 1re civ., 9 octobre 1979[4])	M. Jean vend sa maison à M. Jacques qui la vend à M. Paul, elle s'écroule : M. Paul dispose d'une action contractuelle contre M. Jean.
Chaîne hétérogène de contrats translative de propriété	Cass. ass. plén., 7 février 1986[5] : responsabilité contractuelle	M. Jean fait construire sa maison à M. Jacques qui achète des volets à M. Paul. Les volets ne fonctionnent pas. M. Jean dispose d'une action contractuelle contre M. Paul.
Chaîne de contrats non translative de propriété (= sous-contrat)	Cass. 1er civ., 8 mars 1988[6] : responsabilité contractuelle Cass. ass. plén., 12 juillet 1991[7] : responsabilité délictuelle	M. Jean conclut un contrat d'entreprise avec M. Jacques qui sous-traite tout ou partie du travail à M. Paul. Il s'avère que le toit, réalisé par M. Paul, ne résiste pas à la pluie. M. Jean peut agir en responsabilité délictuelle contre M. Paul.

2. Cass. ass. plén., 6 octobre 2006 : D. 2006, Jur. p. 2825, note Viney G., JCP 2006, II, 10181, avis Gariazzzo et note Billiau M., RTD civ. 2007, p. 115, obs. Mestre J. et Fages B.
3. Cass. 3e civ., 22 octobre 2008, n° 07-15692 et Cass. 1re civ., 15 décembre 2011, n° 10-17691.
4. Cass. 1re civ., 9 octobre 1979 : RTD civ. 1980, p. 354, obs. Durry J.
5. Cass. ass. plén., 7 février 1986 : JCP 1986, 20 616 note Malinvaud, D. 1986, Jur. p. 293, note Bénabent, RTD civ. 1986, 364, obs. Huet, 605, obs. Rémy.
6. Cass. 1re civ., 8 mars 1988 : RTD civ. 1988, p. 551, obs. Rémy, 741, obs. Mestre, 1989, p. 553, obs. Jourdain (affaire *Clic clac photo*).
7. Cass. ass. plén., 12 juillet 1991, Besse : JCP 1991, II, 21743, note Viney, D. 1991, Jur. p. 549, note Ghestin, RTD civ. 1991, p. 750, obs. Jourdain P., 1992, p. 90, obs. Mestre J., Grands arrêts n° 105.

2 • LES TIERS ENGAGÉS

Les tiers peuvent se voir engagés par le mécanisme de la stipulation pour autrui, de la promesse de porte-fort ou dans l'hypothèse d'un groupe de contrats.

L'ancien article 1122 qui prévoyait que le contrat est transmis aux ayants cause universels ou à titre universel, c'est-à-dire à ceux qui ont vocation à recueillir tout ou partie du patrimoine du *de cujus*, n'est pas repris par l'ordonnance du 10 février 2016 (« *On est censé avoir stipulé pour soi et pour ses héritiers et ayants cause, à moins que le contraire ne soit exprimé ou ne résulte de la nature de la convention* »), car considéré comme superflu au regard des dispositions existantes dans les textes consacrés aux successions et libéralités.

Bien qu'il en conserve le principe, le nouvel article 1203 du Code civil se différencie de l'ancien article 1119. En effet, il reprend dans un premier temps le principe selon lequel « *On ne peut s'engager en son propre nom que pour soi-même* ». L'ancien article 1119 disposait que l'« *On ne peut, en général, s'engager, ni stipuler en son propre nom, que pour soi-même* ». Les nouveaux textes suppriment à la fois les mots « en général » de l'ancien article 1119 et le mot « néanmoins » introduisant l'ancien article 1120, qui devient l'article 1204. Grâce à ces suppressions, la stipulation pour autrui et la promesse de porte-fort n'apparaissent plus comme des exceptions au principe de l'interdiction d'engager autrui. En effet, ***ni la promesse de porte-fort ni la stipulation pour autrui n'engagent autrui*** : le tiers n'est pas engagé dans la promesse de porte-fort, et la stipulation pour autrui ne peut pas faire naître de créance ou d'obligation à la charge du bénéficiaire sans l'accord de ce dernier.

A - La stipulation pour autrui

Le nouvel article 1203 du Code civil affirme le principe selon lequel « *On ne peut s'engager en son propre nom que pour soi-même* ». L'article 1205, alinéa 1er du Code civil pose néanmoins le principe de la validité de la stipulation pour autrui (« *On peut stipuler pour autrui* ») alors que l'ancien article 1121 exigeait qu'elle soit « *la condition d'une stipulation que l'on fait pour soi-même ou d'une donation que l'on fait à un autre* ».

Le mécanisme de la stipulation pour autrui est désormais clairement décrit à l'alinéa 2 du nouvel article 1205 du Code civil : « *L'un des contractants, le stipulant, peut faire promettre à l'autre, le promettant, d'accomplir une prestation au profit d'un tiers, le bénéficiaire* ». La stipulation pour autrui est le mécanisme juridique par lequel l'une des parties, le promettant, s'engage envers l'autre partie, le stipulant, au profit d'une troisième personne, le tiers bénéficiaire. Le tiers devient créancier sans avoir donné son consentement à l'origine.

La Cour de cassation a consacré la notion de ***stipulation de contrat pour autrui***, notamment dans le cadre de contrats pré-négociés tels que les contrats d'assurance de groupe[8].

---

8. Cass. 1re civ., 22 mai 2008 : D. 2008, Jur. p. 1954, note Martin D. R., RTD civ. 2008, p. 477 et 478, obs. Fages B.

La stipulation pour autrui connaît un développement important depuis quelques décennies en raison notamment du succès de l'***assurance-vie***. La jurisprudence a largement contribué à l'élaboration d'un régime de la stipulation pour autrui désormais codifié.

Les textes relatifs à la stipulation pour autrui ont été profondément remaniés par l'ordonnance du 10 février 2016. Les nouveaux textes prennent en compte les nombreux apports jurisprudentiels traduisant le développement du recours à ce mécanisme.

1) Les conditions de la stipulation pour autrui

La stipulation pour autrui est valable dès lors que le stipulant y trouve au moins un ***intérêt moral*** (C. civ., art. 1205 nouv.).

L'ancien article 1121 admettait la stipulation pour autrui dans deux hypothèses : si elle était la condition d'une stipulation que l'on fait pour soi-même ou si elle était la condition d'une donation que l'on fait à un autre. La jurisprudence avait élargi très nettement ce domaine, admettant finalement qu'il suffisait que la stipulation se greffe sur un contrat principal contenant un engagement quelconque du stipulant envers le promettant, dès lors que le stipulant a un intérêt au moins moral à la stipulation au profit d'un tiers. Le nouveau texte consacre cette jurisprudence.

Deux types de stipulations pour autrui peuvent poser problème :

- ***la stipulation pour autrui au profit d'une personne indéterminée*** : elle est valable même si le tiers n'est pas nommément désigné au moment où elle est faite. Il suffit que le tiers soit déterminable au moment où la stipulation pour autrui produira son effet (C. civ., art. 1205, al. 2 *in fine* nouv. ; ex. : assurance de marchandises pour le compte de qui il appartiendra). Si le tiers n'est pas désigné au départ, il se peut que le stipulant se soit réservé le droit de le désigner ultérieurement ; dans ce cas, la désignation doit intervenir avant que la stipulation pour autrui ne produise ses effets ;
- ***la stipulation pour autrui au profit d'une personne future*** : elle est possible à condition pour le bénéficiaire d'« *être précisément désigné ou pouvoir être déterminé lors de l'exécution de la promesse* » (C. civ., art. 1205, al. 2 *in fine* nouv.). Cette solution était depuis longtemps admise par la jurisprudence[9], notamment en droit des assurances, afin d'assurer le bon fonctionnement des ***contrats d'assurance-vie***.

2) Les effets de la stipulation pour autrui

La stipulation pour autrui est une opération juridique « *triangulaire* ». En principe, elle fait naître des droits au profit du tiers bénéficiaire mais en aucun cas des obligations à sa charge, même si la jurisprudence tend parfois à relativiser ce principe.

1. Les rapports stipulant/promettant

Le contrat principal doit être exécuté conformément au ***droit commun***. La jurisprudence admet que, bien qu'il ne soit pas créancier, le stipulant puisse exiger que le promettant s'exécute au profit du tiers. Ainsi, le stipulant ***peut agir contre lui*** en

---

9. Cass. civ., 28 décembre 1927, DH 1928 p. 135.

exécution, soulever l'exception d'inexécution ou agir en résolution du contrat pour inexécution.

2. Les rapports stipulant/bénéficiaire

Les nouvelles dispositions en matière d'acceptation de la stipulation prennent en compte les solutions avancées par la jurisprudence (C. civ., art. 1208 nouv.).

Le stipulant peut-il révoquer la stipulation pour autrui ? Le stipulant peut révoquer la stipulation ***tant que le bénéficiaire ne l'a pas acceptée*** (C. civ., art. 1206, al. 2 nouv.). La ***révocation*** après acceptation n'est pas permise[10]. La stipulation devient irrévocable au moment où l'acceptation parvient au stipulant ou au promettant (C. civ., art. 1206, al. 3 nouv.). Cette solution reprend celle donnée par l'ancien article 1221 du Code civil dans une formulation modernisée.

La révocation ne remet pas en cause le contrat entre le stipulant et le promettant : la stipulation disparaît et le stipulant reçoit la créance née de la stipulation dans son patrimoine.

« *La révocation ne peut émaner que du stipulant ou, après son décès, de ses héritiers* » (C. civ., art. 1207, al. 1er nouv.), conformément à la jurisprudence[11]. La révocation ne peut produire effet que lorsque le bénéficiaire ou le promettant en a eu connaissance (C. civ., art. 1207, al. 3 nouv.).

Lorsque la révocation émane des héritiers, ceux-ci doivent laisser passer « *un délai de trois mois à compter du jour où ils ont mis le bénéficiaire en demeure de l'accepter* » (C. civ., art. 1207, al. 1er *in fine* nouv.), afin que les héritiers ne révoquent pas ***dans le secret*** une stipulation dont le bénéficiaire ne connaît pas l'existence. Dans le cas particulier où elle est faite par ***testament***, elle prend effet au moment du décès (C. civ., art. 1207, al. 4 nouv.).

Le ***nouveau bénéficiaire*** est désigné selon les règles suivantes :

- soit la stipulation désigne un nouveau bénéficiaire : « *Le tiers initialement désigné est censé n'avoir jamais bénéficié de la stipulation faite à son profit* » (C. civ., art. 1207, al. 5 nouv.) ;
- soit la stipulation ne désigne pas de nouveau bénéficiaire : « *la révocation profite, selon le cas, au stipulant ou à ses héritiers* » (C. civ., art. 1207, al. 2 nouv.).

3. Les rapports promettant/tiers bénéficiaire

Le tiers bénéficiaire devient créancier du promettant dès la conclusion du contrat entre stipulant et promettant ; il ne peut pas devenir débiteur en application de la stipulation pour autrui. ***Le tiers devient créancier*** avant même d'avoir accepté. Le tiers peut accepter la stipulation pour autrui même après le décès du stipulant. Il peut agir en exécution de la promesse mais en aucun cas en résolution du contrat principal.

L'acceptation peut être ***expresse ou tacite***. Elle peut émaner soit du bénéficiaire, soit, après son décès, de ses héritiers, sauf clause contraire. Elle peut intervenir après le décès du stipulant ou du promettant (C. civ., art. 1208 *in fine* nouv.)[12].

---

10. Cass. 1re civ., 14 novembre 1995 : Defrénois 1996, p. 750.
11. Cass. req., 22 juin 1859 : DP 1859, 1, 385, S. 1861, 1, 151.
12. Cass. civ., 8 février 1888, S. 1888, 1, p. 121.

Dès la stipulation, « *le bénéficiaire est investi d'un* ***droit direct*** *à la prestation contre le promettant* » (C. civ., art. 1206, al. 1er nouv.) : le bénéficiaire est investi du ***droit d'agir directement contre le promettant*** pour l'exécution de l'engagement, droit qu'il est censé avoir eu dès sa constitution (C. civ., art. 1207, al. 3 nouv.)[13]. Par conséquent, ce droit ne transite pas par le patrimoine du stipulant et échappe donc aux créanciers de celui-ci.

En outre, conformément à la solution adoptée par la jurisprudence[14], « *Le stipulant peut lui-même exiger du promettant l'exécution de son engagement envers le bénéficiaire* » (C. civ., art. 1209 nouv.).

B - La promesse de porte-fort

La notion de porte-fort doit être définie avant d'en étudier les effets.

1) Le domaine de la promesse de porte-fort

Le nouvel article 1204, alinéa 1er du Code civil définit la promesse de porte-fort comme le ***fait de promettre le fait d'un tiers*** : une personne s'engage à obtenir elle-même l'engagement d'un tiers. La promesse de porte-fort consiste à s'engager soi-même à ce qu'un tiers s'engage ; ce dernier restant libre de ratifier ou pas. Elle ne constitue donc pas une véritable dérogation à l'effet relatif du contrat.

La promesse de porte-fort peut exister dans deux hypothèses :

- à titre principal et isolé ;
- à titre accessoire : elle accompagne un contrat principal qui, lui, nécessite le consentement d'un tiers.

La définition est large et permet d'englober plusieurs types de promesse de porte-fort, ce qui ressortait beaucoup moins clairement de l'ancien article 1120 :

- porte-fort de ***ratification :*** le promettant s'engage à obtenir le consentement d'un tiers à un acte négocié et conclu ;
- porte-fort de ***conclusion :*** le promettant s'engage à ce qu'un tiers conclut un acte juridique ;
- porte-fort de ***garantie :*** le promettant s'engage à ce qu'un tiers exécute un contrat conclu avec le bénéficiaire, à titre de garantie.

La promesse de porte-fort est fréquemment insérée dans le contrat de franchise : le dirigeant de la société franchisée se porte-fort des engagements conclus par celle-ci, ce qui permet d'engager son patrimoine.

2) Les effets de la promesse de porte-fort

La promesse de porte-fort engage le seul promettant ; le tiers gardant la possibilité ou non de ***ratifier*** et de s'engager. La ratification de la promesse de porte-fort peut être tacite[15].

---

13. Cass. com., 23 mai 1989, n° 86-14936.
14. Cass. 1re civ., 12 juillet 1956, n° 56-07052.
15. Cass. ass. plén., 22 avril 2011 : D. 2011, AJ, p. 1218, obs. Delpech X.

Les effets de la promesse de porte-fort doivent être analysés d'une part à l'égard du promettant, d'autre part à l'égard des tiers.

a) Les effets envers le promettant

Le promettant, c'est-à-dire le porte-fort, est engagé à obtenir le consentement du tiers. Deux hypothèses sont alors possibles :

- ***le tiers s'engage lui-même*** : le porte-fort est libéré, il a rempli son obligation (C. civ., art. 1204, al. 2 nouv.) ;
- ***le tiers refuse de ratifier le contrat initial*** : le promettant engage sa responsabilité et peut être condamné à verser des dommages-intérêts au bénéficiaire de la promesse (C. civ., art. 1204, al. 2 *in fine* nouv.)[16].

b) Les effets envers le tiers

La promesse de porte-fort a deux types de conséquences envers le tiers :

- ***le tiers refuse de ratifier*** : le contrat n'est pas formé ;
- ***le tiers accepte de ratifier*** : le tiers est alors engagé soit rétroactivement en présence d'un porte-fort de ratification (C. civ., art. 1204, al. 3 nouv.), soit uniquement pour l'avenir en présence d'une porte-fort de conclusion ou d'une porte-fort d'exécution.

Cas particulier

Le tiers héritier du porte-fort

Lorsque le tiers est l'héritier du porte-fort, il reçoit les obligations de son auteur. Une jurisprudence ancienne décidait qu'il était tenu de ratifier. Aujourd'hui, la jurisprudence considère que le tiers n'est pas tenu à s'engager : comme son auteur, le porte-fort sera tenu uniquement à verser des dommages-intérêts dans le cas où il ne ratifie pas.

BIBLIOGRAPHIE

Arteil (D.), *L'exécution du contrat par un non-contractant*, LGDJ, Coll. « Faculté de droit de Poitiers », 2007.

Lardeux (G.), « Plaidoyer pour un droit contractuel efficace », D. 2006, Chron. p. 1406.

Lisanti-Kalcynski (C.), « L'action directe dans les chaînes de contrats ? Plus de dix ans après l'arrêt Besse », JCP 2003, I, 102.

Martin (D. R.), « La stipulation de contrat pour autrui », D. 1994, Chron. p. 145.

16. Cass. 1re civ., 26 novembre 1975, n° 74-10356.

CHAPITRE 10

La durée du contrat

Depuis l'ordonnance du 10 février 2016, une section entière est désormais consacrée à la durée du contrat. Elle regroupe des dispositions éparses, souvent de droit spécial, et confirme ou précise des règles existantes ou élaborées par la jurisprudence et la pratique.

Les nouveaux textes rappellent en préambule la prohibition des engagements perpétuels puis introduisent une distinction entre deux types de contrats à exécution successive, « *dont les obligations d'au moins une partie s'exécutent en plusieurs prestations échelonnées dans le temps* » (C. civ., art. 1111-1, al. 2 nouv.) : ils peuvent être à durée déterminée ou indéterminée. Les nouveaux textes ne donnent pas de définition de ces deux types de contrats mais organisent leur régime.

1 • LA PROHIBITION DES ENGAGEMENTS PERPÉTUELS

L'article 1210 pose dans son 1er alinéa le principe selon lequel « *Les engagements perpétuels sont prohibés* ». Aucune disposition ne prohibait jusque-là l'engagement perpétuel de manière générale mais la doctrine ainsi que la jurisprudence[1] étendaient déjà les dispositions de certains textes spéciaux à l'ensemble du droit des contrats :

- article 1780, alinéa 1er interdisant le louage de service à vie ;
- article 1838, interdisant les sociétés de plus de 99 ans ;
- article 1709, interdisant le bail perpétuel ;
- article 194, interdisant le dépôt à durée illimitée ;
- article 2003, interdisant le mandat perpétuel.

L'article 1210 du Code civil constitue une consécration dans les textes du principe énoncé par le Conseil constitutionnel le 9 novembre 1999 (n° 99-419DC) : « *si le contrat est la loi commune des parties, la liberté qui découle de l'article 4 de la Déclaration des droits de l'homme et du citoyen de 1789 justifie qu'un contrat de droit privé à durée indéterminée puisse être rompu unilatéralement par l'un ou l'autre des contractants, l'information du cocontractant, ainsi que la réparation du préjudice éventuel résultant des conditions de la rupture, devant toutefois être garanties* ».

« *Chaque contractant peut y mettre fin dans les conditions prévues pour le contrat à durée indéterminée* » (C. civ., art. 1210, al. 2 nouv.) : ***l'engagement perpétuel se résout comme un contrat à durée indéterminée***. La jurisprudence était incertaine :

1. Cass. 1re civ., 19 mars 2002, n° 99-21209 ; Cass. 3e civ., 19 février 1992, n° 90-16148.

optant dans un premier temps pour la nullité de la clause prévoyant la perpétuité et la conversion en contrat à durée indéterminée[2], elle a ensuite préconisé la réduction de la durée du contrat au minimum légal[3].

2 • LE CONTRAT À DURÉE INDÉTERMINÉE (CDI)

Le contrat à durée indéterminée n'est pas défini par le Code civil mais est entendu généralement comme celui qui n'est pas affecté d'un terme.

A - La liberté de rupture du contrat à durée indéterminée

Un contractant peut librement mettre fin au contrat à durée indéterminée : « *Lorsque le contrat est conclu pour une durée indéterminée, chaque partie peut y mettre fin à tout moment, sous réserve de respecter le délai de préavis contractuellement prévu ou, à défaut, un délai raisonnable* » (C. civ., art. 1211 nouv.). Ce principe a valeur constitutionnelle[4] ; il a également été affirmé à plusieurs reprises par la Cour de cassation[5].

B - Les limites à la liberté de rupture du CDI

La Cour de cassation avait fixé des limites à la faculté de résiliation de chacune des parties : elle sanctionnait ***l'abus dans la résiliation***, notamment sur le fondement de l'alinéa 3 de l'ancien article 1134 du Code civil, c'est-à-dire l'obligation de bonne foi dans l'exécution des contrats[6]. Dans sa décision du 9 novembre 1999, le Conseil constitutionnel avait appelé le législateur à préciser les règles ou les « *causes permettant une telle résiliation, ainsi que les modalités de celle-ci, notamment le respect d'un* ***préavis*** ».

a) Le respect d'un préavis

Consacrant la jurisprudence, le nouvel article 1211 du Code civil oblige *in fine* celui qui veut résilier le contrat à durée indéterminée à respecter un ***délai de préavis raisonnable, à défaut d'être contractuellement prévu***.

La notion de « ***délai raisonnable*** » n'est pas précisée. L'article L. 442-6-I-5° du Code du commerce préconise de tenir compte de « *la durée de la relation commerciale* » et respecte « *la durée minimale de préavis déterminée, en référence aux usages du commerce* » lors de la rupture d'une relation commerciale établie.

La jurisprudence estime que ce principe est ***d'ordre public***[7].

---

2. Cass. 1re civ., 19 mars 2002, n° 99-21209.
3. Cass. 3e civ., 28 janvier 2015, n° 14-10013.
4. Cons. const., 9 novembre 1999, n° 99-419DC.
5. Cass. 1re civ., 5 février 1985, n° 83-15895 ; Cass. 1re civ., 21 février 2006, n° 02-21240.
6. Cass. 1re civ., 21 février 2006, n° 02-21240.
7. Cass. 1re civ., 7 mars 2006, n° 04-12914.

b) La responsabilité découlant de la rupture du CDI

Le Code civil ne précise pas la sanction encourue en cas de rupture abusive du contrat à durée indéterminée. Le Conseil constitutionnel[8], comme la Cour de cassation, ont opté pour une ***responsabilité civile de droit commun*** en cas de faute dans l'exercice du droit de résilier le contrat.

3 • LE CONTRAT À DURÉE DÉTERMINÉE (CDD)

Le contrat à durée déterminée n'est pas non plus défini par le Code civil. Il est envisagé du seul point de vue de ses effets. Il est généralement considéré comme tel celui dont l'extinction est liée à une date ou à un événement précis.

A - Les obligations des parties à un CDD

Le contrat à durée déterminée oblige celui qui s'est engagé à l'***exécuter jusqu'à son terme*** (C. civ., art. 1212, al. 1er nouv.) : l'un des contractants ne peut y mettre fin unilatéralement.

De nombreux textes spéciaux prévoient des ***exceptions*** à cette impossibilité de rompre le contrat à durée déterminée unilatéralement

- en matière de baux (art. 12, loi 6 juillet 1989) ;
- en matière de mandat (C. civ., art. 2004 et 2007) ;
- en matière de dépôt (C. civ., art. 1944), etc.

Le texte n'apporte aucune autre précision, notamment quant à la nature de la sanction. La jurisprudence actuelle opte plutôt pour la mise en œuvre de la ***responsabilité extra-contractuelle*** du contractant.

B - Le renouvellement du CDD

Le renouvellement du contrat n'est pas un droit mais une ***possibilité*** : « *Nul ne peut exiger le renouvellement du contrat* » (C. civ., art. 1212, al. 2 nouv.).

Le renouvellement peut découler (C. civ., art. 1214, al. 1er nouv.) :

- de l'effet de la loi ;
- de l'accord des parties.

Le renouvellement conduit à la naissance d'un nouveau contrat, identique au précédent dans son contenu, mais à ***durée indéterminée*** (C. civ., art. 1214, al. 2 *in fine* nouv.).

8. Cons. const., 9 novembre 1999, n° 99-419DC.

C - La prorogation du CDD

« *Le contrat peut être prorogé si les contractants en manifestent la volonté avant son expiration. La prorogation ne peut porter atteinte aux droits des tiers* » (C. civ., art. 1213 nouv.).

La prorogation doit être décidée ***avant l'expiration*** du contrat. Elle conduit à reporter le terme extinctif initialement prévu.

D - La tacite reconduction du CDD

Lorsque les parties au contrat conclu à durée déterminée ***continuent d'en exécuter*** les obligations à l'expiration du terme, il y a tacite reconduction (C. civ., art. 1215, al. 1er nouv.). « *Celle-ci produit les mêmes effets que le renouvellement du contrat* » (C. civ., art. 1215, al. 2 nouv.).

La jurisprudence applique déjà ces principes[9], en généralisant les dispositions de l'article 1738 relatif au bail : « *sauf disposition ou volonté contraire, la tacite reconduction d'un contrat de durée déterminée, dont le terme extinctif a produit ses effets, donne naissance à un nouveau contrat, de durée indéterminée* ».

BIBLIOGRAPHIE

Azéma (J.), *La durée des contrats successifs*, LGDJ, 1969.

Rizzo (F.), « Regards sur la prohibition des engagements perpétuels », Dr. et patr., janv. 2000, p. 62.

Ghestin (J.), « Existe-t-il en droit positif français un principe général de prohibition des contrats perpétuels ? », in *Mélanges D. Tallon*, Société de législation comparée, 1999, p. 251.

9. Cass. com., 5 novembre 2005, n° 02-21366.

CHAPITRE 11

La cession de contrat

L'ordonnance du 10 février 2016 valide la cession de contrat, utilisée par la pratique ou déjà prévue par la loi dans des cas très spécifiques (C. civ., art. 1743 ; C. assur., art. L. 121-10 ; C. trav., art. L. 1224-1). La cession de contrat ayant pour objet le maintien du contrat, les textes qui l'organisent sont logiquement placés au sein des effets du contrat. La cession de contrat n'est pas envisagée simplement comme une cession de créance s'ajoutant à une cession de dette. Cette conception rejoint l'analyse récente que la doctrine a pu faire de la cession de contrat[1]. La cession de contrat est envisagée comme une opération permettant de ***substituer un tiers à l'une des parties***, sans porter atteinte au contrat.

1 • LES CONDITIONS DE LA CESSION DE CONTRAT

Les nouveaux textes prévoient une véritable ***définition*** de la cession de contrat : « *Un contractant, le cédant, peut céder sa qualité de partie au contrat à un tiers, le cessionnaire, avec l'accord de son cocontractant, le cédé* » (C. civ., art. 1216, al. 1er nouv.). La validité de la cession est subordonnée à l'accord du cocontractant ainsi qu'à une constatation écrite.

La cession de contrat est fréquemment utilisée en pratique. L'exemple le plus connu de cession de contrat est, lors de la cession d'une entreprise ou d'une exploitation, l'obligation pour le cessionnaire de respecter les contrats de travail en cours (C. trav., art. L. 1224-1).

A - L'accord du cocontractant

La cession de contrat par un contractant nécessite l'***accord de son cocontractant*** (C. civ., art. 1216, al. 1er nouv.), comme l'exige une jurisprudence constante qui ne distingue pas entre contrat conclu *intuitu personae* ou non[2].

L'accord peut être donné ***à l'avance***, notamment dès la conclusion du contrat initial entre les futurs cédant et le cédé. La jurisprudence validait déjà cette possibilité[3]. Dans

1. Aynès L., *La cession de contrat,* Economica, 1984.
2. Cass. com., 6 mai 1997, n° 94-16335 : D. 1997, Jur. p. 588, note Jamin et Billiau ; Cass. 1re civ., 6 juin 2000, n° 97-19347.
3. Cass. com., 6 mai 1997, n° 95-10252.

ce cas, la cession produit effet à l'égard du cédé lorsque le contrat conclu entre le cédant et le cessionnaire lui est notifié ou lorsqu'il en prend acte (C. civ., art. 1216, al. 2 nouv.). Dans les autres cas, l'accord intervient au moment de la cession.

B - La nécessité d'un écrit

« *La cession doit être* ***constatée par écrit, à peine de nullité*** » (C. civ., art. 1216, al. 3 nouv.).

Les nouveaux textes ne reprennent pas la règle appliquée par la Cour de cassation[4], exigeant que la cession de contrat obéisse aux formalités de l'article 1690 imposées pour la cession d'une créance (que la cession de contrat emporte nécessairement), c'est-à-dire la signification au débiteur cédé, sauf si ce dernier accepte la cession par acte authentique. Les formalités de la cession de contrat sont donc ***allégées*** par l'effet des nouveaux textes.

2 • LES EFFETS DE LA CESSION DU CONTRAT

La cession de contrat a pour conséquence d'opérer la ***substitution de l'une des parties au contrat par un nouveau cocontractant***. Cette cession de la qualité de cocontractant appelle des règles particulières quant aux droits et obligations des cédés, cédants et cessionnaires (C. civ., art. 1216-1 nouv.), quant à l'opposabilité des exceptions (C. civ., art. 1216-2 nouv.) et quant au sort des sûretés accessoires au contrat cédé (C. civ., art. 1216-3 nouv.). Les nouvelles règles sont établies dans le souci d'une cohérence avec celles applicables à la cession de créance et à la cession de dette.

A - Les effets généraux de la cession de contrat

Avant l'ordonnance du 10 février 2016, la doctrine était divisée sur le point de savoir si le cédant se trouvait libéré de ses obligations envers le cédé pour l'avenir ; la jurisprudence l'avait accepté pour le contrat de crédit-bail[5] mais elle l'avait refusé dans d'autres cas, considérant que « *la seule acceptation par le créancier de la substitution d'un nouveau débiteur au premier, même si elle n'est assortie d'aucune réserve, n'implique pas, en l'absence de déclaration expresse, qu'il ait entendu décharger le débiteur originaire de sa dette* »[6].

Les nouveaux textes font une distinction :

- ***si le cédé a expressément consenti à la libération du cédant*** : celui-ci est libéré pour l'avenir (C. civ., art. 1216-1, al. 1er nouv.). Le cessionnaire peut poursuivre le

4. Cass. 3e civ., 7 juillet 1993, n° 91-12368.
5. Cass. com., 21 novembre 1995, Bull. civ. IV, n° 267.
6. Cass. 3e civ., 12 décembre 2001 : D. 2002, Jur. p. 984, note Billiau et Jamin.

cédant pour des manquements antérieurs à la cession, comme en décidait la jurisprudence la plus récente[7] ;
- ***si le cédé n'a pas expressément consenti à la libération du cédant*** : le cédant est tenu solidairement à l'exécution du contrat, sauf clause contraire (C. civ., art. 1216-1, al. 2 nouv.).

B - L'opposabilité des exceptions

Le cessionnaire peut opposer au cédé (C. civ., art. 1216-2, al. 1er nouv.) :
- les ***exceptions inhérentes à la dette***, telles que la nullité, l'exception d'inexécution, la résolution ou la compensation de dettes connexes ;
- les ***exceptions personnelles*** au cédant.

Le cédé peut opposer au cessionnaire toutes les exceptions qu'il aurait pu opposer au cédant (C. civ., art. 1216-2, al. 2 nouv.).

C - Le sort des sûretés

Le sort des sûretés à l'issue de la cession de contrat est précisé par l'article 1216-3 nouveau du Code civil :
- ***si le cédé n'a pas expressément consenti à la libération du cédant*** : les sûretés qui ont pu être consenties subsistent (al. 1er) ;
- ***si le cédé a expressément consenti à la libération du cédant*** : les codébiteurs solidaires du cédant restent tenus déduction faite de sa part dans la dette (al. 2).

BIBLIOGRAPHIE

BARILLON (C.), « La cession de contrat en voie de consécration », Gaz. Pal. 9 juin 2015, n° 160, p. 15.

IZORCHE (M.-L.), « Information et cession de contrat », D. 1996. Chron. p. 347.

JAMIN (Ch.), « Cession de contrat et consentement du cédé », D. 1995, Chron. p. 131.

7. Cass. com., 12 décembre 2001, n° 00-15627.

CHAPITRE 12

L'inexécution du contrat

L'ordonnance du 10 février 2016 permet de compléter et de rassembler au sein d'une même section l'ensemble des dispositions relatives à l'inexécution du contrat, jusque-là éparses. Certaines sanctions de l'inexécution, notamment l'exception d'inexécution, n'étaient jusque là pas abordées par le Code.

La section du Code civil relative à l'inexécution du contrat est divisée en 5 sous-sections respectivement consacrées à l'exception d'inexécution, à l'exécution forcée en nature, à la réduction du prix, à la résolution et à la réparation du préjudice résultant de l'inexécution du contrat. Les modifications de forme l'emportent sur les changements de fond qui restent limités. L'innovation majeure des dispositions relatives à l'inexécution réside dans l'***abandon de la distinction entre obligations de moyens et obligations de résultat***.

Sans définir ce qu'il faut entendre par inexécution, l'ordonnance du 10 février 2016 clarifie considérablement l'éventail des sanctions de l'inexécution du contrat par une liste établie à l'article 1217 du Code civil. Ainsi, la partie qui n'a pu bénéficier de l'exécution ou n'a bénéficié que d'une exécution imparfaite peut :

- refuser d'exécuter ou suspendre l'exécution de sa propre obligation ;
- poursuivre l'exécution forcée en nature de l'obligation ;
- solliciter une réduction du prix ;
- provoquer la résolution du contrat ;
- demander réparation des conséquences de l'inexécution.

Cette liste n'entend pas établir de hiérarchie entre les sanctions proposées : le créancier insatisfait dispose d'un ***choix***.

Ces sanctions peuvent se ***cumuler*** dès lors qu'elles ne sont pas incompatibles et les ***dommages-intérêts*** s'y ajouter dès lors que sont remplies les conditions de la responsabilité civile (C. civ., art. 1217, al. 7). L'article 1184, alinéa 2 ancien permettait déjà le cumul des dommages-intérêts et de la résolution, la jurisprudence ayant généralisé cette règle[1].

1 • LA FORCE MAJEURE

Préalablement à l'exposé des différentes sanctions de l'inexécution, les textes du Code civil tels qu'ils découlent de l'ordonnance du 10 février 2016 définissent la force majeure, dont l'existence libère et exonère le débiteur de toute responsabilité.

1. Cass. com., 27 octobre 1953, D. 1954. 201, note H. L.

A - La notion de force majeure

Aucune définition de la force majeure n'existait jusque-là dans le Code civil. L'article 1218, alinéa 1er donne désormais une définition précise de cette notion, inspirée de la jurisprudence, et reprenant les éléments contenus aux anciens articles 1148 et 1184.

Art. 1218, al. 1er nouv., C. civ.	*« Il y a force majeure en matière contractuelle lorsqu'un événement échappant au contrôle du débiteur, qui ne pouvait être raisonnablement prévu lors de la conclusion du contrat et dont les effets ne peuvent être évités par des mesures appropriées, empêche l'exécution de son obligation par le débiteur »*
Art. 1148 ancien, C. civ.	*« Il n'y a lieu à aucuns dommages et intérêts lorsque, par suite d'une force majeure ou d'un cas fortuit, le débiteur a été empêché de donner ou de faire ce à quoi il était obligé, ou a fait ce qui lui était interdit »*
Art. 1184, al. 1er ancien, C. civ.	*« La condition résolutoire est toujours sous-entendue dans les contrats synallagmatiques, pour le cas où l'une des deux parties ne satisfera point à son engagement »*

La notion de ***cas fortuit***, proche de celle de force majeure, disparaît.

B - Les caractères de la force majeure

La personne dont la responsabilité est invoquée peut montrer que ***le fait qui lui est imputé n'est pas la cause essentielle du dommage*** ou n'en est pas la cause unique mais découle de la force majeure.

Les trois caractères traditionnels de la force majeure sont l'imprévisibilité, l'irrésistibilité et l'extériorité.

- ***l'imprévisibilité*** : l'événement ne pouvait être prévisible pour le débiteur. L'imprévisibilité s'apprécie *in abstracto.* En matière contractuelle, l'***imprévisibilité*** s'apprécie au jour de la conclusion du contrat, alors qu'il s'apprécie au jour du fait dommageable en matière extracontractuelle ;
- ***l'irrésistibilité*** : du fait de cet événement, le débiteur n'a pu éviter le dommage, ni ses conséquences. L'exécution plus onéreuse ou plus difficile est insuffisante : l'impossibilité d'exécuter l'obligation doit être absolue. L'irrésistibilité doit être également appréciée *in abstracto*. L'Assemblée plénière de la Cour de cassation a réaffirmé que l'irrésistibilité ne pouvait être suffisante pour caractériser la force majeure aussi bien en matière contractuelle qu'en matière délictuelle[2] ;
- ***l'extériorité*** : l'événement doit être extérieur au défendeur. Il ne doit pas avoir de liens avec sa personne ou son activité. Conformément à la jurisprudence[3], le nouvel article 1218 du Code civil abandonne le critère traditionnel d'***extériorité***.

Le fait de la victime ou celui d'un tiers ne peut exonérer le débiteur de sa responsabilité que s'il revêt les ***caractères de la force majeure***.

2. Cass. ass. plén., 14 avril 2006 : D. 2006, Jur. p. 1577, note Jourdain P., JCP 2006, II, 10087, obs. Grosser P.
3. Cass. ass. plén., 11 avril 2006, n° 04-18902 et n° 02-11168.

nouv.). Le recours à cette sanction est subordonné à la condition que cette ***inexécution soit suffisamment grave***.

L'utilisation de l'exception d'inexécution par le créancier de mauvaise foi pourra constituer une ***faute*** susceptible d'engager sa responsabilité contractuelle.

2) *La suspension par anticipation*

Le recours à l'exception d'inexécution est désormais possible, ce que ne validait pas la jurisprudence auparavant, en cas de ***risque d'inexécution***, c'est-à-dire lorsqu'il « *est manifeste que son cocontractant ne s'exécutera pas à l'échéance* », à condition que les conséquences de cette inexécution soient suffisamment graves pour le créancier (C. civ., art. 1220 nouv.).

La suspension par anticipation de la prestation répond à des ***conditions de forme*** plus strictes que dans le cas général : elle doit être notifiée au créancier dans les meilleurs délais (C. civ., art. 1220, *in fine* nouv.).

B - Les effets de l'exception d'inexécution

La jurisprudence considère que l'exception d'inexécution constitue une mesure provisoire qui ne rompt pas le contrat mais le suspend[12]. L'exécution de l'obligation de celui qui invoque l'exception d'inexécution est ***suspendue***. Les nouveaux textes n'apportent pas de précisions supplémentaires.

Dans la mesure où le ***contrat subsiste***, lorsque le créancier à qui l'inexécution était imputable s'exécute, l'autre doit faire de même.

L'exception d'inexécution est opposable aux tiers.

3 • L'EXÉCUTION FORCÉE EN NATURE

L'exécution en nature est privilégiée par rapport à l'exécution par équivalent autant par les textes que par la jurisprudence. Le créancier garde néanmoins le choix de demander l'exécution en nature ou d'avoir recours, en cas d'inexécution, aux autres remèdes disponibles qui lui sont proposés à l'article 1217 du Code civil.

A - Les modalités de l'exécution forcée en nature

1) *Le principe*

Contrairement à l'ancien article 1142 du Code civil qui prévoyait que « *Toute obligation de faire ou de ne pas faire se résout en dommages et intérêts en cas d'inexécution de la part du débiteur* », le nouvel article 1221 du Code civil dispose que « *Le créancier d'une obligation peut, après mise en demeure, en poursuivre l'exécution en nature, sauf si*

12. Cass. com., 1er décembre 1992, n° 91-10930.

cette exécution est impossible ou s'il existe une disproportion manifeste entre son coût pour le débiteur et son intérêt pour le créancier ».

La jurisprudence avait également déjà validé le principe de l'exécution forcée en nature[13].

Différents textes posent également le principe de la réparation en nature (CPC, art. 1425-1, al. 1er, CPC exéc., art. L. 111-1).

2) Les conditions

Le créancier d'une obligation peut demander l'exécution en nature à condition de mettre préalablement ***en demeure*** le débiteur (C. civ., art. 1221 nouv.).

3) Les exceptions

Le texte prévoit deux types d'exception à la possibilité de demander une exécution en nature :

- conformément à la jurisprudence, la demande d'exécution en nature est exclue si celle-ci est ***impossible*** : l'impossibilité peut être matérielle, juridique ou morale. Le texte n'exige pas comme condition de l'exécution en nature l'existence d'un préjudice pour le créancier ou d'une faute du débiteur ;
- l'innovation principale du texte réside dans l'impossibilité de demander l'exécution en nature s'il existe une ***disproportion manifeste entre son coût pour le débiteur et son intérêt pour le créancier***. L'objectif est d'éviter les effets inéquitables de l'exécution forcée lorsque celle-ci est extrêmement onéreuse pour le débiteur et sans réel intérêt pour le créancier qui peut obtenir par des dommages-intérêts une compensation équitable qui reste proportionnée pour le débiteur. Cette disposition évite que la possibilité d'une exécution en valeur ne dégénère en abus de droit.

B - Les alternatives à l'exécution forcée en nature

L'article 1222 du Code civil reprend les anciens articles 1143 et 1144. Le créancier insatisfait a deux autres possibilités dès lors que l'exécution en nature ne peut (C. civ., art. 1222, al. 1er nouv.) :

- ***faire exécuter l'obligation lui-même*** : il peut faire faire à un tiers ce qui devait l'être par le débiteur. Cette possibilité était déjà donnée par l'ancien article 1144 mais nécessitait une autorisation judiciaire. Le contrôle du juge n'est désormais possible qu'en cas de contestation ou de refus du débiteur de payer ;
- sur autorisation du juge, ***détruire ce qui a été fait en violation de l'obligation*** (comme dans l'ancien art. 1143). Le contrôle du juge est indispensable dans la mesure où la destruction présente un caractère irrémédiable qui exclut tout contrôle *a posteriori*.

Le créancier peut demander au débiteur le remboursement des sommes engagées à cette fin et demander en justice que le débiteur avance les sommes nécessaires à cette exécution ou à cette destruction (C. civ., art. 1222, al. 2 nouv.).

13. Cass. 1re civ., 19 février 1970, n° 68-13866.

4 • LA RÉDUCTION DU PRIX

Le créancier a désormais la possibilité de proposer à son cocontractant, en cas d'exécution imparfaite du contrat, une réduction proportionnelle du prix (C. civ., art. 1223 nouv. ; Ord. 10 févr. 2016). Il permet la généralisation d'une sanction qui n'était jusque-là prévue que par des textes spéciaux, par exemple en matière de garantie des vices cachés par l'action estimatoire de l'article 1644, ou en matière de droit de la consommation (C. consom., art. L. 711-1 et s.).

A - Les conditions de la réduction de prix

La réduction du prix est décidée par le créancier et ne peut lui être imposée : il peut toujours se tourner vers un autre remède à l'inexécution.

La réduction proportionnelle du prix peut être proposée par le créancier, à condition d'avoir préalablement ***mis en demeure*** le débiteur (C. civ., art. 1223, al. 1er nouv.).

Lorsqu'il n'a pas encore payé, le créancier doit notifier au débiteur sa décision de réduire le prix dans les meilleurs délais (C. civ., art. 1223, al. 2 nouv.).

La réduction du prix ne nécessite pas l'intervention du ***juge***, à la différence de ce qui est prévu par les textes spéciaux, même si elle ne l'exclut pas. Le juge pourra notamment intervenir en cas de litige sur la proportionnalité de la réduction du prix.

La réduction du prix se distingue des ***dommages-intérêts*** en ce qu'elle ne nécessite ni la preuve d'un préjudice par le créancier, ni celle de la faute du débiteur.

B - Les effets de la réduction de prix

La réduction du prix se situe entre l'exception d'inexécution et la résolution. Elle permet une révision du contrat proportionnelle à la gravité de l'inexécution.

La réduction du prix aboutit à un ***rééquilibrage du contrat***. Celui-ci est donc maintenu mais modifié. Les dommages-intérêts ne sont pas exclus si les conditions sont remplies. La résolution se distingue des dommages-intérêts en ce qu'elle ne nécessite ni la preuve d'un préjudice par le créancier, ni celle de la faute du débiteur.

5 • LA RÉSOLUTION

La résolution est la plus grave des sanctions de l'inexécution puisqu'elle met fin au contrat. Jusqu'à l'ordonnance du 10 février 2016, elle était abordée dans le Code civil uniquement au sein des dispositions relatives à la condition résolutoire (ancien art. 1184).

A - Les modalités de la résolution

La résolution pour inexécution peut résulter (C. civ., art. 1224 nouv.) :

- soit de la mise en œuvre d'une ***clause résolutoire*** ;
- soit d'une ***notification*** du créancier au débiteur, à condition que l'inexécution soit suffisamment grave ;
- soit d'une ***décision de justice***.

L'ancien article 1184 n'envisageait que la résolution judiciaire du contrat, mais la clause résolutoire était validée depuis longtemps par la jurisprudence, qui reconnaissait également depuis peu la possibilité d'une résolution unilatérale par le créancier dans des circonstances précises et exceptionnelles.

La ***loi*** prévoit parfois elle-même que la résolution aura lieu de plein droit (ex. : en matière de vente de denrées et d'effets mobiliers, la résolution a lieu de plein droit et sans sommation « *après expiration du terme convenu pour le retirement* » ; C. civ., art. 1657).

1) La clause résolutoire

Absente du Code civil avant l'ordonnance du 10 février 2016, la clause résolutoire ou « ***pacte commissoire*** » était néanmoins admise par la jurisprudence de longue date[14].

Conformément à la jurisprudence, le nouvel article 1225, alinéa 1er du Code civil dispose que « *La clause résolutoire précise les engagements dont l'inexécution entraînera la résolution du contrat* ». Les manquements dont l'inexécution entraînera la résolution du contrat sont définis en amont par les cocontractants.

Aucune condition de gravité de l'inexécution n'est exigée pour mettre en œuvre une clause résolutoire.

La résolution n'est pas automatique : le créancier doit mettre le débiteur ***en demeure*** (sauf s'il a été convenu que celle-ci découlerait du seul fait de l'inexécution) et mentionner expressément la clause résolutoire (C. civ., art. 1225, al. 2 nouv.).

2) La résolution unilatérale du contrat

L'une des principales innovations de l'ordonnance du 10 février 2016 en matière d'inexécution du contrat réside dans la possibilité donnée au créancier, à certaines conditions, de résoudre unilatéralement le contrat.

La résolution peut résulter d'une notification du créancier au débiteur à condition que l'***inexécution soit suffisamment grave*** (C. civ., art. 1224, al. 1er nouv.).

La Cour de cassation avait récemment admis la faculté de rompre unilatéralement un contrat dans des circonstances spécifiques et limitées, que le contrat soit à durée déterminée ou non : « *la gravité du comportement d'une partie à un contrat peut justifier que l'autre partie y mette fin de façon unilatérale à ses risques et périls* »[15]. Le texte du nouvel article 1226 du Code civil reprend en partie les mêmes termes que la jurisprudence : « *Le créancier peut, à ses risques et périls, résoudre le contrat par voie de notification* » (C. civ., art. 1226, al. 1er nouv.).

---

14. Cass. civ., 2 juillet 1860, DP 1960, 1, 284.
15. Cass. 1re civ., 13 octobre 1998, n° 96-21485 confirmé par Cass. com., 20 oct. 2015, n° 14-20416.

La résolution se fait par ***voie de notification***, c'est-à-dire sans intervention judiciaire. Le créancier qui souhaite résoudre le contrat doit mettre préalablement en demeure le débiteur défaillant « *de satisfaire à son engagement dans un délai raisonnable* » (C. civ., art. 1226, al. 2 nouv.). En cas d'***urgence***, le créancier est dispensé de mettre en demeure son cocontractant. La résolution judiciaire est néanmoins conservée mais elle devient secondaire

La mise en demeure doit ***mentionner*** expressément que si le débiteur ne satisfait pas à son obligation, le créancier pourra résoudre le contrat (C. civ., art. 1226, al. 2 nouv.). Si le débiteur ne s'exécute pas, le créancier peut lui ***notifier la résolution du contrat*** en mentionnant les raisons qui la motivent (C. civ., art. 1226, al. 3 nouv.).

Si ***le débiteur conteste la résolution***, il peut saisir le juge à tout moment. « *Le débiteur devra alors prouver la gravité de l'inexécution* » (C. civ., art. 1226, al. 4 nouv.), conformément à ce que permettait déjà la jurisprudence en autorisant la résolution unilatérale par le créancier « *à ses risques et périls* ».

« *Les restitutions ont lieu dans les conditions prévues aux articles 1352 à 1352-9* » (C. civ., art. 1229, al. 4 nouv. ; V. Chapitre 26)

3) La résolution judiciaire du contrat

« *La résolution peut, en toute hypothèse, être demandée en justice* » (C. civ., art. 1227 nouv.), même s'il existe une clause résolutoire insérée au contrat ou si une procédure par notification a été engagée. En effet, le juge peut être saisi en cas de refus par le débiteur de la résolution par notification ou dans le cadre de difficultés découlant de la mise en œuvre d'une clause résolutoire.

La résolution judiciaire était le seul mode de résolution déjà prévu par le Code civil avant l'ordonnance du 10 février 2016 (ancien art. 1184).

Le juge ne peut être saisi d'une demande de résolution qu'en cas d'***inexécution suffisamment grave*** (C. civ., art. 1224, *in fine* nouv.).

Dans le cadre délimité par les demandes des parties, le ***juge*** peut prononcer la résolution, ordonner l'exécution du contrat, en accordant éventuellement un délai au débiteur, ou allouer seulement des dommages et intérêts, notamment si le manquement n'est pas suffisamment grave pour justifier une résolution (C. civ., art. 1228 nouv.).

B - Les effets de la résolution pour inexécution

La résolution ***met fin au contrat*** (C. civ., art. 1229, al. 1er nouv.), sans affecter les clauses relatives au règlement des différends, ni celles destinées à produire effet même après la disparition du contrat, telles que les clauses de confidentialité ou de non-concurrence (C. civ., art. 1230 nouv.). Cette disposition est directement inspirée de la pratique des affaires.

La ***date d'effet*** de la résolution est ainsi déterminée, selon les cas, par l'alinéa 2 de l'article 1229 :

- la clause résolutoire prend effet à la date prévue par les parties ;
- la résolution par notification prend effet à la date de la réception par le débiteur de la notification du créancier ;

- la résolution judiciaire prend effet à la date fixée par le juge ou, à défaut, au jour de l'assignation en justice.

La rétroactivité de la résolution, préconisée tant par la doctrine que par la jurisprudence, n'a pas été validée par l'ordonnance du 10 février 2016.

Les modalités de ***restitution*** peuvent différer selon les cas (C. civ., art. 1229, al. 3 nouv.) :

- soit les prestations échangées ne pouvaient ***trouver leur utilité que par l'exécution complète du contrat résolu*** : les parties doivent restituer l'intégralité de ce qu'elles se sont procurées l'une à l'autre, selon les règles prévues aux articles 1352 à 1352-9 (C. civ., art. 1229, al. 4 nouv. ; V. Chapitre 26) ;
- soit les prestations échangées ont ***trouvé leur utilité au fur et à mesure*** de l'exécution réciproque du contrat : les restitutions n'ont pas lieu pour la période antérieure à l'inexécution. On parle de résiliation, qui constitue une variété particulière de résolution, indépendante de la distinction entre contrat à exécution instantanée et contrat à exécution successive.

6 • LA RÉPARATION DU PRÉJUDICE CAUSÉ PAR L'INEXÉCUTION CONTRACTUELLE

Les nouveaux articles consacrés à la réparation du préjudice causé par l'inexécution contractuelle reprennent largement les anciens articles 1146 à 1151 du Code civil. La différence marquante entre les anciens et les nouveaux textes résulte de l'abandon de la distinction entre obligation de moyen et obligation de résultat.

Le régime de la responsabilité contractuelle sera modifié ultérieurement par la réforme annoncée de la responsabilité civile. Peu de modifications sont apportées pour l'instant.

Point Avant-projet de réforme de la responsabilité civile

Art. 1231, C. civ. : « *Le créancier d'une obligation issue d'un contrat valablement formé peut, en cas d'inexécution, demander au débiteur réparation de son préjudice dans les conditions prévues au sous-titre II* » consacré à la responsabilité civile (V. Chapitres 13 et s.).

Art. 1250, C. civ. : « *Toute inexécution d'une obligation contractuelle ayant causé un dommage au créancier oblige le débiteur à en répondre* ».

A - Les conditions de l'octroi de dommages-intérêts

La mise en œuvre de la responsabilité contractuelle nécessite l'existence d'un dommage, d'une faute et d'un lien de causalité entre ces deux éléments.

Les dommages-intérêts ne sont dus qu'en cas d'***inexécution*** ou de retard dans l'exécution, sauf en cas de force majeure (C. civ., art. 1231-1 nouv.).

L'octroi de dommages-intérêts nécessite la ***mise en demeure*** préalable du débiteur, qui doit laisser à celui-ci un délai raisonnable pour s'exécuter, sauf lorsque l'inexécution est définitive (C. civ., art. 1231 nouv.) puisque la résolution est alors de plein droit. Le nouvel article 1231 du Code civil reprend l'ancien article 1146, tout en intégrant l'abandon de la distinction entre obligation de donner et obligation de faire.

Point Avant-projet de réforme de la responsabilité civile

Art. 1252, C. civ. : « *La réparation du préjudice résultant du retard dans l'exécution suppose la mise en demeure préalable du débiteur. La mise en demeure n'est requise pour la réparation de tout autre préjudice que lorsqu'elle est nécessaire pour caractériser l'inexécution* ».

B - Le montant des dommages-intérêts

1) Principes généraux

L'article 1231-2 du Code civil, qui dispose que « *Les dommages et intérêts dus au créancier sont, en général, de la perte qu'il a faite et du gain dont il a été privé, sauf les exceptions et modifications ci-après* », est une reprise *in extenso* de l'ancien article 1149.

« *Le débiteur n'est tenu que des dommages et intérêts qui pouvaient être prévus lors de la conclusion du contrat* » (C. civ., art. 1231-3 nouv., conservant le principe posé par l'ancien article 1150) : la réparation est limitée aux ***dommages prévus ou prévisibles*** au moment de la conclusion du contrat, « *sauf lorsque l'inexécution est due à une faute lourde ou dolosive* » et consacre la jurisprudence assimilant la faute lourde au dol[16].

Point Avant-projet de réforme de la responsabilité civile

Art. 1251, C. civ. : « *Sauf faute intentionnelle ou faute lourde de sa part, le débiteur n'est tenu de réparer que les conséquences de l'inexécution raisonnablement prévisibles lors de la formation du contrat* ».

En cas de ***dol du débiteur***, « *les dommages et intérêts ne comprennent que ce qui est une suite immédiate et directe de l'inexécution* » (C. civ., art. 1231-4 nouv.).

Il n'est pas imposé au créancier d'obligation de ***minimiser son dommage***, conformément à la jurisprudence[17] mais le contrat peut prévoir le contraire. Les dommages-intérêts ont pour objet de réparer le préjudice découlant de la faute contractuelle, ils ne peuvent être octroyés en raison de la seule inexécution.

Point Avant-projet de réforme de la responsabilité civile

Art. 1263, C. civ. : « *En matière contractuelle, le juge peut réduire les dommages et intérêts lorsque la victime n'a pas pris les mesures sûres et raisonnables, notamment au regard de ses facultés contributives, propres à éviter l'aggravation de son préjudice* ».

16. Cass. 1re civ., 29 octobre 2014, n° 13-21980.
17. Cass. 3e civ., 10 juillet 2013, n° 12-13851.

2) *L'influence de la clause pénale*

« *Lorsque le contrat stipule que celui qui manquera de l'exécuter paiera une certaine somme à titre de dommages et intérêts, il ne peut être alloué à l'autre partie une somme plus forte, ni moindre* » (C. civ., art. 1231-5, al. 1er nouv., remplaçant les anciens art. 1226 à 1233 et 1152).

La clause pénale ne peut être mise en œuvre qu'après ***mise en demeure*** du débiteur, sauf lorsque l'inexécution est définitive (C. civ., art. 1231-5, al. 5).

Le juge a la possibilité de modifier une clause à la hausse ou à la baisse si elle est manifestement excessive ou dérisoire et de diminuer son montant en cas d'exécution partielle de l'engagement (C. civ., art. 1231-5, al. 2 et 3 nouv.). Conformément à la jurisprudence[18], aucune clause ne peut limiter le pouvoir modérateur du juge (C. civ., art. 1231-5, al. 4 nouv.).

Point Avant-projet de réforme de la responsabilité civile

Art. 1284, C. civ. : « *Lorsque le contrat stipule que celui qui manquera de l'exécuter paiera une certaine pénalité à titre de réparation, il ne peut être alloué à l'autre partie une pénalité plus forte ni moindre.*

Néanmoins, le juge peut, même d'office, modérer ou augmenter la pénalité ainsi convenue si elle est manifestement excessive ou dérisoire.

Lorsque l'engagement a été exécuté en partie, la pénalité convenue peut être diminuée par le juge, même d'office, à proportion de l'intérêt que l'exécution partielle a procuré au créancier, sans préjudice de l'application de l'alinéa précédent.

Toute stipulation contraire aux deux alinéas précédents est réputée non écrite.

Sauf inexécution définitive, la pénalité n'est encourue que lorsque le débiteur est mis en demeure. ».

BIBLIOGRAPHIE

Bustin (O.), « Les présomptions de prévisibilité du dommage contractuel », D. 2012, Chron. p. 238.

Dross (W.), « L'exception d'inexécution : essai de généralisation », RTD civ. 2014 p. 1.

Genicon (T.), « « Résolution » et « résiliation dans le projet d'ordonnance portant réforme du droit des contrats », JCP 2015, 960.

Grimaldi (C.), « La force majeure invoquée par le créancier dans l'impossibilité d'exercer son droit », D. 2009, Chron. p. 1298.

Mazeaud (D.), « Clauses limitatives de réparation : les quatre saisons », D. 2008, Chron. p. 1776.

18. Cass. 1re civ., 17 octobre 2012, n° 11-16292.

TITRE 2

La responsabilité civile

Le fait juridique est un fait que la loi prend en considération pour y attacher un effet de droit. Il se forme sans convention. Ces faits volontaires peuvent être licites ou illicites. La gestion d'affaires, le paiement de l'indu, l'enrichissement injustifié, c'est-à-dire les quasi-contrats, constituent des faits volontaires licites. Les faits volontaires illicites sont des faits générateurs de responsabilité civile.

La responsabilité civile est le mécanisme juridique par lequel la victime d'un dommage peut obtenir réparation, par la personne qui l'a causé, de ce dommage. Le responsable du dommage est tenu d'une obligation de réparation qui prend généralement la forme de dommages-intérêts. La responsabilité civile est une source d'obligations très importante même si peu d'articles abordent cette question dans le Code civil. Le Conseil constitutionnel a affirmé que l'article 1382 du Code civil, relatif à la responsabilité civile, traduisait une « exigence constitutionnelle » : à propos du PACS, il a ainsi indiqué que « l'affirmation de la faculté d'agir en responsabilité met en œuvre l'exigence constitutionnelle posée par l'article 4 de la Déclaration des droits de l'homme et du citoyen de 1789 dont il résulte que tout fait quelconque de l'homme qui cause à autrui un dommage oblige celui par la faute duquel il est arrivé à le réparer ». *Depuis quelques années, il apparaît que le rôle de la faute est de plus en plus réduit en matière de responsabilité civile au profit du développement d'une responsabilité fondée sur le risque.*

La responsabilité civile fait l'objet d'un avant-projet de loi sur lequel une consultation a été lancée par la Chancellerie le 29 avril 2016. En outre, la réforme du droit des contrats a induit un changement de la numérotation des articles consacrés à la responsabilité dans le Code civil.

La mise en œuvre de la responsabilité civile exige la réunion de trois conditions : l'existence d'un fait générateur, celle d'un dommage et celle d'un lien de causalité entre le fait générateur et le préjudice.

CHAPITRE 13

Le dommage et le lien de causalité

La mise en œuvre de la responsabilité civile nécessite l'existence d'une part d'un dommage, d'autre part d'un lien de causalité entre le fait générateur du dommage (V. Chapitres 14, 15 et 16) et le dommage lui-même.

1 • LE DOMMAGE

Le dommage peut être distingué de sa conséquence, qui est le préjudice. En pratique, on emploie indifféremment l'un ou l'autre terme.

Le préjudice est indispensable à la mise en œuvre de la responsabilité (C. civ., art. 1240). Il permet de mesurer la responsabilité. Il y a dommage quand une personne est atteinte dans ses intérêts. La jurisprudence avait exigé un temps la lésion d'un « *intérêt légitime juridiquement protégé* ». Un arrêt de la Chambre civile de la Cour de cassation a décidé le 27 février 1970[1] que la lésion de n'importe quel intérêt suffit à constituer le dommage.

A - La nature du dommage réparable

Sont réparables le préjudice matériel, le préjudice moral ainsi que le préjudice corporel.

Point Avant-projet de réforme de la responsabilité civile

Art. 1235, C. civ. (avant-projet de loi) : « *Est réparable tout préjudice certain résultant d'un dommage et consistant en la lésion d'un intérêt licite, patrimonial ou extrapatrimonial, individuel ou collectif* ».

Art. 1237, C. civ. : « *Les dépenses exposées par le demandeur pour prévenir la réalisation imminente d'un dommage ou pour éviter son aggravation, ainsi que pour en réduire les conséquences, constituent un préjudice réparable dès lors qu'elles ont été raisonnablement engagées* ».

1. Cass. civ., 27 février 1970 : D. 1970, Jur. p. 201, note Combaldieu, JCP 1970, II, 16305, concl. Lindon R., note Parleani G., Grands arrêts n° 12, RTD civ. 1970, p. 353, obs. Durry G.

1) Le préjudice matériel

Le préjudice matériel est constitué par toute atteinte au patrimoine et qui peut être évaluée en argent.

Le dommage matériel peut être :

- *une perte subie* (*damnum emergens*) : tout appauvrissement occasionné à la victime ;
- *un gain manqué* (*lucrum cessans*) : le fait générateur a empêché la victime de réaliser certains projets.

2) Le préjudice moral

Le préjudice moral est celui qui ne porte pas atteinte au patrimoine. Il y a préjudice moral chaque fois qu'il y a atteinte à un préjudice extra-patrimonial. Il peut prendre plusieurs formes :

- ***souffrance morale*** : atteinte à l'honneur, atteinte à la vie privée... ;
- ***pretium doloris*** (prix de la douleur) : il s'agit du dommage moral découlant d'une douleur physique ou morale ;
- ***préjudice d'affection***, causé par exemple par la perte d'un être cher.

La Cour de cassation a récemment reconnu à une personne morale la possibilité d'invoquer un préjudice moral[2].

3) Le préjudice corporel

Le préjudice corporel répare l'atteinte à l'intégrité physique de la personne. Il est fonction du taux d'incapacité de la personne. Il répare notamment le préjudice d'agrément, qui réside dans l'impossibilité d'exercer une activité affectionnée. Une nomenclature des préjudices corporels a été établie en juillet 2005, par un groupe de travail dirigé par Jean-Pierre Dintilhac, alors président de la 2e chambre civile de la Cour de cassation[3]. Cette « ***nomenclature Dintilhac*** » est désormais reprise par la jurisprudence.

B - Les caractères du dommage réparable

Le dommage doit être direct, personnel et certain. Il constitue l'atteinte à un intérêt légitime, pas forcément juridiquement protégé.

1) L'atteinte à un intérêt légitime

Le dommage ne doit pas forcément avoir porté atteinte à un intérêt légitime juridiquement protégé : l'absence d'atteinte à un droit n'exclut pas la réparation du dommage[4]. L'atteinte à un intérêt légitime suffit. Le dommage doit être licite.

---

2. Cass. com., 15 mai 2012 : D. 2012, AJ, p. 1403, obs. Delpech X.
3. Rapport Dintilhac, cf. *http://www.justice.gouv.fr/publications-10047/rapports-thematiques-10049/elaboration-dune-nomenclature-des-prejudices-corporels-11945.html*
4. Cass. crim., 20 février 1863 : S. 1863, 1, p. 321, DP 1864, 1, p. 99.

Pour aller plus loin

Préjudice et naissance d'un enfant

La jurisprudence a refusé la réparation du préjudice qui serait causé par la naissance d'un enfant normalement constitué après l'échec d'une interruption de grossesse ou handicapé suite à une faute médicale.

Le Conseil d'État a affirmé dans un arrêt du 2 juillet 1982[5] « *que la naissance d'un enfant, même si elle survient après une intervention pratiquée sans succès en vue de l'interruption d'une grossesse demandée dans les conditions requises aux articles L. 2212-1 à L. 2212-6 du Code de la santé publique par une femme enceinte, n'est pas génératrice d'un préjudice de nature à ouvrir un droit à réparation par l'établissement hospitalier où cette intervention a eu lieu* ».

De même, la Cour de cassation a affirmé que « *l'existence de l'enfant qu'elle a conçu ne peut, à elle seule, constituer pour sa mère un préjudice juridiquement réparable, même si la naissance est survenue après une intervention pratiquée sans succès en vue de l'interruption de la grossesse* »[6]. L'indemnisation serait donc réduite aux cas où les conditions de la conception ou celles de la naissance ont entraîné pour la mère un traumatisme physique ou psychique particulier (viol, inceste...) ou son décès ou au cas où l'enfant est né malformé. La Cour de cassation avait admis que ce handicap pouvait constituer un préjudice (arrêt *Perruche*)[7].

La loi du 4 mars 2002 a mis fin à cette jurisprudence en disposant dans son article 1er, I, alinéa 2 (CASF, art. L. 114-5) que « *La personne née avec un handicap dû à une faute médicale peut obtenir la réparation de son préjudice lorsque l'acte fautif a provoqué directement le handicap ou l'a aggravé, ou n'a pas permis de prendre les mesures susceptibles de l'atténuer* ». De plus, elle prévoit dans le deuxième alinéa du même article que « *Lorsque la responsabilité d'un professionnel ou d'un établissement de santé est engagée vis-à-vis des parents d'un enfant né avec un handicap non décelé pendant la grossesse à la suite d'une faute caractérisée, les parents peuvent demander une indemnité au titre de leur seul préjudice. Ce préjudice ne saurait inclure les charges particulières découlant, tout au long de la vie de l'enfant, de ce handicap. La compensation de ce dernier relève de la solidarité nationale* ». Ce texte ne permet pas à l'enfant d'obtenir une indemnisation telle que l'avait accepté l'arrêt *Perruche*.

Le Conseil constitutionnel (11 juin 2010), statuant sur une question prioritaire de constitutionnalité, a validé les dispositions de ce texte, sauf en ce qu'il s'applique aux instances en cours à l'entrée en vigueur de la loi.

2) Le caractère certain du dommage

Le ***dommage actuel*** est certain. Il est donc réparable.

Le préjudice incertain est celui dont l'existence ne peut être établie avec suffisamment de certitude. Ainsi, le ***dommage futur*** entraîne une interrogation. En 1932, la Cour de cassation a décidé que « *s'il n'est pas possible d'allouer des dommages-intérêts en réparation d'un préjudice purement éventuel, il en est autrement lorsque le préjudice, bien que futur, apparaît au juge du fait comme la prolongation certaine et directe d'un état de chose actuel et comme susceptible d'évaluation immédiate* »[8]. Le dommage futur peut donner lieu à réparation dès lors qu'il est certain.

---

5. CE, 2 juillet 1982 : Gaz. Pal. 1983, 1, 193, note Moderne F., RDSS 1983, 95, concl. Pinault M.
6. Cass. 1re civ., 25 juin 1991 : JCP 1992, II, 21784, note Barbieri, D. 1991, Jur. p. 567, note Le Tourneau Ph., RTD civ. 1991, 753, obs. Jourdain P.
7. Cass. ass. plén., 17 novembre 2000 : D. 2001, Jur. p. 332, note Mazeaud D. et 336, note Jourdain P., JCP 2000, II, 10438, rapport Sargos P., concl. Sainte-Rose J., note Chabas F. ; Cass. ass. plén., 13 juillet 2001 : D. 2001, Jur. p. 2325, note Jourdain P., JCP 2001, II, 10601, concl. Sainte-Rose J. et note Chabas F.
8. Cass. crim., 1er juin 1932 : DP 1932, 1, p. 102, S. 1933, 1, p. 49.

Point Avant-projet de réforme de la responsabilité civile

Art. 1234, C. civ. (avant-projet de loi) : « *Le préjudice futur est réparable lorsqu'il est la prolongation certaine et directe d'un état de choses actuel* ».

Le ***dommage éventuel***, qui n'est pas certain, ne peut donner lieu à réparation.

Pour aller plus loin

La réparation de la perte de chance

La jurisprudence admet la réparation d'une perte de chance[9]. « *La perte de chance présente un caractère direct et certain chaque fois qu'est constatée la disparition d'une éventualité favorable* »[10]. Par exemple, lorsqu'un accident empêche un étudiant de se présenter à un examen, celui-ci peut obtenir réparation de la perte d'une chance de réussir l'examen.

La jurisprudence refusait traditionnellement de réparer la perte de chance lorsque la chance était faible. Elle exigeait que les chances soient suffisamment sérieuses. Dans un arrêt du 16 janvier 2013, la première chambre civile de la Cour de cassation a pourtant estimé que « *la perte d'une chance, même faible, est indemnisable* »[11].

Lorsque le tribunal reconnaît qu'il y a une perte de chance constitutive d'un préjudice, l'indemnité n'est pas égale au gain espéré mais à une partie de celui-ci plus ou moins importante selon la probabilité du succès.

Point Avant-projet de réforme de la responsabilité civile

Art. 1238, C. civ. (avant-projet de loi) : « *Seule constitue une perte de chance réparable, la disparition actuelle et certaine d'une éventualité favorable. Le préjudice de perte de chance est distinct de l'avantage qu'aurait procuré cette chance si elle s'était réalisée* ».

3) Le caractère personnel du dommage

Le dommage doit être direct. Néanmoins, le dommage par ricochet est parfois réparable ainsi que le préjudice collectif.

a) Le dommage par ricochet

Le dommage par ricochet est le préjudice que subit une personne du fait d'une atteinte déjà subie par une autre personne.

Le droit à réparation du préjudice par ricochet a été admis par la jurisprudence[12].

En ce qui concerne le ***dommage matériel***, après une phase très libérale qui a duré jusqu'en 1937, la jurisprudence a, jusqu'en 1970, souvent limité le droit à réparation du préjudice par ricochet en exigeant que la victime justifie de la lésion d'un intérêt légitime juridiquement protégé. Cette exigence a été abandonnée : « *l'article 1382 du Code civil ordonnant que l'auteur de tout fait ayant causé un dommage sera tenu de le*

---

9. Cass. civ., 25 mai 1971 : JCP 1971, II, 16 85.
10. Cass. 1re civ., 14 octobre 2010 : D. 2010, p. 2682, note Sargos P., JCP 2010, II, 1049, RTD civ. 2011, p. 128, obs. Jourdain P.
11. Cass. 1re civ., 16 janvier 2013 : D. 2013, Jur. p. 619, note Bacache M.
12. Cass. crim., 27 mars 1877, Bull. crim. n° 86.

réparer n'exige pas, en cas de décès, l'existence d'un lien de droit entre le défunt et le demandeur en indemnisation »[13].

En matière de ***préjudice moral***, la jurisprudence a peu à peu abandonné l'exigence d'un lien de parenté ou d'alliance entre la victime et le demandeur ainsi que celle du décès de la victime. Il a toujours été admis que les héritiers pouvaient poursuivre l'action en réparation appartenant à leur auteur ; ils peuvent demander réparation du préjudice matériel, du préjudice moral et même du *pretium doloris* subi par leur auteur. Les héritiers peuvent mener cette action même si elle n'a pas été exercée de son vivant par leur auteur. Ils peuvent également demander réparation de leur propre préjudice. La faute de la victime directe est opposable à la victime par ricochet car la victime indirecte ne peut être mieux indemnisée que la victime principale même si son action est autonome. Les actions des victimes directes et par ricochet sont soumises aux mêmes conditions juridiques dans la mesure où elles ont la même origine : le préjudice par ricochet n'est pas indépendant du préjudice initial et subit les mêmes limitations.

b) Le dommage collectif

Le dommage collectif est celui qui affecte une collectivité, c'est-à-dire toute une catégorie de personnes.

Il convient de distinguer deux hypothèses :

- ***lorsque le dommage collectif est constitué par la somme des dommages individuels*** : les particuliers peuvent se grouper en association pour faire valoir leurs intérêts (*exemple* : associations de consommateurs) ;
- ***lorsque le dommage collectif est différent de la somme de dommages individuels*** : l'action a été acceptée tout d'abord pour les syndicats pour tous les faits « *portant un préjudice direct ou indirect à l'intérêt collectif de la profession* »[14] (exemple : exercice illégal de la médecine). Cette possibilité a été étendue par plusieurs lois aux différents ordres professionnels (médecins, avocats...) et à certaines associations en cas d'infraction spécifique (association de lutte contre le racisme, de lutte contre les violences sexuelles...). En l'absence de texte, l'action est généralement refusée aux associations, car s'agissant d'un préjudice moral, elles doivent justifier d'un préjudice personnel directement causé par l'infraction et distinct du préjudice social. La loi du 18 janvier 1992 a accordé une action en représentation conjointe (C. consom., art. L. 622-1 et s.). Il s'agit d'une exception au principe selon lequel « Nul ne plaide par procureur ». La loi du 17 mars 2014 a introduit la possibilité d'une action de groupe (le projet de loi Justice du 21e siècle prévoit d'en élargir les hypothèses).

Point Avant-projet de réforme de la responsabilité civile

Art. 1240, C. civ. (avant-projet de loi). « *Lorsqu'un dommage [corporel] est causé par un membre indéterminé d'un groupe de personnes identifiées agissant de concert ou pour des motifs similaires, chacune en répond pour le tout, sauf à démontrer qu'elle ne peut l'avoir causé* ».

13. Cass. civ., 27 février 1970, préc.
14. Cass. ch. réunies, 5 avril 1913 : DP 1914, 1, p. 65, S. 1920, 1, p. 47 ; loi 12 mars 1920.

2 • LE LIEN DE CAUSALITÉ ENTRE FAIT GÉNÉRATEUR ET DOMMAGE

L'exigence d'un rapport de causalité entre le fait générateur de responsabilité imputable au défendeur et le dommage subi par la victime demandeur est une condition qui n'est pas sanctionnée par les textes. Cependant, il ne peut exister de mise en cause de la responsabilité sans lien de causalité prouvé.

Lorsqu'une cause étrangère au défendeur est démontrée, celui-ci peut s'exonérer au moins partiellement.

Dans le cadre de la responsabilité, la causalité est un élément fondamental que personne ne conteste, bien qu'il existe un problème de définition et d'appréciation de cette causalité.

Point Avant-projet de réforme de la responsabilité civile

Art. 1239, C. civ. (avant-projet de loi) : « *La responsabilité suppose la démonstration d'un lien de causalité entre le fait imputé au défendeur et le dommage.*

Le lien de causalité s'établit par tout moyen ».

A - La définition de la causalité

L'appréciation de la causalité ne se réduit pas à la simple recherche d'enchaînement d'une série d'événements. Tous les faits ayant précédé le dommage ne sont pas considérés comme cause du dommage. La doctrine a proposé des méthodes de tri entre ces faits, dont le dispositif s'est inspiré. Le droit positif rejette la théorie de l'équivalence des conditions au profit de la ***théorie de la causalité adéquate***[15] c'est-à-dire que parmi les antécédents nécessaires du dommage, seuls seront considérés comme causes ceux qui, d'après le cours normal des choses, étaient de nature à engendrer le dommage.

Pour aller plus loin

Les avancées de la théorie de l'équivalence des conditions et ses limites

De nombreuses décisions d'espèce tendent à tempérer l'application de la théorie de la causalité adéquate, montrant une avancée de la théorie de l'équivalence des conditions.

Lorsqu'une ***personne négligente*** rend plus facile le vol d'un objet, elle n'est pas considérée comme responsable des dommages causés par le voleur à l'objet.

Si une personne gravement blessée se ***suicide*** suite à l'accident, le suicide peut être imputé à l'auteur de l'accident[16]. En revanche, il n'existe pas de lien de causalité entre le préjudice moral subi par les enfants d'une ***personne restée handicapée*** à la suite de cet accident[17]. Enfin,

---

15. Cass. 2e civ., 12 décembre 1968 : RTD civ. 1969, p. 569, obs. Durry ; Cass. 2e civ., 25 octobre 1973 : D. 1974, Somm. p. 8, RTD civ. 1974, p. 602, note Durry.
16. Cass. crim., 14 janvier 1971 : D. 1971, Jur. p. 161, Rapport Robert.
17. Cass. 2e civ., 24 février 2005 : D. 2005, IR, p. 671, JCP 2005, I, 149, n° 1, obs. Viney J.

lorsqu'une personne est transfusée à la suite d'un accident de voiture et est contaminée par le ***virus du Sida***, l'auteur de l'accident de la circulation peut être considéré comme responsable de la contamination[18].

Dans l'arrêt ***Perruche*** (Cass. ass. plén., 17 novembre 2000, *Perruche*, cf. *supra*), la Cour de cassation a décidé qu'il existait un lien de causalité entre l'erreur d'un médecin et celle d'un laboratoire qui, tous deux, n'avaient pas détecté la rubéole d'une patiente enceinte, qui n'avait dès lors pas pu procéder à une interruption de grossesse, et avait donné naissance à un ***enfant gravement handicapé***. La loi du 4 mars 2002 a remis en cause cette solution critiquable dans la mesure où elle énonçait un lien de causalité entre la faute du médecin et la naissance de l'enfant handicapé, tout en déclarant que le préjudice résidait dans le handicap ; or la faute du médecin n'avait assurément pas provoqué le handicap mais avait seulement empêché la mère d'exercer son choix d'interrompre sa grossesse.

La ***prédisposition de la victime*** n'est pas prise en compte si c'est l'accident qui l'a révélée[19]. Dans le cas contraire, c'est-à-dire si elle était connue avant l'accident, l'obligation de réparation est réduite parce que l'on considère que la prédisposition de la victime a joué un rôle dans le dommage.

B - La preuve de la causalité

La preuve de la causalité est exigée dans tous les cas de responsabilité civile. Cependant, la causalité n'intervient pas dans le cadre de la loi du 5 juillet 1985 sur les accidents de la circulation.

1) Le principe

Le lien de causalité doit en principe être prouvé par le demandeur. S'agissant d'un fait juridique, la preuve se fait en principe par tout moyen. Il sera plus facile à prouver pour une faute intentionnelle que pour une faute d'imprudence.

Point Jurisprudence

Quelques illustrations de la difficulté de la preuve de la causalité

Les effets néfastes du ***tabac*** : la Cour de cassation a refusé de reconnaître la responsabilité des cigarettiers dans les conséquences préjudiciables de la consommation du tabac. Elle refuse d'admettre un manquement de la SEITA, devenue ALTADIS, à son obligation d'information concernant les méfaits du tabac, qui aurait été la cause du préjudice du fumeur décédé des suites d'une maladie liée à la consommation du tabac[20].

Depuis plusieurs années, la jurisprudence a du se prononcer à plusieurs reprises sur la question de la relation entre la ***vaccination contre l'hépatite B*** et l'apparition de la sclérose en plaques ou d'autres maladies démyélisantes. Alors qu'une partie de la doctrine pense que la causalité

18. Cass. 1re civ., 4 décembre 2001 : D. 2002, Jur. p. 3044, note de Lambertye-Autrand M.-C., RTD civ. 2002, p. 308, obs. Jourdain P.
19. Cass. 2e civ., 13 janvier 1982, JCP 1983, II, 20025, note Dejean de la Bâtie.
20. Cass. 2e civ., 20 octobre 2003 : D. 2003, Jur. p. 2902, concl. Kessous R. et note Grynbaum L., RTD civ. 2004, p. 1030, obs. Jourdain P. ; Cass. 1re civ., 8 novembre 2007 : D. 2008, Jur. p. 50, note Revel J., JCP 2008, II, 10033, note Sauvat C., RTD civ. 2008, p. 107, obs. Jourdain P.

peut être admise sur la base de présomption de l'homme, une autre considère que les doutes scientifiques sont encore trop importants pour permettre l'établissement d'une telle causalité. Après avoir rejeté l'existence du lien de causalité, la Cour de cassation adopte une attitude plus pragmatique consistant à analyser s'il existe, au cas par cas, des présomptions graves, précises et concordantes permettant de reconnaître d'une part le lien de causalité entre la vaccination et le développement de la sclérose en plaques et d'autre part le caractère défectueux du vaccin[21]. Dans un arrêt du 26 septembre 2012[22], elle admet que peuvent être établies par présomption aussi bien la preuve du lien de causalité entre la vaccination et le développement de la sclérose que le caractère défectueux du vaccin.

Dans un arrêt du 10 juillet 2013, la première chambre civile de la Cour de cassation censure une cour d'appel qui avait refusé d'indemniser le demandeur, dans la mesure où « *en se déterminant ainsi, par une considération générale sur le rapport bénéfice/risques de la vaccination, après avoir admis qu'il existait en l'espèce des présomptions graves, précises et concordantes tant au regard de la situation personnelle de l'intéressé que des circonstances particulières résultant notamment du nombre des injections pratiquées, de l'imputabilité de la sclérose en plaques à ces injections, sans examiner si ces mêmes faits ne constituaient pas des présomptions graves précises et concordantes du caractère défectueux des doses qui lui avaient été administrées, la cour d'appel n'a pas donné de base légale à sa décision* ».

À l'inverse, dans un arrêt du 29 mai 2013[23], la Cour de cassation approuve la cour d'appel qui, d'une part, prenant en considération l'ignorance de l'étiologie de la maladie et les données générales relatives à son lien avec l'utilisation du vaccin litigieux et les éléments propres à la personne atteinte de cette maladie, en déduit souverainement l'absence de présomptions graves, précises et concordantes suffisantes pour imputer la maladie à la vaccination et, d'autre part, écarte le caractère défectueux du produit en mettant en évidence l'incertitude des modalités de sa présentation lors de son utilisation. Il s'avérait notamment dans cette espèce que « *la preuve du défaut du vaccin n'était pas démontrée dès lors que l'examen du carnet de vaccination de Mme X... ne permettait pas de savoir, avec certitude, si elle avait reçu le vaccin à faible dose, dont la notice faisait apparaître, dès 1994, les risques neurologiques, ou le vaccin à forte dose, dont la notice ne les avait mentionnés qu'en 1995...* ».

Plus récemment, dans un arrêt du 23 janvier 2014, la première chambre civile de la Cour de cassation a estimé que si la victime subit « *un préjudice résultant du défaut de préparation aux conséquences d'un tel risque* » dans le cas où elle n'a pas reçu de la part de son médecin l'information sur les risques ou l'intérêt de la vaccination, la responsabilité du médecin n'est pas engagée dans la mesure où « *les experts, comme la quasi-unanimité des scientifiques, écartaient tout lien de causalité entre le vaccin contre l'hépatite B et l'apparition de la SLA [sclérose latérale amyotrophique], qui n'est pas une maladie auto-immune mais une dégénérescence des motoneurones, et que ni la notice du GenHevac B ni le dictionnaire médical Vidal ne mettaient en garde contre une éventualité d'apparition d'une SLA après une vaccination par GenHevac* B »[24].

Dans une décision du 12 novembre 2015 (n° 14-18118), la Cour de cassation a renvoyé devant la CJUE plusieurs questions préjudicielles relatives à la question de l'imputabilité de la sclérose en plaques à la vaccination contre l'hépatite B.

---

21. Cass. 1re civ., 22 mai 2008, Beautalon : D. 2008, Pan. p. 2897, obs. Jourdain P., RTD civ. 2008, p. 492, obs. Jourdain P. ; Gacem : D. 2008, Pan. p. 2897, obs. Jourdain P., RTD civ. 2008, p. 492, obs. Jourdain P., Consorts Fagiolle : JCP 2008, II, 10131, note Grynbaum L., RTD civ. 2008, p. 492, obs. Jourdain P.
22. Cass. 1re civ., 26 septembre 2012 : D. 2012, Jur. p. 2853, note Borghetti S.
23. Cass. 1re civ., 29 mai 2013, n° 12-20903 : D. 2013, Jur. p. 1717, note Borghetti J.-S., D. 2013, Jur., p. 1723, note Brun Ph., JCP 2013, 669.
24. Cass. 1re civ., 23 janvier 2014 : D. 2014, Jur. p. 584, avis Bernard de la Gatinais L., p. 590, note Bacache M., JCP 2014, 124, act. Quézel-Ambrunaz C., JCP 2014, 446, note Bascoulergue A.

2) *Les présomptions de causalité*

Dans certains cas, les tribunaux se fondent sur des présomptions de causalité pour établir la réalité du lien de causalité. Le demandeur est exonéré de preuve.

Point Jurisprudence

Exemples de présomptions de causalité admises par la jurisprudence

- Affaire dite « du ***Distilbène*** » : des femmes étaient atteintes de cancer en raison du Distilbène, médicament pris par leur mère durant leur grossesse. Dès lors que la victime apporte la preuve de son exposition au Distilbène *in utero*, il appartient à chacun des laboratoires fabriquant le produit d'apporter la preuve que son produit n'est pas à l'origine du dommage[25]. La charge de la preuve est donc inversée en faveur des victimes. On parle de causalité alternative.
- La Cour de cassation a eu recours en matière d'***infection nosocomiale***, comme elle l'avait fait dans l'affaire dite du « Distilbène », à la causalité alternative : « *lorsque la preuve d'une infection nosocomiale est apportée mais que celle-ci est susceptible d'avoir été contractée dans plusieurs établissements de santé, il appartient à chacun de ceux dont la responsabilité est recherchée d'établir qu'il n'est pas à l'origine de cette contamination* »[26]. La Cour de cassation impose un renversement de la charge de la preuve au profit de la victime. La preuve d'un fait négatif étant difficile à établir, les établissements concernés devraient être condamnés *in solidum*.
- Dans la responsabilité du ***fait des choses***, on présume que l'intervention de la chose est la cause du dommage. Le gardien peut s'exonérer en prouvant l'existence d'une cause étrangère.

3) *L'influence de la force majeure*

La cause étrangère peut consister dans la force majeure, le fait d'un tiers ou la faute de la victime.

Les caractères de la force majeure sont ceux qui ont été décrits en matière de responsabilité contractuelle : imprévisibilité, irrésistibilité, extériorité (V. Chapitre 12).

Les effets de la cause étrangère sont semblables qu'il s'agisse de la force majeure, du fait du tiers ou de la faute de la victime : celui dont la responsabilité est recherchée est partiellement ou totalement exonéré :

	Exonération totale de responsabilité	**Exonération partielle de responsabilité**
Force majeure	Lorsque la force majeure est la cause unique du dommage, sauf en matière d'accidents de la circulation.	Lorsque le dommage est dû partiellement à la force majeure et partiellement à la faute de l'auteur.
Fait d'un tiers	Lorsque le fait du tiers présente les caractères de la force majeure.	Lorsque le fait du tiers ne présente pas les caractères de la force majeure.
Faute de la victime	Lorsque la faute de la victime présente les caractères de la force majeure.	Lorsque la victime est seulement pour partie à l'origine de son préjudice.

25. Cass. 1re civ., 24 septembre 2009 : RTD civ. 2010, p. 111, obs. Jourdain P.
26. Cass. 1re civ., 28 janvier 2010 : D. 2010, AJ, p. 440.

Point Avant-projet de réforme de la responsabilité civile

Art. 1253, C. civ. (avant-projet de loi) : « *Le cas fortuit, le fait du tiers ou de la victime sont totalement exonératoires s'ils remplissent les caractères de la force majeure. En matière extra-contractuelle, la force majeure est l'événement dont le défendeur ou la personne dont il doit répondre ne pouvait éviter la réalisation ou les conséquences par des mesures appropriées. En matière contractuelle, la force majeure est définie à l'article 1218* ».

BIBLIOGRAPHIE

ADIDA-CANAC (H.), « Le contrôle de la nomenclature Dintilhac par la Cour de cassation », D. 2011, Chron. p. 1497.

FABRE-MAGNAN (M.), « Le dommage existentiel », D. 2010, Chron. p. 2376.

KNETSCH (J.), « La désintégration du préjudice moral », D. 2015, Jur. p. 443.

RADÉ (Ch.), « Causalité juridique et causalité scientifique : de la distinction à la dialectique », D. 2012, Chron. p. 112.

VINEY (G.), « Responsabilité civile – Après la réforme du contrat, la nécessaire réforme des textes du Code civil relatifs à la responsabilité », JCP 2016, 99, p. 169.

CHAPITRE 14

La responsabilité du fait personnel

La responsabilité du fait personnel est prévue aux articles 1240 et 1241 du Code civil. Le fait personnel, qui permet d'engager la responsabilité d'un individu, est toujours une faute. Il s'agit d'une responsabilité subjective. Par le fait même, cette responsabilité est d'application très générale : chaque fois qu'il y a une faute à l'origine d'un dommage, la responsabilité délictuelle peut trouver application.

Dans la conception traditionnelle, très imprégnée par la morale, la faute civile se décomposait en deux éléments :

- élément objectif ou matériel ;
- élément subjectif ou psychologique.

Le deuxième a été abandonné.

1 • LA NÉCESSITÉ DE L'ÉLÉMENT OBJECTIF

L'existence d'un comportement, qualifié de fautif, est exigé pour engager la responsabilité. Selon l'article 1240 du Code civil : « *Tout fait quelconque de l'homme, qui cause à autrui un dommage, oblige celui par la faute du quel il est arrivé, à le réparer* ».

Le Code civil ne définit pas la faute. Il existe sur ce point des divergences doctrinales :

- pour certains, la faute résiderait dans la violation d'une obligation préexistante (Planiol) ;
- pour d'autres, il s'agit d'un acte illicite, contraire au droit ;
- la jurisprudence considère comme fautifs tous les comportements qui lui paraissent anormaux : imprudence, négligence et même simple maladresse. Dès lors, la faute est l'***erreur de conduite***.

L'appréciation de la faute se fait ***in abstracto*** : les tribunaux comparent le comportement de l'intéressé, non pas à son propre comportement habituel, mais au comportement d'une personne moyenne normalement avisée. Cette appréciation ne se fait pas absolument *in abstracto* : le comportement de référence est celui d'un « ***bon père de famille*** », c'est-à-dire d'une personne raisonnable (la notion de « bon père de famille » ayant disparu par l'effet de la loi du 4 août 2014), placée dans des circonstances analogues. Ainsi, certaines circonstances, celles qui sont propres à l'intéressé, sont écartées des termes de la comparaison. Les méthodes d'appréciation conduisent à écarter la faute dans des cas où il y a apparemment erreur de conduite.

La faute peut disparaître, en totalité ou en partie, notamment en raison de l'existence de ***faits justificatifs*** : ordre de la loi, commandement de l'autorité légitime, état de nécessité ou légitime défense. La force majeure, le fait d'un tiers ou le fait de la victime peuvent également atténuer ou faire disparaître la faute (V. Chapitre 12).

Point Avant-projet de réforme de la responsabilité civile

Art. 1257, C. civ. : « *Le fait dommageable ne donne pas lieu à responsabilité pour faute lorsqu'il était prescrit par des dispositions législatives ou réglementaires, imposé par l'autorité légitime ou commandé par la nécessité de la légitime défense ou de la sauvegarde d'un intérêt supérieur.*

Ne donne pas non plus lieu à responsabilité le fait dommageable portant atteinte à un droit ou à un intérêt dont la victime pouvait disposer, si celle-ci y a consenti ».

2 • L'ABANDON DE L'ÉLÉMENT PSYCHOLOGIQUE DE LA FAUTE

Dans la conception classique, la faute implique la faculté de discernement, c'est-à-dire l'aptitude à apprécier la portée de ses actes. En l'absence de cette faculté, le comportement, même objectivement anormal, ne pouvait pas être considéré comme fautif. Cette exigence de l'imputabilité du comportement a servi pendant longtemps à justifier l'irresponsabilité des ***personnes privées de discernement***. Le principe traditionnel d'irresponsabilité de ces personnes a été abandonné en deux temps :

- ***loi du 3 janvier 1968*** : pendant longtemps, on a considéré que lorsqu'il n'y avait pas de conscience, il n'y avait pas de liberté et donc irresponsabilité. La victime ne pouvait donc être indemnisée pour le dommage qui lui était causé par un aliéné. La loi du 3 janvier 1968 relative aux incapables majeurs a modifié l'article 489-2 du Code civil, devenu l'article 414-3, qui prévoit désormais que « *celui qui a causé un dommage à autrui alors qu'il était sous l'empire d'un trouble mental n'en est pas moins obligé à réparation* ». L'obligation de réparer existe même en l'absence de faute de la part de l'aliéné. L'exigence d'imputabilité du comportement, c'est-à-dire d'élément psychologique, est écartée même pour les personnes victimes de troubles mentaux ;
- ***dans cinq arrêts du 9 mai 1984***[1], la Cour de cassation a écarté la question du discernement en matière de responsabilité civile d'un mineur : l'enfant peut commettre une faute sans qu'il soit nécessaire de se demander s'il est doué de discernement. Ces arrêts consacrent une conception objective de la faute. La faute est un comportement objectivement anormal.

Point Avant-projet de réforme de la responsabilité civile

Art. 1254, C. civ. : « *La faute de la victime privée de discernement n'a pas d'effet exonératoire* ».

1. Cass. ass. plén., 9 mai 1984 : D. 1984, Jur. p. 525, concl. Cabannes, note Chabas F., JCP 1984, II, 20256, note Jourdain P., RTD civ. 1984, p. 508, obs. Huet J., Grands arrêts n° 116.

3 • LA DIVERSITÉ DES FAUTES

La jurisprudence retient une grande quantité de faute, quelle que soit leur objet ou leur gravité.

Point Avant-projet de réforme de la responsabilité civile

Art. 1241, C. civ. (avant-projet de loi) : « *Toute faute oblige son auteur à réparer le préjudice qu'elle a causé* ».

Art. 1242, C. civ. (avant-projet de loi) : « *Constitue une faute la violation d'une règle de conduite imposée par la loi ou le manquement au devoir général de prudence ou de diligence* ».

A - La diversité de la faute et l'objet de la faute

La jurisprudence retient n'importe quel comportement anormal constituant une faute :

- ***ce comportement peut être actif ou passif*** : la jurisprudence ne fait pas de différence entre faute de commission et faute d'abstention :
  - ***faute de commission*** : il s'agit d'une faute active, l'intéressé fait ce qu'il ne doit pas faire,
  - ***faute d'abstention*** : il s'agit de ne pas faire ce que l'on devrait faire. Ce type de faute est admis. Par exemple, la jurisprudence a reconnu la responsabilité d'un laboratoire pharmaceutique qui avait manqué à son obligation de vigilance et avait ainsi commis une faute « *en ne surveillant pas l'efficacité de produits litigieux, et ce, nonobstant les avertissements continus de la littérature médico-scientifique notamment en 1939 et en 1962-1963* » (affaire du *distilbène*, V. Chapitre 13*)* ;
- ***la faute dans l'exercice des droits*** : *a priori*, quand une personne exerce ses droits, l'idée que cette personne pourrait commettre une faute paraît exclue. La jurisprudence sanctionne l'abus de droit qu'elle estime pouvoir être constitutif d'une faute.

Pour aller plus loin

Les troubles du voisinage

Les troubles de voisinage constituent une application de la théorie de l'abus de droit. Le dommage anormal est le seul à devoir être réparé, même s'il est commis sans faute : il s'agit d'une responsabilité objective. Le dommage doit avoir un caractère continu ou répétitif, il ne doit pas s'agir d'un trouble accidentel ou instantané. La réparation du trouble de voisinage incombe à l'auteur du trouble et non plus au propriétaire comme ce fut le cas autrefois. La faute de la victime exonère l'intéressé de sa responsabilité, par exemple en cas d'installation de la victime dans une zone où le trouble existait déjà du fait d'une « *activité agricole, industrielle, artisanale ou commerciale* » (interprétation restrictive de la jurisprudence). La sanction est déterminée par le juge qui octroie le plus souvent des dommages-intérêts. Il peut également ordonner, ce qui est plus rare, la suppression de la cause du dommage (fermeture de l'établissement, travaux d'amélioration...). Lorsque le dommage est causé par une activité autorisée par l'administration, le juge judiciaire ne peut interdire l'activité mais peut ordonner des travaux d'amélioration et même la fermeture jusqu'à accomplissement de ces travaux.

Point Avant-projet de réforme de la responsabilité civile

Art. 1244, C. civ. (avant-projet de loi) : « *Le propriétaire, le locataire, le bénéficiaire d'un titre ayant pour objet principal de l'autoriser à occuper ou à exploiter un fonds, le maître d'ouvrage ou celui qui en exerce les pouvoirs, à l'origine d'un trouble de voisinage répond du dommage excédant les inconvénients normaux de voisinage. Lorsqu'une activité dommageable a été autorisée par voie administrative, le juge peut cependant accorder des dommages et intérêts ou ordonner les mesures raisonnables permettant de faire cesser le trouble, à condition qu'elles ne contrarient pas les prescriptions édictées par les autorités administratives dans l'intérêt de la sûreté et de la salubrité publique* ».

B - La diversité de la faute et la gravité des fautes

En ***principe***, dans le cadre de la responsabilité du fait personnel, la gravité de la faute importe peu : la faute la plus grave n'est pas exigée pour engager la responsabilité et n'a pas d'effet particulier. Selon l'article 1383 du Code civil, « *chacun est responsable du dommage qu'il a causé non seulement par son fait, mais encore par sa négligence ou par son imprudence* ».

Par ***exception***, certains types de fautes engendrent des effets particuliers :

- ***la faute inexcusable*** est spécifiquement prise en compte notamment dans le cadre de la loi du 5 juillet 1985 ;
- ***la faute intentionnelle*** constitue un acte volontaire accompli avec l'intention ou du moins la certitude de causer un dommage : elle conduit à une aggravation de la condamnation alors même que celle-ci devait en principe être fonction du préjudice ;
- ***la faute caractérisée***, c'est-à-dire d'une gravité certaine, est récemment apparue par le biais de la loi du 10 juillet 2000 tendant à préciser la définition des délits non intentionnels. La loi du 4 mars 2002 sur le droit des malades y fait également référence. La faute caractérisée a parfois été prise en compte par la jurisprudence[2].

BIBLIOGRAPHIE

CHARMONIT (J.), « L'abus de droit », RTD civ. 1982, p. 113.

DAURY-FAUVEAU (M.), « La faute de l'aliéné et le contrat », JCP 1998, I, 160.

MOULY (J.), « L'abandon de la théorie de l'acceptation des risques en matière de responsabilité du fait des choses. Enjeux et perspectives », D. 2011, Chron. p. 690.

2. Cass. 2e civ., 23 septembre 2004, Bull. civ. II, n° 432, p. 369.

CHAPITRE 15

La responsabilité du fait d'autrui

La responsabilité du fait d'autrui est prévue par les alinéas 4 et suivants de l'article 1242 du Code civil :

- ***responsabilité des parents*** du fait de leur enfant mineur ;
- ***responsabilité du commettant*** du fait de son préposé ;
- ***responsabilité des instituteurs*** du fait de leur élève : la responsabilité de l'État est substituée à celle de l'instituteur (C. civ., art. 1242 *in fine*) La mise en œuvre de cette responsabilité nécessite néanmoins la preuve préalable de la faute de l'instituteur. La jurisprudence a une conception large de la faute entraînant la responsabilité de l'État substituée à celle de l'enseignant. La faute varie surtout suivant l'âge de l'élève et plus généralement suivant les circonstances. Lorsque la responsabilité d'un membre de l'enseignement public pourrait être engagée, « *la responsabilité de l'État sera substituée à celle desdits membres de l'enseignement qui ne pourront jamais être mis en cause devant les tribunaux civils par la victime ou ses représentants* » (art. 2 loi du 5 avril 1937). La même solution s'applique lorsqu'il s'agit d'un établissement privé ayant conclu un contrat avec l'État, mais pour les établissements n'ayant pas conclu un tel contrat, les principes de la responsabilité pour faute prouvée s'appliquent (C. civ., art. 1382) ;
- ***responsabilité des artisans*** du fait de leurs apprentis (C. civ., art. 1242, al. 6) : la responsabilité de l'artisan se substitue à celle de son apprenti à condition que l'artisan dispense une formation professionnelle à l'apprenti, que ce dernier loge chez l'artisan et qu'il ait commis un fait dommageable.

La responsabilité du fait d'autrui est favorable aux victimes car elle leur fournit un second responsable qui est généralement plus solvable que l'auteur direct du dommage. Ces hypothèses sont exceptionnelles : à la différence de ce que la jurisprudence a décidé pour la responsabilité du fait des choses, l'article 1242, alinéa premier ne semble pas poser de ***principe général de responsabilité du fait d'autrui***.

Pour aller plus loin

Vers un principe général de responsabilité du fait d'autrui ?

Le 29 mars 1991[1], un arrêt *Blieck* de l'assemblée plénière de la Cour de cassation est revenu sur l'absence d'un principe général de responsabilité du fait d'autrui. La Cour de cassation a décidé qu'était responsable de plein droit l'association gérant un centre d'accueil de handicapés mentaux, lorsque l'un d'eux allume un incendie, dès lors qu'elle avait accepté la ***charge d'organiser et de contrôler, à titre permanent, le mode de vie*** de ces handicapés. La jurisprudence admet ainsi l'existence d'une responsabilité du fait d'autrui en dehors des régimes spéciaux prévus par le Code civil. D'autres décisions sont allées dans le même sens. Ainsi, lorsqu'un service éducatif privé se voit confier un mineur en danger en application des articles 375 et suivants du Code civil, il est désormais établi que ce service, ayant « *pour mission d'organiser, de diriger et de contrôler le mode de vie du mineur, est responsable des dommages qu'il cause à cette occasion* »[2]. Pour s'exonérer de sa responsabilité, ce service doit démontrer qu'il n'a commis aucune faute. De plus, il reste civilement responsable des dommages que peut causer l'enfant mineur lorsque celui-ci se trouve en visite chez ses parents ou même en stage « *dès lors qu'aucune décision judiciaire n'a suspendu ou interrompu cette mission éducative* »[3]. Les mêmes solutions s'appliquent en cas de placement du mineur dans un cadre pénal : le service éducatif peut voir sa responsabilité engagée devant les juridictions civiles[4].

La jurisprudence a également accepté d'appliquer ce principe général de responsabilité du fait d'autrui au tuteur, considérant que celui-ci « *avait accepté, en qualité de tuteur, la garde du mineur et la charge d'organiser et de contrôler à titre permanent son mode de vie* ». Il s'agit d'un nouveau pas dans l'évolution vers un fondement subjectif de la responsabilité[5].

Point Avant-projet de réforme de la responsabilité civile

Art. 1245, C. civ. (avant-projet de loi) : « *On est responsable du dommage causé par autrui dans les cas et aux conditions posées par les articles 1246 à 1249.*

Cette responsabilité suppose la preuve d'un fait de nature à engager la responsabilité de l'auteur direct du dommage ».

Art. 1247, C. civ. (avant-projet de loi) : « *Est responsable de plein droit du fait du majeur placé sous sa surveillance la personne physique ou morale chargée, par décision judiciaire ou administrative, d'organiser et contrôler à titre permanent son mode de vie* ».

Art. 1248, C. civ. (avant-projet de loi) : « *Les autres personnes qui par contrat assument, à titre professionnel, une mission de surveillance d'autrui, répondent du fait de la personne physique surveillée à moins qu'elles ne démontrent qu'elles n'ont pas commis de faute* ».

---

1. Cass. ass. plén., 29 mars 1991, Blieck : D. 1991, Jur. p. 324, note Larroumet C., JCP 1991, II, 21673, concl. Dontenwille, note Ghestin J., RTD civ. 1991, p. 541, obs. Jourdain P., Grands arrêts n° 147.
2. Cass. crim., 10 octobre 1996 : D. 1997, Jur. p. 309, note Huyette, JCP 1997, II, 22833, note Chabas.
3. Cass. 2e civ., 6 juin 2002 : D. 2002, Jur. p. 2750, note Huyette, JCP 2003, II, 10068, note Gouttenoire et Roget, RTD civ. 2002, p. 825, obs. Jourdain.
4. Cass. 2e civ., 7 mai 2003 : D. 2003, Jur. p. 2256, note Huyette.
5. Cass. crim., 28 mars 2000 : JCP 2001, II, 10456, note Robaczewski C.

1 • LA RESPONSABILITÉ DU COMMETTANT DU FAIT DE SON PRÉPOSÉ

L'article 1242, alinéa 5 du Code civil dispose que « *Les maîtres et les commettants [sont responsables] du dommage causé par leurs domestiques et préposés dans les fonctions auxquelles ils les ont employés.* »

Point Avant-projet de réforme de la responsabilité civile

Art. 1249, C. civ. (avant-projet de loi) : « *Le commettant est responsable de plein droit des dommages causés par son préposé. Est commettant celui qui a le pouvoir de donner des ordres ou des instructions en relation avec l'accomplissement des fonctions du préposé.*

En cas de transfert du lien de préposition, cette responsabilité pèse sur le bénéficiaire du transfert.

Le commettant ou le bénéficiaire du transfert n'est pas responsable s'il prouve que le préposé a agi hors des fonctions auxquelles il était employé, sans autorisation et à des fins étrangères à ses attributions. Il ne l'est pas davantage s'il établit que la victime ne pouvait légitimement croire que le préposé agissait pour le compte du commettant.

Le préposé n'engage sa responsabilité personnelle qu'en cas de faute intentionnelle, ou lorsque, sans autorisation, il a agi à des fins étrangères à ses attributions ».

A - Les conditions

Les conditions de la responsabilité du commettant du fait de son préposé sont de deux ordres :

1) Le lien de préposition

Il doit exister une ***relation entre commettant et préposé***, c'est-à-dire un lien de subordination entre eux. Celui-ci existe dès lors que le commettant a « *le droit de donner au préposé des ordres ou des instructions sur la manière de remplir les fonctions auxquelles il est employé* »[6]. La responsabilité du fait d'autrui est exclue lorsque l'activité est exercée à titre indépendant.

2) Le fait du préposé

Cette condition se dédouble :

- un ***fait dommageable*** doit avoir été commis par le préposé. La responsabilité du commettant ne peut être mise en cause lorsque le préposé est gardien au sens de l'article 1384, alinéa premier. Les qualités de gardien d'une chose et de préposé sont incompatibles ;
- il doit exister un ***lien*** entre l'acte dommageable commis par le préposé et ses fonctions.

6. Cass. civ., 4 mai 1937 : DH 1937, Jur. p. 363, Grands arrêts n° 139.

Point Jurisprudence

L'abus de fonction

Le préposé doit avoir commis le fait dommageable dans le cadre de ses fonctions. Mais qu'en est-il lorsque le préposé sort du cadre de ses fonctions ? C'est le problème de l'abus de fonction qui a donné lieu à une abondante jurisprudence :

- Cass. crim., 20 juillet 1931[7] : la jurisprudence se montre favorable à la victime. Le commettant est responsable des actes dommageables de son préposé, même s'ils sortent du cadre normal de sa fonction, dès lors que leur accomplissement a été facilité par l'exercice de celle-ci.
- Cass. ass. plén., 10 juillet 1977[8] : « *Le commettant n'est pas responsable du dommage causé par le préposé qui utilise, sans autorisation, à des fins personnelles, le véhicule à lui confié dans l'exercice de ses fonctions* ». La Chambre criminelle maintient la solution antérieure lorsqu'il ne s'agit pas d'un emprunt de véhicule.
- Cass. ass. plén., 17 juin 1983[9] : « *Les dispositions de l'article 1384, al 5 du Code civil ne s'appliquent pas au commettant en cas de dommage causé par le préposé qui, agissant sans autorisation à des fins étrangères à ses attributions, s'est placé hors des fonctions auxquelles il est employé* ». L'arrêt manque de clarté, on ne sait pas si ces trois conditions sont cumulatives.
- Cass. ass. plén., 15 novembre 1985[10] : les deux premières conditions (dommage causé par le préposé, agissant sans autorisation à des fins étrangères à ses attributions) sont imposées cumulativement par la Cour de cassation.
- Cass. ass. plén., 19 mai 1988[11] : « *Le commettant ne s'exonère de sa responsabilité que si son préposé a agi hors des fonctions auxquelles il était employé, sans autorisation et à des fins étrangères à ses attributions* » : cette décision va dans le sens de l'exigence de la réunion de ces trois éléments.

B - Les effets de la responsabilité du commettant

Les effets de la responsabilité du commettant doivent être envisagés d'une part du point de vue de la victime, et, d'autre part du point de vue du commettant.

1) Du point de vue de la victime

La victime dispose d'une ***action contre le préposé et contre le commettant***. Ils sont responsables *in solidum*. Par conséquent, le créancier peut demander le paiement de sa créance à l'un quelconque de ses débiteurs mais les codébiteurs ne peuvent se représenter les uns les autres, l'interruption de la prescription ou la chose jugée vis-à-vis de l'un d'eux ne s'étend pas aux autres). La victime peut demander la réparation intégrale à l'un ou l'autre, elle peut choisir.

7. Cass. crim., 20 juillet 1931 : DH 1931, p. 493.
8. Cass. ass. plén., 10 juillet 1977 : D. 1977, Jur. p. 465, note Larroumet C., JCP 1977, II, 18730, concl. Gulphe P., RTD civ. 1977, p. 74, obs. Durry G.
9. Cass. ass. plén., 17 juin 1983 : D. 1984, Jur. p. 134, note Denis D., JCP 1983, II, 20120, concl. Sadon, note Chabas F., RTD civ. 1983, p. 759, obs. Durry, Grands arrêts n° 141.
10. Cass. ass. plén., 15 novembre 1985 : D. 1986, Jur. p. 81, note Aubert J.-L., JCP 1986, II, 20568, note Viney G., RTD civ. 1986, p. 128, note Huet J.
11. Cass. ass. plén., 19 mai 1988 : D. 1988, Jur. p. 513, note Larroumet, RTD civ. 1989, p. 89, obs. Jourdain P.

2) *Du point de vue du commettant*

Si l'action est portée contre le commettant et que les conditions de sa responsabilité sont remplies, il ne peut pas s'exonérer de sa responsabilité en prouvant son absence de faute. Il ne peut invoquer la force majeure.

Lorsqu'il a été condamné à indemniser la victime, le commettant a une action récursoire contre le préposé. Longtemps, cette action était rarement exercée en pratique. En effet, le plus souvent, l'assureur du commettant indemnisait la victime et l'action récursoire lui était refusée en l'absence de faute intentionnelle du préposé. Peu à peu, cette jurisprudence a évolué vers la possibilité pour le commettant d'exercer une action récursoire contre son préposé dans certaines circonstances.

Point Jurisprudence

L'évolution de la jurisprudence en matière d'action récursoire du commettant contre le préposé

- Cass. com., 13 octobre 1993[12] : l'arrêt retient mais limite la possibilité d'une action récursoire du commettant contre le préposé aux hypothèses dans lesquelles le préposé a commis une faute personnelle susceptible d'engager sa responsabilité.
- Cass. ass. plén., 25 février 2000, *Costedoat* : elle opère un revirement de jurisprudence en décidant que « *n'engage pas sa responsabilité à l'égard des tiers le préposé qui agit sans excéder les limites de la mission qui lui a été impartie par son commettant* »[13].
- Cass. ass. plén., 14 décembre 2001, *Cousin* : elle précise que « *le préposé condamné pour avoir intentionnellement commis, fût-ce sur l'ordre du commettant, une infraction ayant porté préjudice au tiers, engage sa responsabilité civile à l'égard de celui-ci* »[14].

Il convient de relativiser la contradiction apparente entre les arrêts *Costedoat* et *Cousin* : dans l'arrêt *Costedoat*, le préposé n'avait commis aucune infraction pénalement réprimée ; l'arrêt *Cousin* rend possible un recours contre un préposé qui a commis une faute intentionnelle pour laquelle il a été pénalement condamné.

- Cass. 1re civ., 12 juillet 2007[15] : l'immunité dont bénéficie le préposé ne doit pas être considérée comme une irresponsabilité mais comme un obstacle à l'action de la victime contre le préposé. Ainsi, l'action subrogatoire exercée contre l'assureur du préposé reste possible : « *l'immunité dictée par l'article L. 121-12, alinéa 3 du Code des assurances ne bénéficie qu'aux personnes visées et ne fait pas obstacle à l'exercice par l'assureur qui a indemnisé la victime de son recours subrogatoire contre l'assureur de responsabilité de l'une de ces personnes* ».
- Cass. 1re civ., 21 février 2008[16] : la Cour de cassation précise les limites de l'immunité personnelle du préposé : cette immunité s'applique au préposé qui agit sans excéder les limites de la mission qui lui est impartie et « *hors les cas où le préjudice de la victime résulte d'une infraction pénale ou d'une faute intentionnelle* ».

---

12. Cass. com., 13 octobre 1993 : D. 1994, Jur. p. 124, note Viney G., RTD civ. 1994, p. 111, obs. Jourdain P.
13. Cass. ass. plén., 25 février 2000, Costedoat : D. 2000, Jur. p. 367, note Brun Ph., JCP 2000, II, 10295, concl. Kessous, note Billiau M., RTD civ. 2000, p. 582, obs. Jourdain P., Grands arrêts n° 217.
14. Cass. ass. plén., 14 décembre 2001, Cousin : D. 2002, Jur. p. 1317, note Mazeaud D., JCP 2002, II, 10026, note Billiau M., RTD civ. 2002, p. 109, obs. Jourdain P.
15. Cass. 1re civ., 12 juillet 2007 : D. 2007, Jur. p. 2908, note Porchy-Simon S., JCP 2007, II, 10162, note Hocquet-Berg S., RTD civ. 2008, p. 109, obs. Jourdain P.
16. Cass. 1re civ., 21 février 2008 : D. 2008, Jur. p. 2125, note Laydu J.-B.

2 • LA RESPONSABILITÉ DES PARENTS DU FAIT DE LEUR ENFANT

La responsabilité des parents du fait de leur enfant répond à certaines conditions. Il existe des cas d'exonération.

Point Avant-projet de réforme de la responsabilité civile

Art. 1246, C. civ. (avant-projet de loi) : « *Sont responsables de plein droit du fait du mineur :*

- ses parents, en tant qu'ils exercent l'autorité parentale ;

- son ou ses tuteurs, en tant qu'ils sont chargés de la personne du mineur ;

- la personne physique ou morale chargée par décision judiciaire ou administrative, d'organiser et contrôler à titre permanent le mode de vie du mineur. Dans cette hypothèse, la responsabilité des parents de ce mineur ne peut être engagée ».

A - Les conditions de la responsabilité

La responsabilité des parents du fait de leur enfant est soumise à trois conditions. Les parents sont responsables solidairement.

1) L'exercice de l'autorité parentale sur un enfant mineur

La responsabilité est la contrepartie de l'autorité parentale. La majorité et l'émancipation font cesser la responsabilité des parents du fait de leur enfant. Tirant les conséquences de la réforme de l'autorité parentale du 4 mars 2002, l'article 1242, alinéa 4 du Code civil ne fait plus référence au(x) parent(s) qui a (ont) la garde de l'enfant mais à celui ou ceux qui exerce(nt) l'autorité parentale.

2) Un fait dommageable de la part de l'enfant

L'enfant doit avoir commis un fait dommageable qui ne doit pas obligatoirement être fautif.

Point Jurisprudence

L'absence de faute de l'enfant

La jurisprudence n'exige plus que le fait dommageable commis par l'enfant constitue une faute :

– Cass. ass. plén., 9 mai 1994, *Fullenwarth*[17] : la jurisprudence avait admis qu'« *un acte commis par l'enfant, cause directe du dommage* » suffit à mettre en jeu la responsabilité des parents ;

17. Cass. ass. plén., 9 mai 1984, Fullenwarth : JCP 1984, II, 20255, note Dejean de la Bâtie N., D. 1984, Jur. p. 525, concl. Cabannces, note Chabas F.

- Cass. 1re civ., 10 mai 2001, *Levert*[18] : « *la responsabilité de plein droit encourue par les père et mère du fait des dommages causés par leur enfant mineur habitant avec eux n'est pas subordonnée à l'existence d'une faute de l'enfant* » ;
- Cass. ass. plén., 13 décembre 2002[19] : le dommage doit avoir été directement causé par le fait, même non fautif, du mineur.

3) La cohabitation de l'enfant et ses parents

La question qui se pose régulièrement à la jurisprudence est celle de savoir si les parents demeurent responsables du fait de leur enfant lorsque celui-ci se trouve hors du domicile parental et donc pas physiquement chez eux. La jurisprudence reste instable mais tend à considérer que la cohabitation avec les parents persiste même si l'enfant est en internat ou chez ses grands-parents par exemple.

Pour aller plus loin

L'instabilité de la jurisprudence quant à la condition de cohabitation dans la responsabilité des parents du fait de leur enfant

- Cass. 1re civ., 24 avril 1989 : l'enfant qui se trouve en vacances chez ses grands-parents n'est plus sous la surveillance de ses parents. Dans cette hypothèse, la condition de cohabitation n'était pas remplie.
- Cass. 2e civ., 2 juillet 1991 : il ne peut y avoir lieu à cohabitation lorsqu'un enfant se trouve en régime d'internat dans un collège.
- Cass. 2e civ., 4 juin 1997 et Cass. 2e civ., 20 avril 2000 : il n'y a pas rupture de cohabitation lorsque l'enfant est confié à ses grands-parents.
- Cass. 2e civ., 16 novembre 2000 et Cass. 2e civ., 29 mars 2001 : le fait que l'enfant soit pensionnaire dans un internat ne met pas fin à la communauté habituelle de résidence.
- Cass. crim., 29 octobre 2002 : après s'en être tenue pendant plusieurs années à la solution de 1991, la Chambre criminelle considère comme la deuxième Chambre civile « *qu'en effet, la cohabitation de l'enfant avec ses parents, résultant de sa résidence habituelle à leur domicile ou au domicile de l'un d'eux, ne cesse pas lorsque le mineur est confié par contrat à un organisme de vacances, qui n'est pas chargé d'organiser et de contrôler à titre permanent le mode de vie de l'enfant ; que seule la force majeure ou la faute de la victime peut exonérer les parents de la responsabilité qu'ils encourent de plein droit du fait des dommages causés par leur enfant mineur* ».
- Cass. crim., 8 février 2005 et 29 avril 2014 : les père et mère d'un enfant mineur dont la cohabitation avec celui-ci n'a pas cessé pour une cause légitime ne peuvent être exonérés de la responsabilité de plein droit pesant sur eux que par la force majeure ou la faute de la victime, même lorsque l'enfant vit depuis 12 ans avec ses grands-parents.
- Cass. crim., 6 novembre 2012 : « *en cas de divorce, la responsabilité de plein droit prévue par le quatrième alinéa de ce texte incombe au seul parent chez lequel la résidence habituelle de l'enfant a été fixée, quand bien même l'autre parent, bénéficiaire d'un droit de visite et d'hébergement, exercerait conjointement l'autorité parentale* ». Le parent chez lequel l'enfant ne réside pas pourra voir sa responsabilité engagée uniquement sur le fondement de l'article 1382 du Code civil c'est-à-dire à condition de prouver l'existence d'une faute de sa part.

---

18. Cass. 2e civ., 10 mai 2001, Levert : JCP 2001, II, 10643, note Mouly J., D. 2001, Jur. p. 2851, note Guerder P. et Tournafond O., D. 2002, Jur. p. 1315, note Mazeaud D., RTD civ. 2001, p. 601, obs. Jourdain P.
19. Cass. ass. plén., 13 décembre 2002 : D. 2003, Jur. p. 231, note Jourdain (2 arrêts), JCP 2003, II, 10010, note Hervio-Lelong.

B - L'exonération des parents

Depuis un arrêt ***Bertrand*** du 19 février 1997[20], la jurisprudence a décidé que l'article 1242, alinéa 4 du Code civil pose un principe de ***présomption de responsabilité des parents***. Pour s'exonérer, ils doivent apporter la preuve d'un cas de force majeure ou d'une faute de la victime. De plus, pour être exonératoire, la faute de la victime doit avoir les caractères de la force majeure. Les caractères d'imprévisibilité et d'irrésistibilité de la force majeure doivent s'apprécier à l'égard du responsable du dommage (et non de l'auteur de celui-ci)[21].

La jurisprudence a ensuite à plusieurs reprises confirmé sa volonté de voir les causes exonératoires de la responsabilité des parents limitées[22].

BIBLIOGRAPHIE

ANTIPPAS (J.), « La responsabilité civile des préposés et des commettants à la lumière du droit comparé interne », D. 2014, Chron. p. 2928.

CATTALANO-CLOAREC (G.), « La responsabilité du commettant du fait de son préposé conducteur (À propos de l'arrêt de la chambre criminelle de la Cour de cassation du 27 mai 2014), RCA décembre 2014, Étude p. 7.

LAMBERT-FAIVRE (Y.), « L'abus de fonction », D. 1996, Chron. p. 143.

RADÉ (C.), « Le renouveau de la responsabilité du fait d'autrui (apologie de l'arrêt Bertrand, deuxième chambre civile, 19 février 1997) ».

SIFFREN-BLANC (C.), « Vers une reforme de la responsabilité civile des parents », RTD civ. 2011, p. 479.

20. Cass. 2e civ., 2e, 19 février 1997, Bertrand : D. 1997, Jur. p. 265, note Jourdain P., JCP 1997, II, 22848, concl. Kessous, note Viney G.
21. Cass. 2e civ., 17 février 2011 : D. 2011, Jur. p. 1177, note Bouteille M.
22. Cass. 2e civ., 2 décembre 1998 : JCP 1999, II, 10165, note Josselin-Gall, RTD civ. 1999, p. 410, obs. Jourdain.

CHAPITRE 16

La responsabilité du fait des choses

L'article 1242, alinéa premier du Code civil dispose que l'« *On est responsable non seulement du dommage que l'on cause par son propre fait, mais encore de celui qui est causé par le fait des personnes dont on doit répondre, ou des choses que l'on a sous sa garde* ». On considérait à l'époque du Code civil que cette phrase ne faisait qu'annoncer les deux régimes spéciaux de responsabilité du fait des choses, c'est-à-dire la responsabilité du fait des animaux (C. civ., art. 1343) et la responsabilité du fait de la ruine des bâtiments (C. civ., art. 1244). Sous l'impulsion de la doctrine, la jurisprudence a accepté de faire de l'alinéa premier un principe général de responsabilité du fait des choses.

1 • LE RÉGIME GÉNÉRAL

Le domaine du régime général de la responsabilité du fait des choses est large. L'existence des conditions de sa mise en œuvre n'exclut cependant pas toute exonération.

Point Avant-projet de réforme de la responsabilité civile

Art. 1243, C. civ. (avant-projet de loi) : « *On est responsable de plein droit des dommages causés par le fait des choses corporelles que l'on a sous sa garde.*

Le fait de la chose est présumé dès lors que celle-ci, en mouvement, est entrée en contact avec le siège du dommage.

Dans les autres cas, il appartient à la victime de prouver le fait de la chose, en établissant soit le vice de celle-ci, soit l'anormalité de sa position, de son état ou de son comportement.

Le gardien est celui qui a l'usage, le contrôle et la direction de la chose au moment du fait dommageable. Le propriétaire est présumé gardien. Les dispositions du présent paragraphe sont applicable au fait des animaux ».

A - Le domaine de la responsabilité du fait des choses

Le domaine de la responsabilité du fait des choses est délimité quant aux choses que quant aux personnes.

1) Quant aux choses

En principe, cette responsabilité fonctionne pour toutes les choses. Il y a eu plusieurs tentatives pour limiter l'application de ce principe général à certaines choses seulement mais elles ont échoué. Seules sont exclues les choses qui relèvent d'un régime spécial de responsabilité du fait des choses. On ne distingue pas selon la nature de la chose, c'est-à-dire entre :

- meubles et immeubles ;
- choses dangereuses et choses non dangereuses ;
- choses actionnées par la main de l'homme et choses dotées d'un dynamisme propre ou atteintes d'un vice propre ayant causé le dommage ;
- choses en mouvement et choses immobiles.

Il y a des limites :

- les ***res nullius*** (choses sans maître) échappent à l'application de l'article 1242, alinéa premier *du Code* civil : c'est le cas de la neige tombée du ciel, mais pas du sable apporté par le vent sur une terre appropriée ;
- le ***corps humain*** n'est pas en principe considéré comme une chose sauf dans des cas très limités où la jurisprudence a admis l'application de l'article 1242, alinéa premier du Code civil[1].

2) Quant aux personnes

L'article 1384, alinéa 1er du Code civil peut être invoqué par le ***gardien de la chose*** qui a subi un dommage. Lorsqu'il y a plusieurs gardiens de la chose, l'un des gardiens victime ne peut pas invoquer ce texte pour mettre en jeu la responsabilité des autres.

Pour aller plus loin

L'abandon de la théorie de l'acceptation des risques dans la pratique sportive

La jurisprudence a un temps considéré que l'article 1242, alinéa premier du Code civil était inapplicable lorsque la victime avait accepté les risques, notamment dans le cadre d'une activité sportive. L'acceptation des risques n'excluait pas complètement la faute : la victime acceptait les risques normaux générés par l'activité sportive, c'est-à-dire que les règles du jeu devaient être respectées. La jurisprudence considérait que l'acceptation des risques ne pouvait pas justifier l'attitude de l'auteur du dommage, tout au plus cette acceptation pouvait constituer une faute de la victime qui viendrait partiellement dégager la responsabilité de son adversaire, à condition qu'il s'agisse de risques normaux. Dans un arrêt du 4 novembre 2010, la Cour de cassation abandonne la théorie des risques acceptés dans le cadre d'une compétition sportive[2] : elle opte pour le principe de la responsabilité sans faute du fait des choses définie à l'article 1242 du Code civil. La loi du 12 mars 2012 tendant à faciliter l'organisation des manifestations sportives et culturelles tire les conséquences de cette jurisprudence ; elle dispose que « *Les pratiquants ne peuvent être tenus pour responsables des dommages matériels causés à un autre pratiquant par le fait d'une chose qu'ils ont sous leur garde, au sens du premier alinéa de l'article 1384 du Code civil, à l'occasion de l'exercice d'une pratique sportive au cours d'une manifestation sportive ou d'un entraînement en vue de cette manifestation sportive sur un lieu réservé de manière permanente ou temporaire à cette pratique* ».

---

1. Cass. 2e civ., 2 mai 1968 : RTD civ. 1968, p. 721 ; Cass. crim., 21 juin 1990, Bull. crim. n° 257 : RTD civ. 1991, p. 124, obs. Jourdain P.
2. Cass. civ. 2e, 4 novembre 2010 : D. 2010, AJ, p. 2772, obs. Gallmeister I., RTD civ. 2011, p. 137, obs. Jourdain P.

La situation irrégulière de la victime par rapport au gardien ne l'empêche pas d'invoquer l'article 1384, alinéa premier du Code civil.

B - Les conditions de la responsabilité

La mise ne œuvre de la responsabilité du fait des choses n'est envisageable qu'en présence d'un fait de la chose et après détermination du gardien de cette chose.

1) Le fait de la chose

Pour que la responsabilité soit engagée, le dommage doit être rattachable au ***fait d'une chose*** : la chose doit intervenir matériellement dans la production du dommage. Il est nécessaire que la chose ait joué un rôle actif dans la production du dommage ; elle doit avoir été l'instrument du dommage. Pour autant, le contact entre la chose et la victime n'est pas indispensable[3].

La ***preuve du fait de la chose*** incombe à la victime sauf dans certains cas :

- lorsque la chose est en mouvement et est entrée en contact avec la victime, la chose est présumée être la cause du dommage ; la victime doit seulement prouver l'intervention de la chose ;
- lorsque la chose est en mouvement et n'est pas entrée en contact avec la victime ou si la chose était inerte, la victime doit prouver l'intervention de la chose et son rôle actif.

Pour aller plus loin

La jurisprudence relative au contact d'une chose inerte avec la victime

- Cass. 2e civ., 15 juin 2000[4] : la Cour de cassation affirme que le fait pour une personne de heurter une vitre permet d'engager la responsabilité du gardien sans que la victime n'ait à prouver le comportement anormal, la « *position anormale* » ou le « *vice de la chose* ».
- Cass. 2e civ., 25 octobre 2010, Cass. 2e civ., 18 septembre 2003[5] : la Cour de cassation considère, dans une espèce où le demandeur avait heurté une boîte aux lettres qui occupait pourtant une position normale, que celle-ci avait été l'instrument du dommage, sans qu'il soit exigé que soit apportée la preuve du « *fait de la chose* ». La jurisprudence se contente à nouveau de constater que la chose est l'instrument du dommage sans exiger la preuve de son rôle actif.
- Cass. 2e civ., 24 février 2005 (2 arrêts)[6] : la deuxième chambre civile de la Cour de cassation opère une mise au point en affirmant que le gardien de la chose ne peut voir sa responsabilité engagée sur le fondement des dommages résultant d'un contact de la victime avec la chose : la victime doit démontrer l'anormalité de la chose lorsque celle-ci est inerte.

---

3. Cass. civ., 22 janvier 1940, Poyet : S. 1940, 1, p. 19, DC 1941, p. 101, note Savatier R.
4. Cass. 2e civ., 15 juin 2000 : D. 2001, Jur. p. 886, note Blanc G.
5. Cass. 2e civ., 25 octobre 2001 : D. 2002, Jur. p. 1450, note Prat C., RTD civ. 2002, n° 1, p. 108, obs. Jourdain P.
6. Cass. 2e civ., 24 février 2005 (2 arrêts) : D. 2005. Jur. p. 1395, note Damas.

2) *La détermination du gardien de la chose*

Il existe un régime général permettant de déterminer le gardien de la chose ainsi que quelques cas particuliers.

a) Le régime général

Pendant longtemps, la jurisprudence a rattaché la garde à un pouvoir juridique sur la chose : il fallait un droit sur ou par rapport à la chose.

Depuis un arrêt ***Franck*** des chambres réunies de 1941[7], il est admis que la garde découle d'un simple pouvoir de fait, défini comme un pouvoir d'usage, de direction et de contrôle de la chose. Aujourd'hui, ce pouvoir ne suppose pas le discernement chez le gardien[8].

La détention de la chose est transférée en même temps que la garde (*exemple* : locataire, emprunteur...).

Le propriétaire de la chose est présumé être gardien mais il peut démontrer qu'il a perdu la garde par exemple lorsqu'il a prêté la chose[9]. La garde est alternative et non cumulative : il n'y a en principe qu'***un seul gardien***. Il y a une exception : deux ou plusieurs personnes peuvent être co-gardiennes d'une chose lorsqu'elles sont toutes dans une même situation par rapport à la chose. Elles peuvent être condamnées *in solidum*.

b) Les cas particuliers

La doctrine et la jurisprudence ont parfois distingué entre la ***garde de la structure et la garde du comportement***. Le dommage peut en effet découler d'un vice de la structure interne de la chose et non pas de son comportement : la doctrine a proposé de distinguer deux gardiens et de rendre responsable le gardien de la structure interne. La jurisprudence a retenu cette théorie en 1956[10] : la SNCF transporte de l'Oxygène liquide qui explose au cours du voyage. La solution traditionnelle découlait de l'arrêt *Franck* : la garde appartient au propriétaire sauf s'il y a transmission de l'usage de la direction et du contrôle de la chose. La jurisprudence considère que le transporteur n'est pas responsable car l'explosion provient de la structure interne. Le propriétaire est donc responsable. Cette distinction est limitée aux choses ayant un dynamisme propre selon la jurisprudence. Le gardien est le propriétaire et souvent le fabricant.

La jurisprudence a parfois paru résoudre le problème de la détermination du gardien par le recours à la notion d'***obligation d'information***. Le transfert de la garde n'est effectif qu'en cas de transfert de l'information portant sur la chose[11]. Pour qu'il y ait transfert, il faut que le tiers sache quel préjudice peut causer la chose. Le rôle de la notion de professionnel est important : en effet, le professionnel perdra plus difficilement la garde car il devra, pour la transmettre, communiquer également l'information qui lui est attachée. Cette obligation d'information n'existait pas dans la jurisprudence antérieure. Il s'agit

---

7. Cass. ch. réunies, 2 décembre 1941, Franck : DC 1942, p. 25, note Ripert G., S. 1941, 1, p. 217, note Mazeaud H., JCP 1942, II, 1766, note Mihura J.
8. Cass. ass. plén., 9 mai 1984, préc.
9. Cass. 2e civ., 10 juin 1998 : JCP 1999, II, 10042, note Mandin.
10. Cass. 2e civ., 5 janvier 1956 : D. 1957, Jur. p. 261, note Rodière R., JCP 1956, II, 9095, note Savatier R.
11. Cass. 1re civ. , 9 juin 1993, JCP 1994, II, 22264, note Roussel F., Resp. civ. et assur. 1993, comm. p. 331.

en réalité de la simple application de la distinction traditionnelle entre garde de la structure et garde du comportement.

C - L'exonération du gardien de la chose

Le gardien ne peut pas s'exonérer en démontrant qu'il n'a pas commis de faute.

Depuis l'arrêt ***Jand'heur***[12], le gardien peut démontrer un cas fortuit ou de force majeure ou une cause étrangère pour s'exonérer de sa responsabilité. La faute de la victime est également exonératoire.

L'arrêt ***Desmares***[13] revient sur cette solution en énonçant que « *seul un événement constituant un cas de force majeure exonère le gardien de la chose, instrument du dommage, de la responsabilité par lui encourue par application de l'article 1384, alinéa 1er du Code civil ; que, dès lors, le comportement de la victime, s'il n'a pas été pour le gardien imprévisible et irrésistible, ne peut l'en exonérer, même partiellement* ».

La jurisprudence évolue ensuite jusqu'à considérer que le gardien est partiellement exonéré lorsque la faute de la victime a participé au dommage et totalement exonéré lorsque cette ***faute*** a été la cause exclusive du dommage c'est-à-dire lorsqu'elle revêt les caractères de la ***force majeure***.

2 • LES RÉGIMES SPÉCIAUX

Parmi les régimes spéciaux de responsabilité du fait des choses, le plus notoire découle de la loi du 5 juillet 1985 sur les accidents de la circulation (V. Chapitre 17). Les régimes spéciaux peuvent être fondés sur la faute ou exister en l'absence de toute faute.

A - La responsabilité fondée sur la faute

L'article 1384, alinéa 2 du Code civil prévoit la responsabilité civile en cas de ***communication d'incendie*** : le gardien de la chose dans laquelle l'incendie a pris naissance n'est responsable que si la ***faute*** est démontrée. La responsabilité suppose la preuve d'un dommage causé par un incendie (dans la première chose) puis celle de la communication de l'incendie. La jurisprudence a interprété restrictivement ce texte qui est considéré comme désuet et anachronique. La doctrine se prononce majoritairement pour son abrogation.

B - La responsabilité sans faute

Il existe trois hypothèses de responsabilité sans faute du fait des choses.

---

12. Cass. ch. réunies, 13 février 1930 : DP 1930, 1, p. 57, note Ripert, S. 1930, 1, p. 121, note Esmein.
13. Cass. 2e civ., 21 juillet 1982 : D. 1982, Jur. p. 449, concl. Charbonnier, note Larroumet, JCP 1982, II, 19861, note Chabas, RTD civ. 1982, p. 607, obs. Durry.

1) *La responsabilité du fait des animaux*

La responsabilité du fait des animaux est prévue par l'***article 1243 du Code civil*** et fonctionne en général comme la responsabilité du fait des choses.

2) *La responsabilité du fait de la ruine des bâtiments*

Selon l'article 1244 du Code civil, la responsabilité du fait de la ruine des bâtiments implique qu'il y ait un bâtiment, qu'il soit en ruine (dégradation totale ou partielle) et que cette ruine soit due à un ***défaut d'entretien*** ou à un ***vice de construction*** : le propriétaire est alors responsable.

Pour s'exonérer, le propriétaire ne peut pas démontrer son absence de faute ; il doit prouver une cause étrangère.

La responsabilité du fait de la ruine des bâtiments est en désuétude. La jurisprudence préfère recourir à la responsabilité du fait des choses de l'article 1242, alinéa 1er du Code civil[14].

3) *La responsabilité du fait des produits défectueux*

Un titre IV *bis* du Livre III du Code civil « De la responsabilité du fait des produits défectueux » a été introduit par la loi nº 98-389 du 19 mai 1998. Il s'agissait d'introduire dans le Code civil la directive du 25 juillet 1985 sur la responsabilité du fait des choses.

a) Le domaine d'application

Le domaine de la responsabilité du fait des produits défectueux est précis à la fois quant aux personnes et quant aux produits concernés.

1. Les personnes concernées

- *les responsables* :
  - le *producteur* : il s'agit du producteur du produit fini ou d'une composante de celui-ci,
  - les *personnes assimilées aux producteurs* : il s'agit de celui qui appose sa marque ou tout autre signe distinctif sur le produit, le vendeur, le loueur professionnel c'est-à-dire le fournisseur... ;
- ***les victimes*** : il s'agit du consommateur ou de l'utilisateur professionnel du produit.

Point Avant-projet de réforme de la responsabilité civile

Art. 1289, C. civ. : « *Le producteur est responsable du dommage causé par un défaut de son produit, qu'il soit ou non lié par un contrat avec la victime* ».

Art. 1293, C. civ. : « *Est producteur, lorsqu'il agit à titre professionnel, le fabricant d'un produit fini, le producteur d'une matière première, le fabricant d'une partie composante [...]* ».

Les articles 1393 et 1294 définissent les personnes assimilées au producteur ou celles qui sont susceptibles d'être déclarées responsables.

---

14. Cass. 2e civ., 22 octobre 2009 : D. 2010, Jur. p. 413, note Douloum B., RTD civ. 2010, p. 115, obs. Jourdain P.

2. Les produits concernés

Les produits concernés sont des biens meubles (C. civ., art. 1245-2). Il peut s'agir d'une matière première non transformée, transformée ou bien intégrée à une autre.

Point Avant-projet de réforme de la responsabilité civile

Art. 1291, C. civ. : « *Est un produit tout bien meuble, même s'il est incorporé dans un immeuble, y compris les produits du sol, de l'élevage, de la chasse et de la pêche. L'électricité est considérée comme un produit* ».

Art. 1295, C. civ. : *En cas de dommage causé par le défaut d'un produit incorporé dans un autre, le producteur de la partie composante et celui qui a réalisé l'incorporation sont solidairement responsables* ».

Art. 1297, C. civ. : « *Le producteur peut être responsable du défaut alors même que le produit a été fabriqué dans le respect des règles de l'art ou de normes existantes ou qu'il a fait l'objet d'une autorisation administrative* ».

b) Le régime de la responsabilité

La responsabilité du fait des produits défectueux se caractérise par le caractère impératif de la responsabilité des producteurs. Il nécessite un fait générateur de responsabilité ainsi qu'un lien de causalité entre celui-ci et le dommage. Des causes d'exonération sont cependant prévues.

Point Avant-projet de réforme de la responsabilité civile

Art. 1296, C. civ. : « *Le demandeur doit prouver le dommage, le défaut et le lien de causalité entre le défaut et le dommage* ».

1. Le caractère impératif de la responsabilité des producteurs

Aucune clause ne peut être contraire au régime de responsabilité instauré par la loi (C. civ., art. 1245-14). Cependant, pour les dommages aux biens, les clauses exclusives ou limitatives de responsabilité sont admises dans les rapports entre professionnels (C. civ., art. 1245-14, al. 2).

Point Avant-projet de réforme de la responsabilité civile

Art. 1299-1, C. civ. : « *Les clauses limitatives ou élusives de responsabilité sont écartés en matière de responsabilité du fait des produits défectueux* ».

2. Le fait générateur de responsabilité

Le fait générateur de responsabilité est constitué par le défaut d'un produit mis en circulation.

Point Avant-projet de réforme de la responsabilité civile

Art. 1292, C. civ. : « *Un produit est défectueux au sens de la présente section lorsqu'il n'offre pas la sécurité à laquelle on peut légitimement s'attendre.*

Dans l'appréciation de la sécurité à laquelle on peut légitimement s'attendre, il doit être tenu compte de toutes les circonstances et notamment de la présentation du produit, de l'usage qui peut en être raisonnablement attendu et du moment de sa mise en circulation.

Un produit ne peut être considéré comme défectueux par le seul fait qu'un autre, plus perfectionné, a été mis postérieurement en circulation ».

3. Le lien de causalité

Le demandeur doit prouver le lien de causalité entre le défaut du produit et le dommage.

4. Les causes d'exonération

Les causes d'exonération de la responsabilité du fait des produits défectueux sont diverses :

- le défaut du produit n'est pas la cause du dommage ;
- le produit n'était pas encore en circulation lors du dommage ;
- la faute de la victime a les caractères de la force majeure ;
- délai de responsabilité : 10 ans à compter de la mise en circulation du produit (C. civ., art. 1245-15) ;
- délai de prescription : 3 ans à compter de la connaissance du dommage par la victime (C. civ., art. 1245-16).

Point Avant-projet de réforme de la responsabilité civile

Les articles 1298 à 1299-1 précisent les causes d'exonération du producteur. Les clauses limitatives ou élusives de responsabilité sont écartées en matière de responsabilité du fait des produits défectueux.

BIBLIOGRAPHIE

Brun (Ph.), « De l'intemporalité du principe de responsabilité du fait des choses », RTD civ. 2010, p. 487.

Dagorne-Labbé (Y.), « La loi du 19 mai 1998 du fait des produits défectueux », Defrénois 1998, 1, p. 1265, art. 36888.

Desnoyer (Ch.), « La jurisprudence relative à l'articulation des articles 1386 et 1384, alinéa 1er, du Code civil », RTD civ. 2012, p. 461.

François (J.), « Fait générateur de la responsabilité du fait d'autrui : confirmation ou évolution ? », D. 2007, Chron. p. 2409.

CHAPITRE 17

L'indemnisation des victimes d'accidents de la circulation

La mise en œuvre de la responsabilité du fait des choses sur la base de l'alinéa premier de l'article 1242 du Code civil en cas d'accident de la circulation est apparue rapidement inadaptée en raison du développement de la circulation automobile et par conséquent des accidents de la circulation. La victime devait pouvoir être assurée d'une indemnisation rapide et certaine.

Dans un arrêt de 1982[1], ***Desmares***, la Cour de cassation décida que, même en cas de faute de la victime, le gardien du véhicule automobile était entièrement responsable du dommage qu'il subissait sauf en cas de force majeure. Cette solution ne pouvait être étendue aux autres hypothèses de responsabilité du fait des choses. Il apparaissait donc indispensable de créer un régime spécifique d'indemnisation des victimes d'accidents de la circulation. La ***loi du 5 juillet 1985 dite « loi Badinter »*** répondit à cet objectif.

1 • LE DOMAINE D'APPLICATION

La loi du 5 juillet 1985 s'applique aux véhicules terrestres à moteur impliqués dans un accident de la circulation.

Point Avant-projet de réforme de la responsabilité civile

Art. 1285, C. civ. : « *Le conducteur ou le gardien d'un véhicule terrestre à moteur répond de plein droit du dommage causé par un accident de la circulation dans lequel son véhicule, ou une remorque ou semi-remorque, est impliqué.*

Les dispositions de la présente section sont d'ordre public et sont seules applicables contre le conducteur ou le gardien d'un véhicule impliqué dans un accident de la circulation. Elles s'appliquent même lorsque la victime est transportée en vertu d'un contrat ».

1. Cass. 2e civ., 21 juillet 1982, Desmares, préc.

A - Un véhicule terrestre à moteur

Sont visés par l'article premier de la loi du 5 juillet 1985 le véhicule terrestre à moteur et ses remorques ou semi-remorques. En sont exclus les véhicules circulant sur des chemins de fer et les tramways circulant sur des voies qui leur sont propres[2]. La conception adoptée par la jurisprudence est large.

En cas de collision entre une automobile et un train à un passage à niveau :

- pour les dommages causés à la SNCF, la loi de 1985 est applicable ;
- pour les dommages causés aux passagers du train, la loi de 1985 est applicable ;
- pour les dommages causés à l'automobile, le droit commun est applicable.

B - Un accident de la circulation

Pour pouvoir être qualifié d'accident de la circulation au sens de la loi de 1985, l'accident doit se produire sur une voie de circulation et constituer un fait de circulation.

1) Une voie de circulation

Sur quel ***type de voie*** doit se produire l'accident pour que la loi puisse s'appliquer ? Il n'est pas nécessaire que ce soit la voie publique : il peut s'agir d'une voie privée de desserte d'un ensemble immobilier, d'un champ, d'une piste de ski ou d'un circuit automobile destiné à des courses et même d'un pont élévateur dans l'enceinte d'un garage[3]. Le domaine d'application retenu par la jurisprudence est plutôt large sur ce point.

Pour aller plus loin

L'accident automobile pendant une compétition sportive

Dans un arrêt de 1996[4], la Cour de cassation a exclu l'application de la loi du 5 juillet 1985 entre concurrents d'une compétition sportive dans laquelle sont engagés des véhicules terrestres à moteur. Les victimes concurrentes ne pouvaient demander réparation que sur la base du droit commun. La Cour de cassation est revenue sur cette jurisprudence traditionnelle en décidant par un arrêt du 14 juin 2012 « *que la seule présence d'un véhicule terrestre à moteur suffisait à appliquer la loi du 5 juillet 1985, la nature de la voie n'ayant pas à être prise en considération* ».

2) Un fait de circulation

Un problème se pose lorsqu'un véhicule n'est pas en circulation parce qu'il remplit une ***fonction particulière*** autre, par exemple, lorsqu'un piéton se blesse en heurtant sur le trottoir un tuyau qui reliait la cuve d'un camion-citerne à la cuve à mazout lors d'une opération de déchargement.

---

2. Cass. 2e civ., 16 juin 2011 : D. 2011, Jur. p. 2184, note Kobina Gaba H.
3. Cass. 2e civ., 25 octobre 2007 : D. 2008, Chron. p. 660, obs. Nicoletis Cl.
4. Cass. 2e civ., 28 février 1996 : D. 1996, Jur. p. 438, confirmé par Cass. 2e civ., 4 janvier 2006 : D. 2006, Jur. p. 2443, note Mouly J.

La jurisprudence considère généralement que la loi de 1985 ne s'applique pas lorsque le dommage est causé par un véhicule occupé à une tâche particulière correspondant à une fonction spécifique qui n'a rien à voir avec sa fonction naturelle de déplacement, notamment lorsque cet engin est immobile, par exemple lorsque des ***engins agricoles ou de chantiers*** sont utilisés comme instruments de travail et sont garés pour exécuter un travail à poste fixe. Pour le cas particulier des engins agricoles, les articles L. 325-1 et suivants du Code rural s'appliquent traditionnellement. Cependant, dans un arrêt du 17 novembre 2005, la deuxième chambre civile de la Cour de cassation a décidé de faire prévaloir la loi de 1985 dans l'hypothèse d'une opération d'entraide agricole[5].

Pour aller plus loin

L'incendie dans un véhicule en stationnement

Cass. 2e civ., 22 novembre 1995[6] : « *l'incendie provoqué par un véhicule terrestre à moteur, ce dernier fût-il en stationnement, est régi par les dispositions de la loi du 5 juillet 1985, et non par celle de l'article 1384, alinéa 2 du Code civil* » relatif à la communication d'incendie. Il n'y a aucune distinction entre stationnement et arrêt, ni entre immobilité et mouvement du véhicule : il y a disparition de la distinction entre véhicules en stationnement et véhicules à l'arrêt. De plus, l'incendie du véhicule implique celui-ci dans l'accident qu'il provoque.

C - L'implication du véhicule dans l'accident

Il convient de distinguer accidents simples et accidents complexes.

1) Les accidents simples

Les accidents simples sont des collisions entre deux véhicules ou entre la victime et un véhicule qui se réalisent en un trait de temps.

a) Vis-à-vis des occupants du véhicule

Il y a implication dès lors que l'accident survient entre la période qui sépare le moment où le passager est entré en contact avec le véhicule jusqu'au moment où il a perdu tout contact avec lui. Peu importe si l'accident se produit ***en cours de circulation ou à l'arrêt***. Par exemple, lorsqu'un passager est déséquilibré par un autre à l'intérieur d'un autobus durant un arrêt, le fait que l'accident est survenu à bord du véhicule révèle l'implication, même si les conditions de transport ne sont pas en cause.

Le véhicule est impliqué même si l'accident se produit au moment où la victime est ***en train de prendre place*** dans le véhicule ou d'en descendre[7].

L'implication peut découler d'un accident survenu à bord ou communiqué au véhicule alors même qu'il n'y a pas eu de ***choc avec un obstacle extérieur***[8].

---

5. Cass. 2e civ., 17 novembre 2005, Bull. civ. II, n° 291.
6. Cass. 1re civ., 22 novembre 1995 (3 arrêts) : D. 1996, Jur., p. 163, note Jourdain P., JCP 1996, II, 22656, note Mouly.
7. Cass. ass. plén., 25 octobre 1985, Bull. ass. plén. n° 5.
8. Cass. 2e civ., 3 mars 1993 : D. 1994, Somm. p. 265, note Couvrat et Massé.

b) Vis-à-vis des tiers extérieurs au véhicule

Les tiers extérieurs au véhicule sont les piétons, cyclistes, conducteurs ou passagers d'autres véhicules.

L'implication est difficile à établir en cas de contact avec le véhicule terrestre à moteur sans mouvement de celui-ci.

Dans un premier temps, la jurisprudence a admis que lorsque le véhicule est en ***stationnement***, il y a implication lorsque la position du véhicule est de nature à perturber la circulation[9].

Dans un second temps, la jurisprudence a unifié le régime des véhicules à l'arrêt et des véhicules en stationnement : le ***contact avec le véhicule*** suffit à établir l'implication de celui-ci quelles que soient les circonstances[10].

L'implication est difficile à établir en l'absence de contact avec le véhicule terrestre à moteur. La jurisprudence admet que l'implication ne nécessite pas forcément un heurt ou un choc mais exige que le véhicule ait joué un rôle dans l'accident, c'est-à-dire qu'il soit ***intervenu « à quelque titre que ce soit »***[11] (exemples : brusque ralentissement lors de la survenance de l'accident ou stationnement empêchant toute visibilité).

2) Les accidents complexes

Les accidents complexes sont les carambolages auxquels ont participé plusieurs voitures ou les collisions successives ayant atteint la même victime.

a) Les carambolages

Chaque collision a longtemps été traitée par la jurisprudence comme un accident distinct et l'implication des véhicules était appréciée par rapport à chacune de ces collisions. Peu à peu, la jurisprudence a admis qu'il y avait là un accident unique permettant à chaque victime de s'adresser à l'un quelconque des gardiens ou conducteurs du véhicule impliqué pour être indemnisée.

Pour aller plus loin

L'évolution de la jurisprudence en matière de carambolage

– Cass. 2e civ., 26 novembre 1986[12] : la Cour de cassation limite le droit de la victime contre chacun des assureurs à l'indemnisation de la part du dommage imputable à l'un des chocs. Seuls certains assureurs sont tenus d'indemniser certaines victimes. Cette solution a été critiquée par la doctrine : tous les véhicules sont impliqués dès lors qu'il y a un carambolage et leurs assureurs sont tenus « *in solidum* » vis-à-vis de toutes les victimes. En effet, la loi a pour but de faciliter l'indemnisation des victimes en rejetant les difficultés d'appréciation de la causalité. La loi n'a pas pour but de départager les responsabilités.

9. Cass. 2e civ., 21 juillet 1986 : JCP 1987, II, 20769, note Durry G., D. 1987, Jur. p. 160, Grands arrêts n° 220-222.
10. Cass. 2e civ., 23 mars 1994 : D. 1994, Jur. p. 299, JCP 1994, II, 22292, note Conte Ph., RTD civ. 1994, p. 627, obs. Jourdain P.
11. Cass. 2e civ., 13 mai 2004 : RTD civ. 2004, 744, obs. Jourdain P.
12. Cass. 2e civ., 26 novembre 1986 : D. 1987, Jur. p. 128, note Groutel H., JCP 1987, II, 20833, note Saluden M.

- Cass. 2e civ., 28 juin 1995[13] : la Cour de cassation reconnaît le caractère unique de l'accident, qualifié de collision en chaîne. Cependant, elle fait encore référence au rôle perturbateur du premier véhicule vis-à-vis du troisième. Il s'agit d'un pas important accompli vers l'implication de tous les véhicules au profit de toutes les victimes. La seule constatation du caractère quasi-simultané des collisions devrait suffire à caractériser l'implication de tous les véhicules dans l'accident global sans avoir à déterminer qui a heurté qui, ni à caractériser le rôle plus ou moins actif de tel ou tel véhicule.
- Cass. 2e civ., 24 juin 1998[14] : en cas de carambolage, il y a un accident unique dans lequel sont impliqués tous les véhicules y ayant participé. Par conséquent, pour être indemnisée, chaque victime peut s'adresser à l'un quelconque des gardiens ou conducteurs du véhicule impliqué. Cette solution, confirmée à plusieurs reprises, évite de rechercher le lien de causalité entre les véhicules impliqués et le dommage de la victime, dans le strict respect de la loi du 5 juillet 1985 qui fonde le droit à indemnisation sur le risque créé par la circulation des véhicules automobiles. Les collisions successives constituent un même accident dès lors qu'elles sont « *intervenues dans un même laps de temps et dans un enchaînement continu* »[15].

b) Les chocs successifs atteignant la même victime

Lorsqu'une victime est ***renversée par plusieurs véhicules successivement*** sans qu'il soit possible de savoir lequel a provoqué le décès, la Cour de cassation considère que l'implication du véhicule dans l'une des collisions emporte une présomption d'imputabilité du dommage final[16]. Le conducteur du véhicule impliqué dans un accident ne peut se dégager de sa responsabilité que s'il établit que cet accident est sans relation avec le dommage. En l'absence de preuve, l'indemnisation pourra être demandée à l'un quelconque des conducteurs.

La loi de 1985 ne s'applique pas à l'accident causé par un piéton. L'automobiliste agira contre le piéton sur la base du droit commun. Quant au ***piéton à l'origine de l'accident***, il peut agir contre le conducteur sur le fondement de la loi de 1985. En effet, la condition à la mise en œuvre de la loi de 1985 est que le véhicule du défendeur soit impliqué dans l'accident.

La victime ne peut invoquer la loi de 1985 lorsque le ***seul véhicule impliqué dans l'accident*** est celui qu'elle conduit : la victime ne peut se prévaloir de la loi de 1985 à l'encontre de son assureur.

2 • LE RÉGIME D'INDEMNISATION

Le régime d'indemnisation diffère selon que la victime est conducteur ou non.

13. Cass. 2e civ., 28 juin 1995, Bull. civ. II, n° 203.
14. Cass. 2e civ., 24 juin 1998 : RTD civ. 1998, p. 922, obs. Jourdain P.
15. Cass. 2e civ., 2 octobre 2008 : RTD civ. 2009, p. 335, obs. Jourdain P.
16. Cass. 2e civ., 5 juin 1991 : JCP 1992, II, 21934, note Conte Ph.

A - La victime non-conducteur

Les modalités d'indemnisation des atteintes à la personne diffèrent de celles des atteintes aux biens.

1) Les atteintes à la personne

La victime non-conducteur ne perd son droit à indemnisation que dans des hypothèses limitées.

Situation de la victime	Cause de refus d'indemnisation
< 16 ans ou > 70 ans ou taux d'incapacité permanente ou d'invalidité > 80 %	La victime « *a volontairement recherché le dommage qu'elle a subi* » (art. 3, al. 2 et 3 de la loi) = tentative de suicide[17].
Entre 16 et 70 ans + n'est pas titulaire d'un titre lui reconnaissant un taux d'incapacité permanente > 80 %	Lorsque la victime a commis une « *faute inexcusable si elle a été la cause exclusive de l'accident* » (art. 3, al. 1er de la loi). – faute inexcusable = « *la faute volontaire d'une exceptionnelle gravité exposant sans raison valable son auteur à un danger dont il aurait dû avoir conscience* »[18]. – Cause exclusive = le conducteur n'est exonéré en cas de faute inexcusable de la victime que si celle-ci présente les caractères de la force majeure. – *Ex.* : traversée brutale d'une autoroute ou d'une voie à grande circulation par un piéton franchissant les barrières de sécurité (Cass. 2e civ., 15 juin 1988), circulation d'un cycliste en sens interdit sur un boulevard (Cass. 2e civ., 7 juin 1990) mais pas la traversée par un piéton d'une route nationale (Cass. 2e civ., 20 février 1988), ni au feu vert et sans regarder (Cass. 2e civ., 20 avril 1988).

2) Les atteintes aux biens

L'article 5, alinéa 1er de la loi de 1985 prévoit que « *la faute commise par la victime a pour effet de limiter ou d'exclure l'indemnisation des dommages aux biens qu'elle a subis* ».

La victime peut donc se voir opposer sa faute, ce qui aboutira à un partage des responsabilités ou à une exclusion totale de l'indemnisation. Le conducteur du véhicule peut également lui opposer la force majeure ou le fait d'un tiers sauf dans deux cas :

- pour les fournitures et appareils délivrés sur prescription médicale : le régime est le même que celui des atteintes à la personne (art. 5, al. 1er de la loi) ;
- dans le cas où le conducteur du véhicule n'en est pas le propriétaire, la faute de ce conducteur peut être opposée au propriétaire pour l'indemnisation des dommages causés à son véhicule. Le propriétaire dispose alors d'un recours contre le conducteur (art. 5, al. 2 de la loi).

17. Cass. 1re civ., 21 juillet 1992, 1, Bull. civ. I, n° 218.
18. Cass. 2e civ., 20 juillet 1987, Bull. civ. II, n° 160, Grands arrêts n° 142.

Point Avant-projet de réforme de la responsabilité civile

Art. 1286, C. civ. : « *Les victimes ne peuvent se voir opposer le cas fortuit ou le fait d'un tiers même lorsqu'ils présentent les caractères de la force majeure. Elles n'ont pas droit à réparation sur le fondement de la présente section lorsqu'elles ont volontairement recherché le dommage qu'elles ont subi* ».

Art. 1287, C. civ. : « *En cas de dommage corporel, la faute de la victime est sans incidence sur son droit à réparation, à moins qu'il ne s'agisse d'une faute inexcusable ayant été la cause exclusive de l'accident.*

Toutefois, les victimes âgées de moins de seize ans ou de plus de soixante-dix ans ou, quel que soit leur âge, titulaires, au moment de l'accident, d'un titre leur reconnaissant un taux de déficit fonctionnel permanent au moins égal à 80 p. 100, sont, dans tous les cas, indemnisées des dommages corporels ».

Art. 1288, C. civ. : « *En cas de dommage matériel, la faute de la victime a pour effet de limiter ou d'exclure l'indemnisation de ses préjudices lorsqu'elle a contribué à la réalisation du dommage.*

L'exclusion de l'indemnisation doit être spécialement motivée par référence à la gravité de la faute.

Toutefois, les dommages causés à des fournitures ou appareils délivrés sur prescription médicale sont indemnisés selon les règles applicables au dommage corporel.

Lorsque le conducteur d'un véhicule terrestre à moteur n'en est pas le propriétaire, la faute de ce conducteur peut être opposée au propriétaire pour l'indemnisation des dommages autres que corporels. Le propriétaire dispose d'un recours contre le conducteur ».

B - La victime conducteur

La réparation des dommages résultant d'atteintes aux biens obéit au même régime que pour les victimes non conducteurs.

1) La définition du conducteur

La loi du 5 juillet 1985 n'a pas défini la notion de conducteur, ce qui donne lieu à une jurisprudence parfois controversée. Le conducteur peut être défini comme la personne qui se trouvait aux commandes du véhicule à l'instant où l'accident a commencé à se produire :

- le conducteur éjecté de son véhicule par l'accident est considéré comme conducteur[19] ;
- le conducteur éjecté de son véhicule juste avant l'accident est considéré comme non-conducteur[20] (l'accident se réalise en quelque sorte en deux temps) ;
- l'automobiliste au volant de sa voiture remorquée par un autre véhicule est conducteur ;
- celui qui n'est pas encore aux commandes de son véhicule, même s'il s'y prépare ou vient de les quitter, est non-conducteur, par exemple la personne qui change une roue ;
- le conducteur resté aux commandes de son véhicule qui est victime d'un accident qui l'empêche de piloter est un non-conducteur en cas de nouvelle collision.

19. Cass. 2e civ., 4 octobre 1989 : JCP 1991, II, 21600, note Dagorne-Labbé.
20. Cass. 2e civ., 7 octobre 2004 : D. 2005, Jur. p. 938, note Maury C.

2) *La situation du conducteur*

Le conducteur se trouve dans une situation inférieure par rapport aux autres victimes de dommages corporels.

a) Les conséquences des fautes du conducteur

Pendant longtemps, la faute de la victime conducteur a exclu toute réparation dès lors qu'elle était la seule faute établie à l'origine de l'accident, sans qu'il soit nécessaire de prouver qu'elle avait été imprévisible et irrésistible pour le défendeur. Peu à peu, la jurisprudence a admis que la faute de la victime conducteur ne pouvait limiter ou exclure son indemnisation du dommage en l'absence de preuve du lien causal entre la faute de la victime conducteur et son dommage.

Pour aller plus loin

L'évolution de la jurisprudence en matière d'indemnisation du conducteur fautif

Une importante opposition entre la deuxième Chambre civile de la Cour de cassation et la Chambre criminelle est apparue :

- Cass. 2e civ., 13 avril 1992[21] : le conducteur fautif, même s'il a commis une faute légère, ne peut prétendre à aucune indemnisation s'il ne prouve pas que l'autre conducteur a lui-même commis une faute :
  - le conducteur qui a commis une faute n'a pas d'action contre un autre qui n'en a pas commis. En cas de collision, seule la faute commise par l'un des conducteurs a pour effet de permettre l'indemnisation partielle du dommage subi par l'autre,
  - l'examen des fautes respectives est très important. Il vient même précéder l'implication. Lorsque la victime est en faute, elle doit avant tout prouver la faute du défendeur. Cela devient une condition de recevabilité de son action. Elle applique strictement les principes de la responsabilité pour faute ;
- Cass. crim., 22 juin 1996[22] : en cas de collision de VTM, chaque conducteur, même non fautif, est tenu d'indemniser l'autre, sauf limitation ou exclusion de cette indemnisation, par suite de la faute commise par ce dernier.
- Cass. ch. mixte, 28 mars 1997 : lorsque plusieurs véhicules sont impliqués dans un accident de la circulation, chacun des conducteurs peut obtenir une indemnisation des dommages qu'il a subis, directement ou par ricochet, sauf lorsqu'il a commis une faute ayant contribué à la réalisation de son préjudice[23]. Dans cette hypothèse, il appartient d'apprécier souverainement si cette faute a pour effet de limiter l'indemnisation ou de l'exclure.
- Cass. ass. plén., 6 avril 2007[24] : elle exige finalement que soit établie l'existence du lien causal entre la faute de la victime conducteur et son dommage, quel que soit le type de faute, c'est-à-dire même en cas de conduite en état alcoolique, pour limiter ou exclure l'indemnisation du dommage subi.

---

21. Cass. 2e civ., 13 avril 1992 : JCP 1992, IV, 1832.
22. Cass. crim., 22 juin 1996 : D. 1997, Jur. p. 138.
23. Cass. ch. mixte, 28 mars 1997 : D. 1997, Jur. p. 294, note Groutel H., RTD civ. 1997, p. 681, obs. Jourdain P.
24. Cass. ass. plén., 6 avril 2007 : D. 2007, Jur. p. 1839, note Groutel H., JCP 2007, II, 10078, note Jourdain P., RTD civ. 2007, p. 789, obs. Jourdain P.

b) L'indemnisation de la victime par ricochet

Selon l'article 6 de la loi de 1985, « *le préjudice subi par un tiers du fait des dommages causés à la victime directe d'un accident de la circulation est réparé en tenant compte des limitations ou exclusions applicables à l'indemnisation de ces dommages* » :

- le traitement de la victime par ricochet reste le reflet de celui de la victime directe : il n'y a donc pas lieu de s'interroger sur une éventuelle faute de la victime par ricochet ;
- la faute de la victime directe est opposable à la victime par ricochet :
  - si la victime directe est spécialement protégée, le préjudice de la victime par ricochet sera réparé en tenant compte de cet élément,
  - cas particulier de la victime par ricochet qui est également une victime directe de l'accident : la jurisprudence a considéré longtemps que sa faute personnelle lui était inopposable pour le calcul de son préjudice réfléchi. Lorsque le préjudice de la victime immédiate était intégralement réparé, celui subi par la victime par ricochet devait l'être également malgré sa faute personnelle. Un revirement a été opéré par un arrêt de la Chambre criminelle de 1995[25] puis confirmé par la chambre mixte[26] : « *lorsque plusieurs véhicules sont impliqués dans un accident de la circulation, chaque conducteur a droit à l'indemnisation des dommages qu'il a subis, directement ou par ricochet, sauf s'il a commis une faute ayant contribué à la réalisation de son préjudice* ».

C'est à celui qui invoque contre la victime sa qualité de conducteur de la prouver.

C - Le débiteur de l'indemnité

La loi de 1985 prévoit qu'en principe, l'indemnité réparant le dommage pèse sur le conducteur du véhicule terrestre à moteur ou à défaut sur le gardien du véhicule mais certains cas particuliers posent problème.

1) Plusieurs véhicules sont impliqués

Les victimes non conducteurs peuvent demander une indemnisation à tous les conducteurs et gardiens de véhicules impliqués dans l'accident ; ils sont tenus *in solidum*.

Les victimes conducteurs peuvent demander chacune l'indemnisation des dommages aux autres conducteurs.

La répartition définitive est complexe :

- celui qui a payé possède un recours contre les autres, fondé sur la subrogation dans les droits de la victime et sur le droit commun ;
- la répartition définitive se fera en fonction de l'importance des fautes de chacun des coauteurs ;
- exclusion du recours du conducteur fautif contre le non-fautif ;
- possibilité d'un recours pour le tout d'un conducteur non fautif contre le conducteur fautif ;

25. Cass. crim., 15 mars 1995 : RTD civ. 1995, p. 642, obs. Jourdain P.
26. Cass. ch. mixte, 28 mars 1997, préc.

– partage des responsabilités en tenant compte des fautes ou par parts viriles si les causes de l'accident sont inconnues.

2) D'autres personnes que les conducteurs ont participé à l'accident

Lorsqu'ont participé à l'accident à la fois des personnes responsables sur le fondement de la loi de 1985 et des personnes responsables sur le fondement du droit commun, les deux sont tenus *in solidum*. Celui qui a indemnisé la victime a ensuite recours contre le coauteur. La répartition de la charge de l'indemnité se fait alors selon des règles précisées par la jurisprudence :

– tout d'abord, la charge de l'indemnité est répartie en tenant compte de la gravité des fautes respectives de chacun mais ce principe ne concerne pas la part d'indemnisation mise à la charge du conducteur malgré la faute de la victime, ceci afin que la loi de 1985 n'ait pas pour conséquence d'augmenter la responsabilité de droit commun ;
– le recours d'un coauteur contre un responsable ne doit pas priver, même incidemment, la victime de son droit à réparation.

BIBLIOGRAPHIE

Bloch (F.), « La faute inexcusable du piéton », JCP 1988, I, 3332.

G'sell-Macrez (F.), « La faute du conducteur victime et la causalité », RLDC 2007, p. 2597.

Groutel (H.), « L'implication du véhicule dans la loi du 5 juillet 1985 », D. 1987, Chron. p. 1.

Rouvière (F.), « L'implication dans la loi du 5 juillet 1985 : une causalité apparente », D. 2012, Chron. p. 2186.

Sargos (P.), « L'amélioration de l'indemnisation des victimes d'un accident de la circulation », D. 2009, Chron. p. 273.

« Les trente ans de la loi Badinter : bilan et perspectives (colloque du 29 mai 2015 à la faculté de droit de Metz) », Dossier de la revue Resp. civ. et assur. sept. 2015, p. 11 à 23.

CHAPITRE 18

La mise en œuvre de la responsabilité civile

Pour obtenir réparation du préjudice qu'elle a subi, la victime a le choix entre la voie contentieuse et la voie non contentieuse.

Les intéressés peuvent s'accorder au cours d'une procédure amiable. Il en existe de deux types :

- ***régime de droit commun*** : l'article 2044 du Code civil prévoit la possibilité d'une transaction qui constitue une convention qui évite une contestation ou met fin à un litige ;
- ***régime prévu par la loi de 1985 sur les accidents de la circulation*** : la loi impose à l'assureur du véhicule ou au Fonds de garantie des assurances obligatoires de dommages de faire une offre d'indemnité à la victime dans les 8 mois à compter de l'accident. L'assureur peut être sanctionné lorsque cette offre est faite avec retard ou est manifestement insuffisante.

1 • LA RÉPARATION DU DOMMAGE

Le droit à réparation existe dès que la victime subit le dommage. Le jugement est déclaratif c'est-à-dire qu'il ne fait que constater ce droit.

A - Les principes de la réparation

Quelles que soient les modalités de la réparation, celle-ci doit répondre au principe de la réparation intégrale.

1) Les modalités de la réparation

Il existe deux modes de réparation possibles :

- ***la réparation en nature*** par le rétablissement des choses dans leur état antérieur. Il s'agit par exemple de supprimer la cause du trouble par une limitation ou une interdiction de l'activité dommageable ou, dans une atteinte aux biens, de condamner le responsable à restituer le bien à la victime, à lui fournir un bien équivalent ou à remettre en état ce qui a été détruit. Elle n'est pas toujours possible car on ne peut pas toujours contraindre quelqu'un à réparer quelque chose. Parfois la réparation est matériellement impossible : préjudice insusceptible de compensation, impossibilité d'obliger l'intéressé à s'exécuter... ;

– ***la réparation par équivalent*** ou pécuniaire : elle consiste dans l'octroi de dommages-intérêts prenant la forme d'un capital ou d'une rente.

Point Avant-projet de réforme de la responsabilité civile

Art. 1259, C. civ. : « *La réparation peut prendre la forme d'une réparation en nature ou d'une condamnation à des dommages et intérêts, ces deux types de mesures pouvant se cumuler afin d'assurer la réparation intégrale du préjudice* ».

Article 1260, C. civ. : « *La réparation en nature doit être spécifiquement propre à supprimer, réduire ou compenser le dommage* ».

Article 1261, C. civ. : « *La réparation en nature ne peut être imposée à la victime* ».

Elle ne peut non plus être ordonnée en cas d'impossibilité, ou lorsqu'elle porterait atteinte à une liberté fondamentale ou entraînerait pour le responsable un coût manifestement déraisonnable au regard de son intérêt pour la victime. Sous les mêmes conditions, le juge peut également autoriser la victime à prendre elle-même les mesures de réparation en nature aux frais du responsable. Celui-ci peut être condamné à faire l'avance des sommes nécessaires ».

2) Le principe de réparation intégrale

Le principe de la réparation intégrale nécessite l'évaluation préalable du préjudice.

a) Le contenu du principe

Le montant de la réparation est indépendant de la ***gravité de la faute*** : il dépend du seul préjudice. En effet, la mise en œuvre de la responsabilité civile a pour objectif la réparation de la victime et non pas la sanction du fautif. Néanmoins, les juges se montrent souvent plus sévères lorsque la faute est grave que lorsqu'elle est légère, spécialement en matière de préjudice moral. Ils tiennent également compte de la faute de chacun en cas de partage de responsabilité.

En application de ce principe de ***réparation intégrale***, la jurisprudence s'oppose à l'obligation qu'aurait la victime de ***minimiser son dommage***[1]. Selon la jurisprudence, la victime peut refuser les soins qui réduiraient ou devraient faire disparaître le dommage sans que la réparation de son préjudice subisse une atteinte, lorsque les soins sont pénibles ou aléatoires. Dans les autres cas, elle commet une faute qui peut conduire à réduire l'étendue de la réparation.

Point Avant-projet de réforme de la responsabilité civile

Art. 1258, C. civ. : « *Sous réserve de dispositions ou de clauses contraires, la réparation doit avoir pour objet de replacer la victime autant qu'il est possible dans la situation où elle se serait trouvée si le fait dommageable n'avait pas eu lieu. Il ne doit en résulter pour elle ni perte ni profit* ».

1. Cass. 2e civ., 19 mars 1993 : RTD civ. 1997, p. 632, obs. Hauser J. et 675, obs. Jourdain P. ; Cass. 1re civ., 2 juillet 2014 : JCP 2014, 1034, note Dagorne-Labbe T.

b) *L'évaluation du préjudice*

Les juges du fond ont un pouvoir souverain d'appréciation dans l'évaluation du dommage.

1. La date d'évaluation du préjudice

Le préjudice est évalué ***au jour du jugement***. L'évolution du préjudice entre le jour où il a été causé et le jour du jugement est donc prise en compte. À compter du jour du jugement, les intérêts (au taux légal) commencent à courir (C. civ., art. 1153-1).

L'***amélioration*** du sort de la victime postérieurement au jugement n'amène pas de diminution de l'indemnité qui lui a été allouée[2]. Lorsque son état s'aggrave, l'indemnité n'est pas non plus augmentée mais il est possible à la victime d'exercer une nouvelle action faisant état d'éléments nouveaux d'***aggravation***. En l'absence d'éléments nouveaux, il y aura identité d'objet et donc autorité de la chose jugée[3].

Lorsque l'indemnité est allouée sous forme de rente, la jurisprudence admet que celle-ci peut être indexée. La loi a interdit l'***indexation*** pour les rentes allouées en réparation du préjudice causé par les automobiles et deux roues à moteur en cas de décès ou d'invalidité grave mais une majoration de plein droit calquée sur les revalorisations de rentes est prévue par la loi du 27 décembre 1974. L'évolution du préjudice peut avoir été prévue par le jugement qui s'appliquera alors.

Point Avant-projet de réforme de la responsabilité civile

Art. 1262, C. civ. (avant-projet de loi) : « *Les dommages et intérêts sont évalués au jour du jugement, en tenant compte de toutes les circonstances qui ont pu affecter la consistance et la valeur du préjudice depuis le jour de la manifestation du dommage, ainsi que de son évolution raisonnablement prévisible.*

En cas d'aggravation du dommage postérieurement au jugement, la victime peut demander un complément d'indemnité pour le préjudice qui en résulte.

Chacun des chefs de préjudice allégués est évalué distinctement ».

2. Le cumul d'indemnités

La victime peut-elle cumuler l'indemnité résultant de l'action contre le civilement responsable avec prise en charge des frais médicaux par la Sécurité sociale, l'indemnité complémentaire de l'employeur et/ou le capital lié à une assurance volontaire... ? Il convient de distinguer deux types de dommages :

- pour les ***dommages aux biens***, il n'est pas possible de cumuler l'indemnité versée par l'assureur si la victime bénéficie d'une assurance dommage aux biens et l'indemnité due par le responsable. Lorsque l'assureur verse une somme forfaitaire, la victime peut réclamer au tiers responsable seulement un complément lui assurant une réparation intégrale. L'assureur a la possibilité d'exercer un recours subrogatoire contre le tiers responsable ou son assureur responsabilité (C. assur., art. L. 121-12) ;
- pour les ***dommages à la personne***, la loi du 5 juillet 1985 organise un recours subrogatoire concernant le paiement de certaines sommes présentant un caractère

2. Cass. civ., 12 octobre 1972 : D. 1974, Jur. p. 536, JCP 1974, II, 17609, note Brousseau.
3. Cass. 2e civ., 6 janvier 1993 : RTD civ. 1993, p. 587, obs. Jourdain P.

indemnitaire telles que, par exemple, les prestations versées par les organismes de Sécurité sociale. Depuis la loi du 21 décembre 2006, les recours subrogatoires des tiers payeurs s'exercent poste par poste sur les seules indemnités qui réparent des préjudices qu'elles ont pris en charge, à l'exclusion des préjudices à caractère personnel (art. 31 de la loi de 1985 modifié par la loi du 21 décembre 2006). Ce texte institue un principe de « *préférence de la victime* » : lorsque la victime n'a été indemnisée qu'en partie, elle peut exercer ses droits contre le responsable, pour ce qui lui reste dû, par préférence au tiers payeur dont elle n'a reçu qu'une indemnisation partielle. La subrogation ne doit pas lui nuire. La loi du 5 juillet 1985 a également donné la possibilité d'un recours direct de certains tiers payeurs contre le tiers responsable ou son assureur (par exemple l'employeur pour le remboursement des charges patronales relatives aux rémunérations maintenues ou versées à la victime ; art. 32 de la loi de 1985). Cette liste est limitative.

B - Les difficultés de la réparation

Il arrive fréquemment que des problèmes se posent pour la réparation des dommages matériels et pour celle du dommage corporel.

1) Les dommages matériels

Il convient de distinguer les dommages matériels aux biens et les dommages résultant de l'inexécution d'une obligation ayant pour objet une somme d'argent.

Point Avant-projet de réforme de la responsabilité civile

Art. 1278, C. civ. : « *En cas d'atteinte à un bien corporel, l'indemnité sera de la plus faible des deux sommes représentant le coût de la remise en état et celui du remplacement du bien, sans qu'il soit tenu compte de sa vétusté.*

Lorsque le bien ne peut être ni remis en état, ni remplacé, l'indemnité sera de la valeur qu'aurait eue le bien au jour de la décision, dans son état antérieur au dommage.

Si, à la demande de la victime, le bien endommagé n'est pas remis au responsable dans son état actuel, sa valeur résiduelle sera déduite de l'indemnité ».

Art. 1279, C. civ. : « *Le cas échéant, l'indemnité compense également la privation de jouissance du bien endommagé, les pertes d'exploitation ou tout autre préjudice* ».

a) Les dommages matériels aux biens

Un problème se pose lorsque le bien endommagé est usagé :

- si la chose endommagée ne peut pas être remplacée par une chose équivalente, la jurisprudence refuse d'opérer une déduction tenant compte de l'état de vétusté, c'est-à-dire qu'une chose neuve remplacera la chose usagée endommagée ;
- lorsque la chose ne peut être remplacée par une chose équivalente, le montant des dommages-intérêts tient compte de l'usage de la chose. S'il y a eu réparation de la chose, l'indemnité ne peut pas être supérieure à la valeur de remplacement de la chose ;
- s'il y a eu remise en état de la chose, l'indemnité ne peut pas être supérieure à la valeur de remplacement de la chose ;

– si la chose a été détruite, la Cour de cassation refuse de tenir compte de l'état de vétusté de la chose remplacée pour minorer les dommages-intérêts. La victime doit pouvoir acquérir un bien de nature comparable à celui qui a été détruit.

b) Les dommages résultant de l'inexécution d'une obligation ayant pour objet une somme d'argent

Le préjudice résultant de l'inexécution d'une obligation ayant pour objet une somme d'argent est compensé par des ***intérêts moratoires*** (V. Chapitre 24).

On distingue les intérêts compensatoires, qui viennent compenser le préjudice, des intérêts moratoires, qui ont pour objet d'indemniser la victime du retard dans l'exécution du contrat. Le préjudice est compensé par des dommages-intérêts moratoires qui courent dès la mise en demeure. Ils consistent dans la condamnation à un pourcentage de la somme due, appelé « *intérêt légal* », sauf les règles particulières au commerce et au cautionnement (C. civ., art. 1344-1 nouv.). Ce taux est de 0,04 % pour l'année 2013.

Point Avant-projet de réforme de la responsabilité civile

Art. 1280, C. civ. : « *L'indemnisation du préjudice résultant du retard dans le paiement d'une somme d'argent consiste en une condamnation aux intérêts au taux légal.*

Ces dommages et intérêts sont dus sans que le créancier soit tenu de justifier d'aucune perte. Ils ne sont dus que du jour de la mise en demeure, excepté dans le cas où la loi les fait courir de plein droit.

Le créancier auquel son débiteur en retard a causé un préjudice supplémentaire, peut obtenir des dommages et intérêts distincts des intérêts moratoires de la créance ».

2) Le dommage corporel

Le préjudice corporel est composé de plusieurs éléments :

– réparation des frais occasionnés par les soins ;
– dommages-intérêts compensant l'incapacité de travail :
  - incapacité temporaire totale ou partielle (ITT ou ITP) : incapacité de travail correspondant à la période pendant laquelle une personne ne peut exercer d'activité professionnelle,
  - incapacité permanente totale ou partielle (IPT ou IPP),
  - les différents dommages subis par la victime doivent être pris en compte : diminution de salaire, préjudice d'agrément...,
  - des barèmes ont été créés pour éviter les disparités entre tribunaux : 1 % correspond à une somme.

La « ***nomenclature Dintilhac*** » est désormais reprise par la jurisprudence (V. Chapitre 13).

La notion d'incapacité est désormais remplacée par celle de « *déficit fonctionnel* ». On parle de « *déficit fonctionnel permanent* » et de « *déficit fonctionnel temporaire* ».

L'***état végétatif*** de la victime qui n'aurait pas conscience de son état ne peut pas limiter l'indemnisation.

Point Avant-projet de réforme de la responsabilité civile

Art. 1267 à 1277, C. civ. : l'avant-projet consacre 21 articles soit une sous-section aux « *Règles particulières à la réparation des préjudices résultant d'un dommage corporel* », applicables aussi bien aux décisions des juridictions qu'aux transactions. Le projet délimite les contours de ce préjudice et en fixe les conditions d'indemnisations Les **postes de préjudice** seront définis par une nomenclature fixée par décret en conseil d'État.

Art. 1281, C. civ. : « *Les contrats ayant pour objet d'exclure ou de limiter la réparation sont en principe valables, aussi bien en matière contractuelle qu'extracontractuelle. Toutefois, la responsabilité ne peut être limitée ou exclue par contrat en cas de dommage corporel* ».

Article 1282, C. civ. : « *En matière extracontractuelle, on ne peut exclure ou limiter la réparation du préjudice qu'on a causé par sa faute. Dans les régimes de responsabilité sans faute, le contrat n'a d'effet que si celui qui l'invoque prouve que la victime l'avait accepté de manière non équivoque* ».

2 • LE PROCÈS EN RESPONSABILITÉ

Les parties à l'action doivent être déterminées avant d'envisager les modalités d'exercice de celle-ci.

A - Les parties à l'action

Les parties à l'action sont d'une part le défendeur, et, d'autre part le demandeur.

1) Le défendeur à l'action

En principe, le défendeur à l'action en responsabilité est la ***personne civilement responsable*** du dommage c'est-à-dire l'auteur même du dommage (responsabilité du fait personnel) ou le responsable du fait d'autrui (responsabilité du fait d'autrui) ou le gardien de la chose (responsabilité du fait des choses). S'il est décédé, l'action sera conduite contre ses héritiers ou son cessionnaire. Parfois, il peut y avoir plusieurs personnes civilement responsables de plusieurs défendeurs, ils sont coresponsables *in solidum*. Souvent, une action est dirigée en même temps contre :

- ***l'assureur*** : c'est le cas le plus fréquent car les victimes disposent contre l'assureur d'une action directe. La victime est la seule à pouvoir percevoir l'indemnité due par l'assureur[4] ;
- ***le fonds de garantie des assurances obligatoires de dommages*** : il intervient pour les accidents de la circulation piétonniers quand l'auteur du dommage est inconnu, non assuré ou si l'assureur est insolvable (C. assur., art. L. 421-1) ;
- l'État :
  - pour l'indemnisation des victimes de dommages corporels résultant d'infractions pénales (CPP, art. 706-3 à 706-15),
  - pour l'indemnisation des victimes d'actes de terrorisme (C. assur., art. L. 4221 à L. 4221-6),
  - pour l'indemnisation des victimes d'une contamination par le sida suite à une transfusion sanguine (CSP, art. L. 3122-1 et s.), etc.

4. Cass. ch. mixte, 30 avril 1976 : D. 1977, Jur. p. 185, note Contamine-Raynaud, RTD civ. 1977, p. 556, note Durry G.

Point Avant-projet de réforme de la responsabilité civile

Art. 1265, C. civ. : « *Lorsque plusieurs personnes sont responsables d'un même dommage, elles sont solidairement tenues à réparation envers la victime. Si elles ont toutes commis une faute, elles contribuent entre elles à proportion de la gravité de leurs fautes respectives. Si aucune d'elles n'a commis de faute, elles contribuent par parts égales. Si seules certaines d'entre: elles ont commis une faute, elles supportent seules la charge définitive de la réparation* ».

Art. 1266, C. civ. : « *Lorsque l'auteur du dommage a délibérément commis une faute lourde, notamment lorsque celle-ci a généré un gain ou une économie pour son auteur, le juge peut le condamner, par une décision spécialement motivée, au paiement d'une amende civile.*

Cette amende est proportionnée à la gravité de la faute commise, aux facultés contributives de l'auteur ou aux profits qu'il en aura retirés.

L'amende ne peut être supérieure à 2 millions d'euros. Toutefois, elle peut atteindre le décuple du montant du profit ou de l'économie réalisés.

Si le responsable est une personne morale, l'amende peut être portée à 10 % du montant du chiffre d'affaires mondial hors taxes le plus élevé réalisé au cours d'un des exercices clos depuis l'exercice précédant celui au cours duquel la faute a été commise.

Cette amende est affectée au financement d'un fonds d'indemnisation en lien avec la nature du dommage subi ou, à défaut, au Trésor public ».

2) *Le demandeur à l'action*

Normalement, le demandeur à l'action est la victime mais d'autres personnes peuvent également mener l'action.

a) La victime

On distingue la victime directe de la victime par ricochet.

1. La victime directe

La personne qui ***subit directement le préjudice*** est en principe celle qui exerce l'action en responsabilité.

Les ***héritiers*** sont assimilés à la victime directe. Après de longues hésitations, la jurisprudence a finalement permis aux héritiers d'agir en réparation du préjudice moral subi par leur auteur.

Lorsque la victime est un ***mineur*** ou un ***majeur protégé***, l'action sera exercée par son représentant légal.

2. La victime par ricochet

Les victimes par ricochet sont le plus souvent les proches de la victime immédiate. Parmi ces proches, il y a les héritiers de la victime immédiate. S'agissant des victimes par ricochet, leur action est-elle complètement indépendante de l'action qu'aurait pu intenter la victime immédiate ? Le problème se pose à deux points de vue :

- ***la faute de la victime immédiate est-elle opposable à la victime par ricochet ?*** La Cour de cassation a admis cette opposabilité ;
- ***les clauses exclusives de responsabilité opposables à la victime directe le sont-elles à la victime par ricochet ?*** La jurisprudence considère que ces clauses sont inefficaces par rapport à la victime par ricochet car celle-ci agit comme tiers au contrat (terrain délictuel).

Les proches de la victime, qu'ils aient ou non un lien juridique avec elle, peuvent exercer une action en réparation dès lors qu'ils justifient d'un ***préjudice matériel ou moral personnel***, que la victime soit ou non décédée.

Point Avant-projet de réforme de la responsabilité civile

Art. 1256, C. civ. : « *La faute ou l'inexécution contractuelle opposable à la victime directe l'est également aux victimes d'un préjudice par ricochet* ».

b) L'action des personnes autres que la victime

L'action des personnes autres que la victime pose deux séries de problèmes :

- ***quand la victime a été indemnisée par le tiers payeur***, c'est-à-dire en pratique par l'assureur, celui-ci est subrogé dans les droits de la victime. Il peut exercer l'action de la victime contre la personne civilement responsable ;
- ***l'action des créanciers de la victime*** : ils peuvent exercer l'action oblique (V. Chapitre 24).

B - L'exercice de l'action

L'exercice de l'action est soumis aux règles propres à l'action en responsabilité civile mais il devra être tenu compte de l'incidence de la responsabilité pénale.

1) Les règles propres à l'action en responsabilité civile

L'action en responsabilité civile obéit à des règles propres quant au fondement de l'action et aux règles de procédures.

a) Le fondement de l'action

Le demandeur doit choisir d'une part entre responsabilité contractuelle et responsabilité délictuelle et d'autre part entre les différents fondements de responsabilité délictuelle.

1. La responsabilité contractuelle et la responsabilité délictuelle

Il existe un principe dit du « *non-cumul des deux ordres de responsabilité* »[5] :

- la victime de l'inexécution d'un contrat n'a pas d'option : elle est obligée de situer son action sur le terrain contractuel ;
- lorsque des tiers peuvent exceptionnellement mettre en jeu la responsabilité contractuelle du débiteur, le principe de non-cumul ne s'applique pas de manière aussi rigoureuse pour eux ;
- lorsqu'un tiers dispose d'une action directe en garantie, elle est nécessairement contractuelle ;
- lorsqu'un tiers est autorisé à mettre en jeu la responsabilité contractuelle dans le cas d'une stipulation pour autrui, ce tiers peut situer son action sur le terrain extra-contractuel puisqu'il peut refuser le bénéfice de la stipulation pour autrui.

5. Cass. 1re civ., 28 juin 2012 : D. 2012, AJ, p. 1736, Dubarry J., JCP 20212, n° 1069, note Dubarry J.

2. Le choix entre les différents fondements de responsabilité délictuelle

Lorsque le dommage résulte de la faute du défendeur et de la personne dont elle a la garde et de la faute du gardien, la victime peut invoquer indifféremment l'un des deux fondements ou les deux.

La victime peut demander à n'importe lequel d'entre eux la réparation de la totalité de son préjudice : chaque responsable d'un même dommage a l'obligation d'en assurer l'entière réparation.

Les responsables sont tenus *in solidum*.

b) Les règles de procédure

La ***compétence d'attribution*** est celle du tribunal de grande instance ou d'instance (montant de la demande inférieure à 10 000 €) sauf pour les accidents causés par un véhicule (le tribunal de grande instance statue à juge unique).

Est ***compétent territorialement,*** le tribunal du domicile du défenseur ou du tribunal du lieu où s'est produit le fait dommageable ou du lieu où le dommage est subi (CPC, art. 42 à 46).

S'agissant d'un fait juridique, la preuve est ***libre*** (C. civ., art. 1358). Elle pèse toujours sur le demandeur.

L'action en responsabilité délictuelle se prescrit par ***5 ans*** (C. civ., art. 2224) ou par ***10 ans*** (C. civ., art. 2226) en cas de dommage corporel.

2) L'incidence de la responsabilité pénale

Une infraction peut être à l'origine d'un dommage. Dans ce cas, deux sortes d'actions sont possibles : l'action peut être pénale sur le terrain répressif ou civile en indemnisation. Des rapports s'établissent entre les deux sortes d'actions, par exemple lorsque l'action civile est fondée sur la faute.

a) Le choix entre la voie pénale et la voie civile

La possibilité d'une action devant les ***juridictions pénales*** est prévue par l'article 3 du Code de procédure pénale. Cette action est avantageuse pour la victime car l'action devant les juridictions pénales est facilitée sur le terrain de la preuve, qui est faite par l'autorité publique.

Certaines conditions doivent être remplies :

- il existe une ***infraction***, mais la juridiction pénale peut statuer au civil après acquittement ou relaxe ;
- il existe un ***dommage*** découlant directement de l'infraction. Le préjudice moral par ricochet n'est pas admis devant la juridiction pénale. L'action civile devant les juridictions pénales est refusée aux créanciers et aux assureurs.

Quand il y a à la fois inexécution du contrat et infraction pénale, la jurisprudence considère que l'action civile devant la juridiction répressive ne peut être jugée qu'en application des ***règles de la responsabilité délictuelle***.

La constitution de partie civile déclenche l'instance. Si la victime porte son action devant la juridiction civile, elle ***ne peut revenir sur son choix*** et aller devant les juridictions pénales (C. civ., art. 5).

b) L'influence du criminel sur le civil

Il n'y a plus de solidarité des prescriptions depuis 1980. L'action civile exercée devant une juridiction répressive se prescrit selon les ***règles de l'action publique*** et l'action civile exercée devant la juridiction civile se prescrit selon les règles du Code civil (CPP, art. 10).

1. L'obligation du juge civil de surseoir à statuer

L'article 4 du Code de procédure pénale prévoit que l'action civile peut être aussi exercée séparément de l'action publique. « *Toutefois, il est* ***sursis au jugement*** *de cette action [exercée devant la juridiction civile] tant qu'il n'a pas été prononcé définitivement sur l'action publique lorsque celle-ci a été mise en mouvement.* »

2. L'autorité de la chose jugée au criminel sur le civil

Lorsque le juge pénal a ***prononcé une condamnation***, le juge civil (au sens large, c'est-à-dire y compris le juge pénal statuant sur l'action civile) doit accorder des dommages-intérêts à la victime.

Si une ***relaxe*** a été prononcée par le tribunal de police ou le tribunal correctionnel, le prévenu ne peut normalement pas être condamné au civil mais si la relaxe est motivée par l'absence d'intention, le juge civil peut condamner l'intéressé à des dommages-intérêts sur le fondement d'une faute civile d'imprudence ou d'une négligence génératrice de responsabilité civile.

La loi du 10 juillet 2000, modifiant l'article L. 121-3 du Code pénal, a mis fin au principe de l'***identité de la faute pénale d'imprudence et de la faute civile d'imprudence*** prévue à l'ancien article 1383 du Code civil. Cette règle avait pour conséquence de permettre très facilement de qualifier de faute pénale les fautes des « *décideurs* » tels que les maires et les chefs d'entreprise. Désormais, la faute pénale d'imprudence est une faute lourde, voire inexcusable.

Si la Cour d'assises ***acquitte*** l'accusé, il sera toujours possible au juge civil de prononcer des dommages-intérêts car cet acquittement résulte d'une réponse négative sur la question générale de la culpabilité. Par conséquent, la condamnation à des dommages-intérêts ne pourra être fondée sur la faute pénale mais sur une faute civile ou le non-respect d'une obligation légale.

BIBLIOGRAPHIE

Belot (F.), « Pour une reconnaissance de la notion de préjudice économique en droit français », LPA 28 décembre 2005, n° 258.

Lambert-Faivre (Y.), *Le préjudice par ricochet,* Thèse Lyon, 1959 ; *Le droit du dommage corporel (systèmes d'indemnisation),* Dalloz.

Viney (G.), « Quelques propositions de réforme du droit de la responsabilité civile », D. 2009, Chron. p. 2944.

TITRE 3

Les quasi-contrats

Les quasi-contrats font partie des engagements qui se forment sans convention. Les quasi-contrats sont traités désormais au sein du Code civil dans un sous-titre consacré aux « Autres sources d'obligations », dont font également partie la loi ou l'engagement unilatéral de volonté. Seules les dispositions relatives aux quasi-contrats sont développées. La formulation employée induit que la liste des quasi-contrats proposée **n'est pas exhaustive**. *Le Code civil reconnaît lui-même d'autres quasi-contrats, tels que les créances et récompenses matrimoniales (C. civ., art. 1433 et 1437), de même que la jurisprudence (Ch. mixte, 6 septembre 2002, n° 98-22981). Il peut également exister des quasi-contrats innommés, dont le régime juridique n'est pas prévu par le Code civil. L'ordonnance du 10 février 2016 consacre l'enrichissement sans cause, sous le terme d'« enrichissement injustifié » et précise le régime des autres quasi-contrats, c'est-à-dire la gestion d'affaires et la répétition de l'indu, qui a parfois donné lieu à un contentieux nourri.*

*Le nouvel article 1300 du Code civil définit les quasi-contrats comme « des faits purement volontaires dont il résulte un engagement de celui qui en profite sans y avoir droit, et parfois un engagement de leur auteur envers autrui ». Cette nouvelle définition fait désormais référence à l'élément décisif du quasi-contrat qu'est l'***avantage reçu sans droit**.

CHAPITRE 19

La gestion d'affaires

Le nouvel article 1301 du Code civil modernise la définition de la gestion d'affaires : « *Celui qui, sans y être tenu, gère sciemment et utilement l'affaire d'autrui, à l'insu ou sans opposition du maître de cette affaire, est soumis, dans l'accomplissement des actes juridiques et matériels de sa gestion, à toutes les obligations d'un mandataire* ». La gestion d'affaires est définie comme un ***quasi-mandat***, comme dans l'ancien article 1372.

1 • LES CONDITIONS DE LA GESTION D'AFFAIRES

Il existe des conditions relatives aux personnes et des conditions relatives à l'acte de gestion.

A - Les protagonistes de la gestion d'affaires

La gestion d'affaires n'est avérée que lorsque des conditions concernant à la fois le gérant d'affaire et le maître de l'affaire sont remplies.

1) Les conditions relatives au gérant d'affaires

Le gérant doit être capable et avoir eu l'intention de gérer l'affaire d'autrui.

Le gérant doit avoir ***conscience de gérer l'affaire d'autrui*** : il doit le faire « sciemment » volontairement, ce qui ne signifie pas qu'il doit avoir l'intention de gérer l'affaire dans l'intérêt du maître de l'affaire (C. civ., art. 1301-4 nouv.). Celui qui croit agir pour lui-même alors qu'en réalité, il gère pour l'affaire d'autrui, ne peut bénéficier des règles de la gestion d'affaires (ex. : réparation d'un bien que l'on croit être le sien).

Le gérant doit intervenir « ***sans y être tenu*** » (C. civ., art. 1301 nouv.), ni par la loi, ni par un contrat. Son action doit être spontanée. Celui qui agit parce qu'il y est contraint par un contrat ou par la loi ne peut pas se prévaloir des règles de la gestion d'affaires, ni celui qui agit dans l'intérêt général.

Conformément à la jurisprudence[1], le nouvel article 1301-4 du Code civil consacre la gestion d'affaires intéressée ou d'intérêt commun : « *L'intérêt personnel du gérant à se charger de l'affaire d'autrui n'exclut pas l'application des règles de la gestion*

1. Cass. 1re civ., 12 janvier 2012, n° 10-24512.

d'affaires ». La jurisprudence posait une condition : l'intérêt personnel du gérant ne devait pas être la cause exclusive de sa gestion[2], ce que sous-entend également le nouveau texte.

2) Les conditions relatives au maître de l'affaire

Peu importe que le maître de l'affaire soit ***capable ou non***. La jurisprudence exige qu'existe un maître de l'affaire, c'est-à-dire qu'il s'agisse d'une personne dotée de la ***personnalité juridique***[3] mais le nouveau texte ne reprend pas explicitement cette condition évidente.

Comme l'ancien texte (ancien art. 1372), le nouveau exige que la gestion soit faite « ***à l'insu ou sans opposition du maître de l'affaire*** » (C. civ., art. 1301 nouv.). La jurisprudence a décidé qu'en cas d'opposition du maître de l'affaire, le gérant pourrait néanmoins solliciter l'application des règles de la gestion d'affaires lorsque la gestion était nécessaire[4].

Le maître doit avoir été dans l'***impossibilité d'agir*** : l'article 1301-1 prévoit *in fine* dans son 1er alinéa que la gestion doit se poursuivre « *jusqu'à ce que le maître de l'affaire soit en mesure d'y pourvoir* », ce qui suppose qu'il ne l'était pas auparavant.

B - Les conditions relatives à l'acte de gestion

Ces conditions concernent à la fois l'objet et l'utilité de la gestion.

1) L'objet de la gestion

La gestion peut avoir pour objet des ***actes juridiques*** aussi bien que des ***actes matériels*** :

- ***acte matériel*** (*exemple* : réparer soi-même une partie du bâtiment du voisin) ;
- ***acte juridique*** : 2 sortes de gestion d'affaires :
  - *gestion avec représentation* : le gérant agit au nom et pour le compte du géré,
  - *gestion sans représentation* : le gérant agit pour le compte du géré mais en son propre nom.

Le gérant d'affaires ne peut intenter une action en justice dans le cadre de la gestion d'affaires.

2) L'utilité de la gestion

Selon l'article 1301 du Code civil, l'affaire doit avoir été ***gérée utilement*** :

- il n'est pas nécessaire que la gestion soit urgente ;
- l'utilité s'apprécie au moment où l'acte intervient.

En définitive, la condition d'utilité de la gestion se ramène pour l'essentiel à une condition d'opportunité de la gestion. Cette utilité n'a plus de raison d'être quand le géré ratifie la gestion *a posteriori*.

---

2. Cass. 1re civ., 25 novembre 2003, n° 02-14545.
3. Cass. crim., 7 avril 2010, n° 09-11196.
4. Cass. 1re civ., 11 février 1986, n° 84-10756.

2 • LES EFFETS DE LA GESTION D'AFFAIRES

Il convient de distinguer les effets de la gestion d'affaires d'une part dans les rapports entre le gérant et le géré et d'autre part à l'égard des tiers.

A - Les effets de la gestion d'affaires dans les rapports entre le gérant et le géré

Lorsque ***le maître ratifie*** la gestion, les effets de la gestion d'affaires ne se produisent pas. Cette ratification le rend obligé. L'opération se transforme en mandat (C. civ., art. 1301-3 nouv.).

En l'***absence de ratification***, la gestion d'affaires crée des obligations aussi bien à l'égard du géré que du gérant (quasi-contrat synallagmatique).

La gestion d'affaires produit des obligations pesant à la fois sur le gérant d'affaires et sur le maître de l'affaire.

1) Les obligations du gérant

Le gérant est en principe tenu des mêmes obligations qu'un ***mandataire.*** Le nouvel article 1301-1 du Code civil reprend les dispositions antérieurement prévues par les articles 1372, 1373 et 1374 du Code civil :

- il doit apporter à la gestion de l'affaire tous les soins raisonnables ;
- il doit rendre compte de sa gestion : l'indemnité peut être modérée par le juge, selon les circonstances, en raison des fautes ou de la négligence du gérant (C. civ., art. 1301-1 nouv./ ancien art. 1374, al. 2) : ***sa responsabilité peut être engagée*** mais elle peut être atténuée ;
- il ***ne répond pas des cas fortuits*** ;
- il est tenu de ***poursuivre la gestion*** qu'il a commencée jusqu'à son terme ou jusqu'à ce que le maître de l'affaire ou son successeur soit en état d'y pourvoir à moins que le géré ou ses héritiers ne la refusent.

2) Les obligations du géré

En principe, le maître de l'affaire est tenu des mêmes obligations que le mandant (C. civ., art. 1301-2 nouv.) :

- il doit ***respecter les engagements pris dans son intérêt*** dès lors que l'affaire a été « utilement gérée » (C. civ., art. 1301-2, al. 1er nouv.) ;
- le maître de l'affaire doit ***rembourser au gérant*** « *les dépenses faites dans son intérêt et l'indemnise des dommages qu'il a subis en raison de sa gestion* ». L'ancien article 1375 prévoyait le remboursement des seules « dépenses utiles ou nécessaires ». L'indemnisation des dommages à raison de la gestion découlait de l'article 2000 consacré au mandat. Conformément à la jurisprudence et comme en matière de mandat, « *Les sommes avancées par le gérant portent intérêt du jour du paiement* » (C. civ., art. 1301-2, al. 3 nouv.) ;

– il n'a pas l'obligation de le rémunérer. Le texte ne reprend pas la règle consacrée par la jurisprudence[5] selon laquelle toute ***rémunération du gérant*** est exclue mais l'esprit de la gestion d'affaires impose la persistance de cette solution.

Dans l'hypothèse où ***la gestion d'affaires est d'intérêt commun***, « *la charge des engagements, des dépenses et des dommages se répartit à proportion des intérêts de chacun dans l'affaire commune* » (C. civ., art. 1301-4, al. 2 nouv.).

B - Les effets de la gestion d'affaires à l'égard des tiers

Le gérant d'affaires est engagé envers les tiers avec lesquels il a traité en son nom personnel.

Le maître de l'affaire est engagé envers les tiers avec lesquels le gérant d'affaires a agi pour le compte du maître (C. civ., art. 1301-2 nouv.).

C - Le recours possible à l'enrichissement injustifié

« *Si l'action du gérant ne répond pas aux conditions de la gestion d'affaires mais profite néanmoins au maître de cette affaire, celui-ci doit indemniser le gérant selon les règles de l'enrichissement injustifié* » (C. civ., art. 1301-5 nouv.) : le gérant peut être indemnisé sur le fondement de l'enrichissement injustifié lorsque ***les conditions de la gestion d'affaires ne sont pas réunies***, mais que l'action du gérant aura procuré un enrichissement au maître, par exemple lorsque le gérant n'aura pas « sciemment » géré l'affaire du maître. En effet, les conditions de l'enrichissement injustifié sont moins strictes que celles de la gestion d'affaires, la ***condition d'altruisme*** n'étant pas exigée. Même si la règle n'était pas posée explicitement avant l'ordonnance du 10 février 2016, l'abandon de la gestion d'affaires au profit de l'enrichissement sans cause était validé.

BIBLIOGRAPHIE

GORE (F.), « Le fondement de la gestion d'affaires, source autonome et générale d'obligation », D. 1953, Chron. p. 39.

LECÈNE-MARÉNAUD (M.), « Le rôle de la faute dans les quasi-contrats », RTD civ. 1994, p. 515.

TERRIER (E.), « La fiction au secours des quasi-contrats ou l'achèvement d'un débat juridique », D. 2004, Chron. p. 1179.

5. Cass. com., 15 décembre 1992, n° 90-19608.

CHAPITRE 20

Le paiement de l'indu

Selon l'article 1302 du Code civil (ancien art. 1235), « *tout paiement suppose une dette : ce qui a été payé sans être dû, est sujet à répétition* ». La loi oblige celui qui a reçu ce qui ne lui était pas dû à le restituer. On distingue traditionnellement ***4 cas*** de paiements de l'indu :

- le *solvens (*celui qui paie) paie une dette qui n'existe pas ;
- le *solvens* paie une dette qui n'existe plus ;
- le *solvens* paie sa dette à une personne qui n'est pas son créancier ;
- le *solvens* paie une dette dont il n'est pas débiteur.

1 • LES CONDITIONS DE LA RÉPÉTITION

Il y a deux conditions principales à la répétition de l'indu.

A - La condition objective : l'absence de dettes

L'***indu objectif*** est celui qui porte sur une dette qui n'existe pas. Il est prévu par l'article 1302-1 du Code civil : « *Celui qui reçoit par erreur ou sciemment ce qui ne lui est pas dû doit le restituer à celui de qui il l'a indûment reçu* ».

Il existe deux cas d'***indu subjectif*** :

- celui dans lequel ***une personne s'acquitte d'une dette dont elle est débitrice*** mais dans les mains du mauvais créancier, prévu comme l'indu objectif, par l'article 1302-1 ;
- celui dans lequel ***une personne « par erreur ou sous la contrainte a acquitté la dette d'autrui »*** (art. 1302-2 nouv. reprenant l'interprétation par la jurisprudence de l'ancien art. 1377) : la répétition de l'indu est exclue lorsque l'*accipiens* (celui qui reçoit le paiement) a supprimé son titre ou lorsqu'il a abandonné les sûretés qui garantissaient sa créance « *afin qu'il ne pâtisse pas d'une erreur dont il n'est pas responsable et qu'il puisse retrouver la situation dans laquelle il se trouvait avant le paiement* » (Rapport au président de la République) (C. civ., art. 1302-2, al. 1er *in fine* nouv.). Le *solvens* peut demander directement le remboursement au véritable débiteur (C. civ., art. 1302-2, al. 2 nouv.)[1].

1. Cass. 1re civ., 13 octobre 1988, n° 96-22515.

L'action en répétition ne doit pas être prescrite : le délai est celui du droit commun, c'est-à-dire *5 ans*.

B - Les conditions subjectives

Des conditions subjectives doivent exister à la fois du côté du *solvens* et du côté de l'*accipiens*.

1) Du côté du solvens

Le *solvens* a droit à la répétition de l'indu dès lors qu'il a payé alors qu'il n'était pas débiteur. La répétition de l'indu est subordonnée à l'existence d'une ***erreur*** de la part du *solvens,* sauf en cas de paiement d'une dette inexistante[2].

L'erreur peut être de fait ou de droit.

La preuve de l'erreur doit être rapportée par le *solvens.* Elle peut être établie par tout moyen.

2) Du côté de l'accipiens

Il existe du côté de l'*accipiens* un certain nombre de conditions négatives à la répétition de l'indu. Ainsi, celle-ci est exclue dans plusieurs cas :

- lorsque l'*accipiens* (celui qui reçoit le paiement) est créancier mais qu'il a supprimé son titre, (C. civ., art. 1302-2, al. 2 nouv.) ;
- lorsque l'*accipiens* n'a pas d'action contre le véritable débiteur parce que son action est prescrite ou lorsque l'*accipiens* a abandonné ses sûretés (C. civ., art. 1302-2, al. 2 nouv. *in fine)* : le *solvens* peut alors exercer une action fondée sur l'enrichissement injustifié ;
- pour les obligations naturelles volontairement acquittées (C. civ., art. 1302, al. 2 nouv.).

2 • LES MODALITÉS DE LA RÉPÉTITION

Il existe deux types de règles tenant aux modalités de la répétition : les unes sont liées à la situation de l'*accipiens*, les autres à la situation du *solvens*.

Les règles de restitution en matière d'indu n'ont pas été fondamentalement modifiées par l'ordonnance du 10 février 2016, à l'exception des règles particulières crées en matière de restitution d'une prestation de service. En effet, le nouvel article 1302-3, alinéa 1er du Code civil renvoie aux nouvelles règles consacrées à la restitution aux articles 1352 à 1352-9, également applicables en cas de nullité, de caducité ou de résolution du contrat (V. Chapitre 26)

2. Cass. ass. plén., 2 avril 1993 : D. 1993, Jur. p. 373, concl. Jéol, JCP 1993, II, 22051, RTD civ. 1993, p. 820, obs. Mestre J., Grands arrêts n° 153.

Selon la jurisprudence, l'action en répétition de l'indu peut être exercée dans un délai de ***5 ans*** contre celui qui a reçu le paiement ou contre celui pour le compte duquel il a été reçu.

La jurisprudence estime que lorsque le *solvens* s'est montré ***négligent ou imprudent***, il peut voir sa responsabilité engagée envers l'*accipiens* et le montant de la répétition pourra être diminué. Une ***faute lourde*** le prive de toute action. Le nouvel article 1302-3, alinéa 2 du Code civil prévoit dans le même sens que la restitution pourra être réduite par le juge. Le texte ne fait aucune différence, comme l'avait fait un temps la jurisprudence, entre indu objectif et indu subjectif, avant d'uniformiser sa solution.

BIBLIOGRAPHIE

Defrénois-Souleau (I.), « La répétition de l'indu objectif », RTD civ. 1989, p. 243.

De Saint-Didier-Nizard (St.), *La répétition de l'indu*, Thèse Paris II, 1998.

Lenoan, « Du recours du véritable créancier contre celui qui a reçu indûment un paiement à sa place », RTD civ. 1923, p. 925.

Perruchot-Triboulet (V.), « L'indu à trois », RTD civ. 2003, p. 427.

Romani (A.-M.), « La faute de l'appauvri dans l'enrichissement sans cause et dans la répétition de l'indu », D. 1983, Chron. p. 127.

CHAPITRE 21

L'enrichissement injustifié

« *Nul ne doit s'enrichir injustement aux dépens d'autrui* ». L'enrichissement sans cause est intégré au Code civil par l'ordonnance du 10 février 2016 sous le nom d'« ***enrichissement injustifié*** » (l'abandon de toute référence à la cause dans le Code civil justifie ce choix), après sa consécration par la jurisprudence il y a plus de 100 ans[1]. La jurisprudence a peu à peu organisé le régime de l'enrichissement sans cause.

L'enrichissement injustifié permet l'exercice de l'action *de in rem verso,* qui autorise une ***personne au détriment de laquelle une autre s'est enrichie de manière injustifiée*** à demander une indemnité (C. civ., art. 1303 nouv.).

Même si le Code civil ne comportait pas jusque-là de dispositions spécifiques à ce quasi-contrat, le principe en était connu, par exemple à l'article 555 relatif aux constructions faites sur le terrain d'autrui.

1 • LES CONDITIONS DE L'ACTION *DE IN REM VERSO*

L'action *de in rem verso* est soumise à des conditions d'ordre économique et à des conditions d'ordre juridique.

A - Les conditions d'ordre économique

L'action *de in rem verso* suppose qu'une personne se soit appauvrie et l'autre enrichie. Les deux événements doivent être liés.

1) L'existence d'un enrichissement et d'un appauvrissement

a) L'enrichissement

Le texte de l'ordonnance ne précise pas la notion d'enrichissement qui a été définie peu à peu par la jurisprudence dans un sens large, comme ***tout gain en argent ou en nature.*** L'enrichissement est ***tout avantage appréciable en argent*** : accroissement d'actif, diminution de passif ou perte évitée. Il peut résider dans l'évitement d'une

1. Cass. req., 15 juin 1982, Boudier : DP 1892, 1, p. 596, S. 1893, 1, p. 281, note Labbé, Grands arrêts n° 154.

perte ou dans une économie (par exemple lorsqu'un concubin aide l'autre dans l'exercice de sa profession)[2].

L'action ne peut être exercée si l'enrichissement n'existe pas encore ou a disparu : l'enrichissement doit ***subsister*** au moment où l'action est lancée. La charge de la ***preuve*** de l'enrichissement incombe au demandeur de l'action *de in rem verso*.

b) L'appauvrissement

La notion d'appauvrissement n'est pas définie par les nouveaux textes mais la jurisprudence le définit généralement comme le résultat d'une ***perte ou d'un manque à gagner***. L'appauvrissement peut résulter d'une perte matérielle, d'un service rendu ou d'un travail fait sans rémunération. La corrélation entre appauvrissement et enrichissement.

L'appauvrissement ne doit pas trouver son origine dans une ***faute de l'appauvri***[3] mais la jurisprudence se montre parfois plus souple lorsque l'appauvri n'a commis qu'une faute d'imprudence ou de négligence[4].

Depuis plusieurs années, la jurisprudence semblait ajouter une condition à l'action *de in rem verso* : l'***absence d'intérêt personnel de l'appauvri***. Ainsi, l'action serait écartée lorsque l'appauvrissement résulte d'un risque pris par l'appauvri en vue d'en tirer éventuellement un profit[5]. Le nouvel article 1303-2 du Code civil précise dans son 1er alinéa, conformément à la jurisprudence, que l'indemnisation est exclue lorsque « *l'appauvrissement procède d'un acte accompli par l'appauvri en vue d'un profit personnel* ».

2) La corrélation entre appauvrissement et enrichissement

Le même événement doit être à l'origine à la fois de l'appauvrissement et de l'enrichissement. L'enrichissement doit faire suite à l'appauvrissement.

L'enrichissement ne doit pas nécessairement être ***direct*** : il ne doit pas obligatoirement se réaliser dans les rapports entre l'enrichi et l'appauvri. L'enrichissement peut donc être ***indirect***, procuré par l'intermédiaire du patrimoine d'un tiers[6].

Enrichissement et appauvrissement doivent être appréciés au jour de la demande en restitution.

B - Les conditions d'ordre juridique

L'enrichissement doit être injustifié et le demandeur ne doit disposer que de cette action.

2. Cass. 1re civ., 20 janvier 2010, n° 08-13400.
3. Cass. 1re civ., 14 mars 2015 : D. 2015, AJ, p. 733, JCP 2015, 359.
4. Cass. 1re civ., 27 novembre 2008 : D. 2009, Jr. p. 1122, note Dagorne-Labbé.
5. Cass. 1re civ., 7 juillet 1987 : RTD civ. 1988, p. 132, obs. Mestre J.
6. Cass. req., 15 juin 1892, Grands arrêts, t. 2, n° 239.

1) *L'absence de justification à l'enrichissement*

L'enrichissement doit être injustifié, c'est-à-dire qu'il ne doit exister ***aucune raison juridique*** fondant l'appauvrissement, qu'il s'agisse de la loi, d'une décision judiciaire ou d'un contrat.

Selon le nouvel article 1303-1 du Code civil, « *L'enrichissement est injustifié lorsqu'il ne procède ni de l'accomplissement par l'appauvri d'une obligation ni de son intention libérale* ».

2) *La subsidiarité de l'action de in rem verso*

L'enrichissement sans cause ne peut intervenir qu'à titre ***subsidiaire***. Le demandeur ne peut exercer une action *de in rem verso* lorsque, pour obtenir ce qui lui est dû, il a à sa disposition une ***autre action***. Cette règle posée par la jurisprudence[7] est confirmée par le nouvel article 1303-3 : « *L'appauvri n'a pas d'action sur ce fondement lorsqu'une autre action lui est ouverte ou se heurte à un obstacle de droit, tel que la prescription* ».

2 • LES EFFETS DE L'ACTION *DE IN REM VERSO*

L'appauvri peut obtenir une ***indemnisation*** de la part de l'enrichi.

A - Les modalités d'évaluation de l'indemnisation

Conformément à la jurisprudence, l'enrichi doit à l'appauvri « *une indemnité égale à la* ***moindre des deux valeurs*** *de l'enrichissement et de l'appauvrissement* » (C. civ., art. 1303-4, al. 1er nouv.). Le nouvel article 1303-4 du Code civil fixe une limite dans son 2e alinéa : « *En cas de mauvaise foi de l'enrichi, l'indemnité due est égale à la plus forte de ces deux valeurs* », ce qui constitue une innovation. Les règles déterminant la date d'évaluation de l'enrichissement et de l'appauvrissement font par conséquent l'objet d'un certain nombre de modifications :

- l'existence de l'appauvrissement est constatée au jour de la dépense, celle de l'enrichissement au jour de la demande ;
- l'évaluation de l'appauvrissement comme celle de l'enrichissement est faite au jour du jugement.

L'appauvrissement était auparavant évalué au jour de la réalisation de la dépense[8] et l'enrichissement à la date de la demande en restitution[9].

Alors que cette évaluation était soumise au principe du nominalisme monétaire, ce que la doctrine critiquait, le nouveau texte en fait une ***créance de valeur***, comme les créances de réparation. Cette solution est conforme à celle préconisée par le Code civil dans des textes spéciaux tels que les articles 549, 555, 566, 570, 571, 572, 574 et 576.

---

7. Cass. civ., 2 mars 1915.
8. Cass. 1re civ., 15 février 1973, Casier, n° 68-13698 ; Cass. 3e civ., 18 mai 1982, n° 80-10299.
9. Cass. 1re civ., 18 juin 1960, Cne de Fréneuse, Bull. civ. I, n° 30 ; Cass. 1re civ., 13 novembre 2014, n° 13-20442.

B - La faute de l'appauvri

L'indemnisation peut être réduite par le juge lorsque l'appauvrissement résulte d'une faute de l'appauvri (C. civ., art. 1303-2, al. 2). La faute de l'appauvri ne rend pas l'action *de in rem verso* irrecevable. Comme pour le paiement de l'indu, l'article 1303-2 du Code civil dispose qu'elle conduit à une réduction de l'indemnisation, ce qui met fin à une jurisprudence incertaine[10].

BIBLIOGRAPHIE

ROMANI (A.-M.), « La faute de l'appauvri dans l'enrichissement sans cause et dans la répétition de l'indu », D. 1983, Chron. p. 127.

10. Cass. 1re civ., 27 novembre 2008, n° 07-18875 ; *contra* Cass. com., 18 mai 1999, n° 95-19455 ou Cass. 1re civ., 19 mars 2015, n° 14-10075.

PARTIE 2

Le régime des obligations

L'obligation, quelle que soit sa source, obéit à un régime unique quant à ses modalités, sa cession ou son extinction.

Le régime des obligations faisait jusque-là l'objet de dispositions éparses désormais regroupées au sein d'un même titre. Les modifications apportées par l'ordonnance du 10 février 2016 ont permis de compléter des dispositions qui se montraient lacunaires alors que leur importance dans la pratique est manifeste.

CHAPITRE 22

Les modalités de l'obligation

Les obligations peuvent se présenter sous des modalités diverses qui peuvent affecter soit le rapport d'obligation lui-même, c'est-à-dire le lien de droit créancier/débiteur, soit les parties à ce rapport d'obligation créancier/débiteur ou l'objet de ce rapport d'obligation.

1 • LES MODALITÉS DU RAPPORT D'OBLIGATION *STRICTO SENSU*

Les parties peuvent décider que leurs obligations s'éteindront ou prendront effet à l'arrivée d'un certain événement. Elles utilisent alors les mécanismes du terme et de la condition.

A - La condition

« *L'obligation est conditionnelle lorsqu'elle dépend d'un événement futur et incertain* » (C. civ., art. 1304, al. 1er nouv.). La définition s'inspire à la fois du texte de l'ancien article 1168 et des travaux de la doctrine.

1) Les modalités de l'obligation conditionnelle

Deux modalités de la condition peuvent être distinguées (C. civ., art. 1304 nouv.) :

- lorsque la condition est suspensive, la naissance de l'obligation est suspendue à l'accomplissement de cette condition : ***l'accomplissement de la condition rend l'obligation pure et simple*** ;
- lorsque la condition est résolutoire, l'obligation naît immédiatement et produit tous ses effets : ***l'accomplissement de la condition entraîne l'anéantissement de l'obligation***.

La distinction entre condition casuelle (ancien art. 1169, « *qui dépend du hasard et qui n'est nullement dû au pouvoir du créancier ni du débiteur* »), potestative (qui dépend de la seule volonté d'un seul des contractants ; ancien art. 1170) et mixte (qui dépend à la fois de la volonté de l'un des intéressés et de la volonté d'un tiers ; ancien art. 1171) est abandonnée.

2) Les conditions de validité de la condition

« *La condition doit être **licite**. À défaut, l'obligation est nulle* ». Le nouvel article 1304-1 du Code civil simplifie l'ancien article 1172 mais sans reprendre la référence aux bonnes mœurs et simplifie l'ensemble.

L'ordonnance ne reprend pas l'exigence d'une condition ***possible*** prévue à l'ancien article 1173. « *En effet, si la condition suspensive porte sur une chose impossible, l'obligation qui en dépend ne peut prendre naissance, faute pour la condition de pouvoir se réaliser, et elle n'est donc pas nulle, et à l'inverse, lorsque la condition résolutoire est impossible, la condition ne s'accomplira pas et les effets du contrat ne seront pas remis en cause, sans qu'une nullité de l'obligation ne se justifie* » selon le Rapport au président de la République publié en même temps que l'ordonnance.

L'ordonnance maintient à l'article 1304-2 du Code civil la nullité de la condition potestative (ancien art. 1174) : « *Est nulle l'obligation contractée sous une condition dont la réalisation dépend de la seule volonté du débiteur* », sauf si elle a été exécutée en connaissance de cause.

La jurisprudence refuse que la condition puisse porter sur un élément essentiel à la formation du contrat[1].

3) Les effets de la condition

Les effets de la condition sont différents selon que l'on se situe avant ou après l'arrivée de la condition.

a) Les effets pendante conditione

Le nouvel article 1304-4 du Code civil reprend une solution constante de la jurisprudence : la partie dans l'intérêt exclusif de laquelle la condition est stipulée peut y ***renoncer*** tant qu'elle n'est pas accomplie, ni défaillie[2]. L'obligation devient alors pure et simple.

Le débiteur doit ***s'abstenir de tout acte qui empêcherait la bonne exécution de l'obligation*** (C. civ., art. 1304-5, al. 1er nouv.). Comme le prévoyait l'ancien article 1180 sans toutefois faire référence à l'action paulienne, l'article 1304-5, alinéa 1er dispose *in fine* que « *le créancier peut accomplir tout acte conservatoire et attaquer les actes du débiteur accomplis en fraude de ses droits* ». La restitution de ce qui a été payé peut toujours être demandée tant que la condition suspensive n'est pas accomplie, contrairement à la condition suspensive du terme (C. civ., art. 1304-5, al. 2 nouv.).

« *La condition suspensive est réputée accomplie si celui qui y avait intérêt en a empêché l'accomplissement* » (C. civ., art. 1304-3, al. 1er nouv.). Ce texte sanctionnant la ***mauvaise foi*** reprend l'ancien article 1178. Pour les mêmes raisons, « *La condition résolutoire est réputée défaillie si son accomplissement a été provoqué par la partie qui y avait intérêt* » (C. civ., art. 1304-3, al. 2 nouv.). La jurisprudence allait déjà dans ce sens[3].

---

1. Cass. 3e civ., 22 octobre 2015, n° 14-20096 : D. 2015, AJ, p. 2181, D. 2015, 2478, note Dissaux N.
2. Cass. com., 20 février 2007, n° 05-19601 : « *la partie bénéficiaire exclusive d'une condition, étant toujours libre d'y renoncer...* ».
3. Cass. 3e civ., 23 juin 2004, n° 03-12207.

Enfin, « *Ce qui a été payé peut être répété tant que la condition suspensive n'est pas accomplie* » (C. civ., art. 1304-5, al. 2 nouv.).

b) Les effets de la réalisation ou de la défaillance de la condition

1. Condition suspensive

Deux hypothèses doivent être distinguées :

- en cas d'***accomplissement de la condition suspensive*** : l'obligation devient pure et simple à la date de cet accomplissement et non plus rétroactivement, comme le prévoyait le Code civil (ancien art. 1181), sauf clause contraire qui laisse néanmoins les risques à la charge du débiteur (C. civ., art. 1304-6, al. 1er et 2 nouv.). « *Toutefois, les parties peuvent prévoir que l'accomplissement de la condition rétroagira au jour du contrat. La chose, objet de l'obligation, n'en demeure pas moins aux risques du débiteur, qui en conserve l'administration et a droit aux fruits jusqu'à l'accomplissement de la condition* » (C. civ., art. 1304-6, al. 2 nouv.) ;
- en cas de ***défaillance de la condition suspensive***, l'obligation est réputée n'avoir jamais existé (C. civ., art. 1304-6, al. 3 nouv.). Cet effet découle de la définition même de la condition suspensive.

2. Condition résolutoire

Selon l'article 1304-7, alinéa 1er du Code civil, « *L'accomplissement de la condition résolutoire éteint rétroactivement l'obligation, sans remettre en cause, le cas échéant, les actes conservatoires et d'administration* ». Le texte est une reprise de l'ancien article 1183 auquel s'ajoute une jurisprudence établie en matière d'actes conservatoire et d'administration[4] . Le contrat est censé n'avoir jamais existé. Les tiers qui ont acquis un droit de l'acquéreur sous condition voient leur droit anéanti avec les mêmes limites qu'en cas de nullité c'est-à-dire que les actes conservatoires et d'administration restent valables.

En cas de défaillance de la condition, le contrat est définitivement consolidé.

La rétroactivité peut désormais être écartée par les parties ou « *si les prestations échangées ont trouvé leur utilité au fur et à mesure de l'exécution réciproque du contrat* » (C. civ., art. 1304-7, al. 2 nouv.), c'est-à-dire pour les obligations à exécution successive.

B - Le terme

Le terme est un événement futur et certain dont dépend l'exigibilité ou la durée de l'obligation. « *L'obligation est à terme lorsque son* ***exigibilité est différée*** *jusqu'à la survenance d'un événement futur et certain, encore que la date en soit incertaine* » (C. civ., art. 1305 nouv.).

1) Les différentes sortes de termes

Le terme peut être ***exprès ou tacite*** (C. civ., art. 1305-1, al. 1er nouv.).

4. Cass. 1re civ., 16 janvier 1968, Bull. civ. I, n° 22.

On distingue traditionnellement :

– ***le terme suspensif*** : il suspend l'événement d'une obligation exigible jusqu'à un certain moment ;
– ***le terme extinctif*** : il fixe le moment où une obligation cesse d'être due.

Il y a deux catégories de termes quant à la nature de l'événement :

– ***le terme incertain*** : l'arrivée du terme correspond à un événement dont la date est incertaine ;
– ***le terme certain*** : une date précise est prévue pour le terme.

Il y a plusieurs catégories de termes quant à l'origine de celui-ci :

– ***le terme conventionnel*** : il est prévu par les parties ;
– ***le terme légal :*** il est déterminé par la loi ;
– ***le terme judiciaire*** : il est accordé par un tribunal.

À défaut d'accord des parties, le 2e alinéa de l'article 1305 du Code civil permet désormais au juge de ***fixer le terme*** en considération de la nature de l'obligation et de la situation des parties, ce que la jurisprudence admettait déjà[5]. La solution s'inspire des articles 1900 et 1901 qui prévoient la même règle pour le contrat de prêt.

2) Les effets du terme

Les effets du terme varient selon le moment considéré. Le terme peut disparaître pour plusieurs raisons.

a) Le mécanisme du terme

L'article 1305-2 du Code civil reprend les principes posés par l'ancien article 1186 : « *Ce qui n'est dû qu'à terme ne peut être exigé avant son échéance ; mais ce qui a été payé d'avance ne peut être répété* ».

Les effets du terme varient selon la période considérée :

– ***avant la survenance du terme*** :
  • la créance existe : le débiteur qui a payé n'a pas droit à répétition (C. civ., art. 1305-2 nouv.),
  • la créance n'est pas exigible : le créancier ne peut agir en exécution ; la prescription ne peut commencer à courir (C. civ., art. 2233) ;
– ***lors de la survenance du terme*** : la survenance du terme rend la créance exigible. Le créancier peut agir en exécution forcée après une mise en demeure préalable du débiteur.

Sauf disposition légale ou conventionnelle contraire ou circonstances particulières, le terme profite au débiteur : le nouvel article 1305-3 du Code civil reprend dans son 1er alinéa (« *Le terme profite au débiteur, s'il ne résulte de la loi, de la volonté des parties ou des circonstances qu'il a été établi en faveur du créancier ou des deux parties* ») les principes de l'ancien article 1187 et la jurisprudence dans son second : « *la partie au bénéfice exclusif de qui le terme a été fixé peut y renoncer sans le consentement de l'autre* » (ex. : Paris, 22 avril 1976).

---

5. Cass. 1re civ., 29 mai 2001, n° 99-13594.

b) La disparition du terme

Le terme peut disparaître pour plusieurs raisons :

- ***à l'échéance du terme*** : c'est la modalité « *normale* » d'extinction du terme ;
- ***en cas de renonciation au bénéfice du terme*** : seul le bénéficiaire peut renoncer au terme ;
- ***en cas de déchéance du terme*** : il s'agit d'une sanction du bénéficiaire. Le nouvel article 1305-5 du Code civil reprend une règle établie par la jurisprudence[6] : s'agissant d'une sanction personnelle, « *La déchéance du terme encourue par un débiteur est inopposable à ses codébiteurs, même solidaires* ». Seul le débiteur fautif est sanctionné. Le nouvel article 1305-4 du Code civil prévoit désormais deux cas de déchéance du terme :
  - *le débiteur diminue les sûretés qui garantissent l'obligation* : ce cas était déjà prévu par l'ancien article 1188,
  - *le débiteur ne fournit pas les sûretés promises au créancier :* ce cas est nouveau mais était déjà validé par la jurisprudence. Les articles 1912 et 1977 du Code civil consacraient cette possibilité dans des cas particuliers de déchéance du terme reposant sur l'absence de constitution d'une sûreté.

2 • L'OBLIGATION PLURALE

L'obligation peut être plurale en raison d'une multiplicité d'objets ou de sujets.

A - La pluralité d'objets

Seule ***l'obligation alternative*** était prévue par le Code civil (C. civ., art. 1307 à 1307-5 nouv.). Y figurent désormais l'obligation cumulative (C. civ., art. 1306 nouv.) et l'obligation facultative (C. civ., art. 1308 nouv.).

1) L'obligation cumulative

L'obligation cumulative est celle qui a pour objet ***plusieurs prestations*** (C. civ., art. 1306 nouv.). Le régime découle de la définition : l'obligation ne s'éteint que si toutes les prestations ont été exécutées par le débiteur qui en est tenu. Le terme d'« obligation cumulative » est préféré à celui d'« obligation conjonctive ».

2) L'obligation alternative

L'obligation alternative est celle qui a pour objet ***plusieurs prestations***. Les textes relatifs à l'obligation alternative sont simplifiés. L'exécution de ***l'une des obligations*** libère le débiteur (C. civ., art. 1307 nouv., reprenant l'ancien art. 1189 dans des termes plus clairs).

6. Cass. com., 15 juin 2011, n° 10-18850.

Le ***choix*** de la prestation qui doit être exécutée ***appartient au débiteur,*** « *sauf disposition légale ou clause contraire* » (C. civ., art. 1307-1, al. 1er nouv., reprenant plus ou moins l'ancien art. 1190 qui exigeait en outre un consentement exprès) ». Conformément à la jurisprudence[7], « *Le choix exercé est définitif et fait perdre à l'obligation son caractère alternatif* » (C. civ., art. 1307-1, al. 3 nouv.).

La question de l'***absence de choix*** est également réglée, succédant à une jurisprudence indécise. Lorsque le débiteur n'exerce pas son choix, « *en temps voulu ou dans un délai raisonnable* », l'autre partie dispose d'un choix qu'elle ne peut exercer qu'après une mise en demeure préalable (C. civ., art. 1307-1, al. 2 nouv.) :

- elle peut exercer elle-même le choix ;
- elle peut résoudre le contrat.

Le nouveau texte règle également le problème de la ***prestation devenue impossible*** :

- en cas d'impossibilité d'exécuter la prestation préalablement choisie en raison d'un cas de force majeure : le débiteur est libéré (C. civ., art. 1307-2 nouv.) ;
- lorsque le débiteur n'a pas exercé de choix et l'une des prestations devient impossible en raison d'un cas de force majeure : le débiteur devra exécuter l'autre (C. civ., art. 1307-3 nouv.) ;
- lorsque le choix de la prestation appartenait au créancier et que l'une des prestations devient impossible à en raison d'un cas de force majeure : le débiteur devra exécuter l'autre (C. civ., art. 1307-4 nouv.) ;
- lorsque toutes les prestations deviennent impossibles en raison d'un cas de force majeure, pour chacune d'elles : le débiteur est libéré (C. civ., art. 1307-5 nouv.).

3) L'obligation facultative

L'obligation facultative apparaît pour la première fois dans le Code civil (C. civ., art. 1308 nouv.). Elle permet au débiteur de se libérer en fournissant ***une autre prestation que celle initialement prévue***. Le débiteur est libéré lorsque la prestation initialement convenue devient impossible pour cause de force majeure, ce qui la distingue de l'obligation alternative.

Le Code civil donne déjà quelques exemples d'obligations alternatives ; par exemple, lorsque l'acheteur peut, en cas de lésion dans une vente, éviter la rescision en versant le supplément du juste prix (art. 1681).

B - La pluralité de sujets

L'obligation peut avoir plusieurs sujets, c'est-à-dire plusieurs créanciers ou plusieurs débiteurs. En principe, quand il y a pluralité de sujets, la créance ou la dette se divise entre les créanciers ou entre les débiteurs. Il s'agit d'obligations conjointes. Ce principe de division connaît deux sortes d'exceptions : la solidarité et l'indivisibilité.

Par l'effet de l'ordonnance du 10 février 2016, les dispositions relatives à la pluralité de sujets font l'objet de modifications substantielles.

---

7. Cass. 1re civ., 3 juin 1966, Bull. civ. I, n° 329.

1) Le principe de division : l'obligation conjointe

Il convient d'analyser le principe de l'obligation conjointe pour mieux en comprendre les effets.

a) Le principe

Le nouvel article 1309 du Code civil pose désormais clairement le ***principe de la division des obligations*** entre les parties initiales, comme entre successeurs. La division a lieu en principe par parts égales. Le principe n'était pas exposé dans le Code civil de façon aussi claire auparavant (cf. ancien art. 1202). L'obligation est conjointe dans tous les cas où il y a pluralité de débiteurs ou de créanciers à défaut de stipulation particulière telle que la solidarité ou l'application d'autres stipulations légales ou judiciaires. En effet, la solidarité active ne peut découler que d'une ***stipulation expresse*** : elle ne peut par conséquent être tacite, elle n'est jamais présumée et elle n'a pas à être forcément prévue par la loi.

b) Les effets

Lorsque l'obligation est conjointe, ***plusieurs personnes sont tenues d'une même dette*** : le créancier peut demander le paiement de sa créance à l'un quelconque de ses débiteurs. Le débiteur ne peut être poursuivi que pour sa part de dette (C. civ., art. 1309, al. 2 nouv.).

2) Les exceptions au principe de division

L'obligation solidaire et l'obligation indivisible constituent des ***tempéraments*** aux principes de la division des obligations (C. civ., art. 1309, al. 3 nouv.).

a) L'obligation solidaire

La solidarité découle de la loi ou du contrat ; elle ne se présume pas (C. civ., art. 1310 nouv., repris de l'ancien art. 1202).

Il existe deux sortes de solidarités :

- ***la solidarité active*** : elle se manifeste quand il y a plusieurs créanciers pour la même créance ; chacun d'eux a le droit de demander le paiement intégral au débiteur (ex. : comptes bancaires joints) ;
- ***la solidarité passive :*** il y a plusieurs débiteurs pour la même dette, qui sont chacun tenus pour la totalité de celle-ci (C. civ., art. 1313).

1. La solidarité entre créanciers ou « solidarité active »

La solidarité active ne peut trouver sa source que dans une ***stipulation expresse*** (C. civ., art. 1310). Elle est rare en pratique.

Les textes existants subissent peu de modifications :

- ***chaque créancier peut exiger ou recevoir le paiement de toute la créance***. Le débiteur est alors libéré à l'égard de tous les créanciers. Le débiteur peut payer le créancier de son choix, tant qu'il n'est pas poursuivi par l'un d'eux (C. civ., art. 1311 nouv., reprenant l'ancien article 1197) ;

- tout acte qui interrompt ou suspend la ***prescription*** à l'égard de l'un des créanciers solidaires, profite aux autres créanciers (C. civ., art. 1312 nouv., l'ancien article 1199 ne faisait pas allusion à la suspension de la prescription).

2. La solidarité entre débiteurs ou « solidarité passive »

La solidarité doit être stipulée dans le ***contrat*** qui fait naître la dette ou être prévue par la ***loi*** (C. civ., art. 1310 nouv.) :

- ***la solidarité conventionnelle*** est prévue par l'acte juridique, c'est-à-dire le contrat ou même par un acte unilatéral tel qu'un testament. Cette volonté doit être claire et explicite mais la jurisprudence n'impose pas la mention des termes « *solidarité* » ou « *solidaire* » ;
- ***la solidarité légale*** peut avoir plusieurs fondements : la communauté d'intérêt entre les débiteurs, la responsabilité commune des codébiteurs et, plus généralement, l'idée de sanction ou le renforcement du crédit.

Par exception, la solidarité peut également trouver sa source dans les usages. Ainsi, elle se présume ***en matière commerciale*** entre débiteurs tenus d'une même dette. Elle ne peut alors être exclue que par une clause expresse du contrat.

Celui qui invoque la solidarité doit apporter la ***preuve*** de son existence, c'est-à-dire de la stipulation contractuelle ou de la disposition légale qui la prévoit. Il s'agit d'une question de droit sur laquelle la Cour de cassation exerce son contrôle.

La solidarité passive comporte de multiples effets :

- ***chaque codébiteur répond de toute la dette***. Le paiement fait par l'un d'eux les libère tous envers le créancier (C. civ., art. 1313, al. 1er nouv.) ;
- le créancier peut ***demander le paiement au débiteur solidaire de son choix*** (C. civ., art. 1313, al. 2 nouv.). « *Les poursuites exercées contre l'un des débiteurs solidaires n'empêchent pas le créancier d'en exercer de pareilles contre les autres* » (C. civ., art. 1313, al. 2 nouv.) ;
- la ***demande d'intérêts*** formée contre l'un des débiteurs solidaires fait courir les intérêts à l'égard de tous (C. civ., art 1314 nouv.) ;
- le nouvel article 1315 du Code civil clarifie les règles de l'ancien article 1208 : il permet de faire une distinction entre les ***exceptions*** communes à tous les codébiteurs, celles qui sont personnelles au codébiteur poursuivi et celles qui sont personnelles à d'autres codébiteurs. Le codébiteur poursuivi ne peut opposer ces dernières mais il peut s'en prévaloir (notamment en cas de compensation ou de remise de dette) pour faire réduire le montant total de la dette si elles ont eu pour effet d'éteindre la part divise d'un autre codébiteur ;
- la ***remise de solidarité*** accordée par le créancier à l'un des codébiteurs solidaires maintient la créance sur les autres « *déduction faite de la part du débiteur qu'il a déchargé* » (C. civ., art. 1316 nouv.) ;
- les règles relatives à la ***contribution à la dette*** entre codébiteurs sont réunies en un seul article (C. civ., art. 1317 nouv.) :
  - « *Entre eux, les codébiteurs solidaires ne contribuent à la dette que chacun pour sa part* » (al. 1er),
  - « *Celui qui a payé au-delà de sa part dispose d'un recours contre les autres à proportion de leur propre part* » (al. 2),

- « *Si l'un d'eux est insolvable, sa part se répartit, par contribution, entre les codébiteurs solvables, y compris celui qui a fait le paiement et celui qui a bénéficié d'une remise de solidarité* » (al. 3) ;

- le débiteur qui a payé n'a pas de ***recours*** contre le codébiteur solidaire non intéressé par la dette mais celui-ci dispose d'un recours pour le tout s'il a payé (C. civ., art. 1318 nouv.) ;
- le nouvel article 1319 du Code civil expose une règle inédite dans le Code civil, relative aux conséquences de l'***inexécution de l'obligation*** imputable à l'un des codébiteurs ou à seulement certains d'entre eux : « *Les codébiteurs solidaires répondent solidairement de l'inexécution de l'obligation. La charge en incombe à titre définitif à ceux auxquels l'inexécution est imputable* ».

3. L'obligation *in solidum*

La notion d'obligation *in solidum* a été créée par la doctrine puis reprise par la jurisprudence. Elle n'est pas reprise par l'ordonnance du 10 février 2016.

L'obligation *in solidum* permet de mettre à la charge de plusieurs personnes une même dette en l'absence de solidarité. L'exemple le plus courant est celui des coauteurs d'un même dommage.

À la différence de l'obligation solidaire, l'obligation *in solidum* exclut tout lien de représentation entre les débiteurs. L'obligation *in solidum* et l'obligation solidaire sont proches dans la mesure où elles tendent toutes les deux à protéger la victime.

b) L'obligation à prestation indivisible

Le nouvel article 1320 du Code civil réunit en un seul article les règles contenues aux anciens articles 1217 à 1225 relativement à l'***indivisibilité*** (les règles relatives à la divisibilité sont exclues) :

- l'indivisibilité peut résulter soit de la nature de la prestation, soit de la convention des parties ;
- elle donne le droit à chaque créancier d'exiger et de recevoir un paiement intégral ;
- chacun des débiteurs a l'obligation de payer le tout et dispose d'un recours en contribution contre les autres ;
- les mêmes règles sont applicables aux successeurs des créanciers et débiteurs, afin d'éviter le fractionnement de la dette (ce qui différencie l'obligation indivisible de l'obligation solidaire).

L'obligation indivisible est insusceptible d'être exécutée partiellement. La jurisprudence a parfois utilisé la notion d'indivisibilité pour expliquer les liens qui peuvent unir certains contrats qui font partie d'un ***ensemble contractuel***[8]. Les tribunaux fondent leur décision directement sur l'indivisibilité ou associent cette notion à différentes théories telles que l'accession, la condition ou la cause.

À plusieurs reprises, la Cour de cassation a reconnu l'***anéantissement en cascades de contrats*** économiquement liés mais juridiquement autonomes[9]. Après avoir opté en 2006 pour la caducité du contrat formant un ensemble avec le contrat disparu

---

8. Cass. com., 4 avril 1995 : D. 1996, Jur. p. 141, note Piquet S.
9. Cass. 1re civ., 15 février 2000 : RTD civ. 2000, p. 325, obs. Mestre J. et Fages B. ; Cass. 1re civ., 1er juillet 1997 : D. 1998, Jur. p. 32, note Aynès L.

(« *Lorsque les deux contrats constituent un ensemble contractuel indivisible, la résiliation de l'un de contrats entraîne la caducité de l'autre et libère le débiteur des stipulations que celui-ci contenait* »[10]), la Cour de cassation semblait plus récemment considérer que le contrat disparaît pour absence de cause ou plutôt par caducité de cette cause[11].

BIBLIOGRAPHIE

Clément (Ch.), « Solidarité et compte bancaire », D. 2007, Chron. p. 1805.

Julienne (M.), « Pour un réexamen du principe de division des dettes conjointes », D. 2012, Chron. p. 1201.

Lagarde (X.), « Économie, indivisibilité et interdépendance des contrats », JCP 2013, 1255.

Wittmann (V.), « La renonciation unilatérale à la défaillance de la condition suspensive dans les promesses de vente : à la recherche d'un équilibre contractuel », D. 2012, Chron. p. 301.

10. Cass. 1re civ., 4 avril 2006 : D. 2006, Jur. p. 2656, note Boffa R., RTD civ. 2006, p. 7000, obs. Mazeaud D.
11. Cass. 1re civ., 30 octobre 2008 : RTD civ. 2009, p. 111, obs. Hauser, p. 118, obs. Fages B. ; Cass. 1re civ., 28 octobre 2010 : D. 2010, AJ, p. 2703, obs. Delpech X.

CHAPITRE 23

Les opérations sur obligations

L'ordonnance du 10 février 2016 a choisi de regrouper au sein d'un même chapitre du Code civil les différentes opérations sur obligations que sont la cession de créance, la cession de dette, la novation et la délégation. La cession de dette entre pour la première fois dans le Code civil.

1 • LA CESSION DE CRÉANCE

La cession de créance est ***définie*** comme « *un contrat par lequel le créancier cédant transmet, à titre onéreux ou gratuit, tout ou partie de sa créance contre le débiteur cédé à un tiers appelé le cessionnaire* » (C. civ., art. 1321, al. 1er).

Ce mécanisme permet au cédant d'obtenir des liquidités avant l'échéance, de ne pas avoir à supporter les problèmes qui peuvent naître de l'exécution, etc. Elle peut simplifier certaines opérations juridiques, par exemple lorsqu'une personne est à la fois créancière et débitrice d'une autre. En revanche, la jurisprudence est réticente à reconnaître la possibilité d'une cession de créance à titre de garantie[1] en dehors des cas où elle est prévue par la loi.

Il y a plusieurs types de cessions de créances.

Les dispositions relatives à la cession de créance sont largement modernisées par l'ordonnance du 10 février 2016.

A - La cession de créance de droit commun

La cession de droit commun obéit à des règles particulières tant dans ses conditions que dans ses effets.

1) Le domaine de la cession de créance

Conformément à la jurisprudence[2], la cession peut porter sur une ou plusieurs créances ***présentes ou futures, déterminées ou déterminables*** (C. civ., art. 1321, al. 2 nouv.).

---

1. Cass. com., 19 décembre 2006 : D. 2007, Jur. p. 344, note Larroumet C., RTD civ. 2007, p. 160, obs. Crocq P.
2. Cass. 1re civ., 20 mars 2001, n 99-14982 ; Cass. com., 22 janvier 2002, n° 99-15047.

La jurisprudence admet depuis 2001 la cession de créances futures. ***Toute créance*** est susceptible d'être cédée (il s'agit généralement d'une créance de somme d'argent) sauf les pensions alimentaires, les contributions aux charges du mariage, les pensions civiles et militaires et une partie des rémunérations du travail (au-delà d'une somme fixée par la loi). La jurisprudence estime que la créance ne doit pas nécessairement être ***exigible*** pour faire l'objet d'une cession[3].

La cession s'étend aux ***accessoires de la créance*** (C. civ., art. 1321, al. 3 nouv.). L'ancien article 1692 prévoyait déjà cette règle et en donnait même des exemples (caution, privilège, hypothèque). La jurisprudence y ajoutait toutes les actions dont le cédant bénéficiait avant la cession[4].

2) Les conditions de validité de la cession de créance

a) Les conditions de fond de la cession d'une créance

La cession de créance étant un contrat, elle doit préalablement obéir aux ***conditions de validité de droit commun*** telles que les conditions de capacité, de consentement ou de contenu requises pour tout contrat.

L'article 1321 exige le ***consentement du débiteur*** cédé dans son 4e alinéa mais prévoit une exception, lorsque la créance a été stipulée incessible. La jurisprudence n'exigeait pas le consentement du débiteur cédé[5].

b) Les conditions de forme de la cession d'une créance

« *La cession de créance doit être constatée par écrit, à peine de nullité* » (C. civ., art. 1322 nouv.). La cession de créance devient un ***contrat solennel*** alors qu'elle était jusqu'alors considérée comme un contrat consensuel[6]. Cette exigence constitue une ***condition de validité*** de la cession et non pas seulement une formalité de preuve.

L'obligation d'une signification par huissier ou d'une acceptation du débiteur par acte authentique, prévue à l'article 1690, est supprimée.

3) Les effets de la cession de créance

Les effets de la cession de créance ont été largement précisés par l'ordonnance du 10 février 2016.

La cession de créance opère ***transfert de la créance*** et de ses accessoires.

a) La date de transfert de la créance

1. Entre les parties

Entre les parties, le transfert de la créance s'opère à la ***date de l'acte*** (C. civ., art. 1323, al. 1er nouv.). Par conséquent, le concours entre cessionnaires successifs d'une créance se résout au profit du ***premier*** en date, lequel dispose d'un recours contre celui auquel le débiteur aurait fait un paiement (C. civ., art. 1325 nouv.). Ce principe découle de

---

3. Cass. com., 7 décembre 2004, n° 02-20732.
4. Cass. com., 8 octobre 2013, n° 12-21436.
5. Cass. 1re civ., 22 mars 2012, n° 11-14111.
6. Cass. com., 15 novembre 1994, n° 92-19931.

l'article 1322 qui exige une constatation écrite et par conséquent datée de la cession de créance.

2. À l'égard des tiers

La cession est opposable aux tiers à la ***date de l'acte*** (C. civ., art. 1323, al. 2 nouv.). Le cessionnaire devra faire la preuve de la date, qu'il pourra apporter par tous moyens, dans l'hypothèse où une contestation interviendrait.

Lorsqu'il s'agit de céder une ***créance future***, le transfert n'a lieu « *qu'au jour de sa naissance, tant entre les parties que vis-à-vis des tiers* » (C. civ., art. 1323, al. 3 nouv.).

3. À l'égard du débiteur cédé

Les conditions de l'opposabilité de la cession ***à l'égard du débiteur cédé*** sont assouplies par rapport au texte antérieur (ancien art. 1690) : elle doit lui avoir été notifiée ou il doit en avoir pris acte (C. civ., art. 1324, al. 1er nouv.). La notification est inutile lorsque le débiteur a consenti à la cession.

Une simple notification ou acceptation de la cession suffit à rendre la cession opposable, ce qui tranche avec l'***excessif formalisme de l'ancien article 1690*** qui avait conduit le législateur à organiser une cession simplifiée (loi Dailly ; C. mon. fin., art. L. 313-23 et s.). Même si la Cour de cassation avait parfois montré des signes d'assouplissement, elle n'avait jamais admis une telle simplification[7]. Tout comme la jurisprudence[8], le nouveau texte rejette toute opposabilité qui reposerait sur la ***simple connaissance*** de la cession par le débiteur.

b) Les exceptions opposables au cessionnaire par le débiteur cédé

Reprenant une solution donnée par la jurisprudence[9], le nouvel article 1324 du Code civil dispose dans son 2e alinéa que le débiteur cédé peut opposer au cessionnaire deux types d'exceptions :

- les ***exceptions inhérentes à la dette*** : nullité, exception d'inexécution, résolution, compensation des dettes connexes ;
- les ***exceptions nées de ses rapports avec le cédant*** avant que la cession lui soit devenue opposable : octroi d'un terme, remise de dette, compensation de dettes connexes.

Le cédant et le cessionnaire sont solidairement tenus de tous les ***frais*** supplémentaires occasionnés par la cession. Sauf clause contraire, la charge de ces frais incombe au cessionnaire (C. civ., art. 1324, al. 3 nouv.). La solidarité prévue par le nouveau texte n'existait pas auparavant : l'acheteur, c'est-à-dire le cessionnaire, devait supporter seul les frais.

c) Les obligations du cédant

Le cédant garantit ***l'existence de la créance et de ses accessoires***, « *à moins que le cessionnaire l'ait acquise à ses risques et périls ou qu'il ait connu le caractère incertain de la créance* » (C. civ., art. 1326, al. 1er nouv.). L'ancien article 1693 comportait une

7. Cass. 2e civ., 17 octobre 2013, n° 12-15967.
8. Cass. 1re civ., 19 février 2013, n° 11-24373.
9. Cass. com., 12 janvier 2010, n° 08-22000.

exigence semblable (« *Celui qui vend une créance ou autre droit incorporel doit en garantir l'existence au temps du transport, quoiqu'il soit fait sans garantie* »). Cependant, le cédant ne répond de la solvabilité du débiteur que lorsqu'il s'y est engagé, et dans la limite du prix qu'il a pu retirer de la cession (C. civ., art. 1326, al. 2 nouv., conforme à l'ancien art. 1695). Cette garantie ne couvre alors en principe que la solvabilité actuelle mais peut s'étendre à la solvabilité à l'échéance, si le cédant l'a expressément spécifié (C. civ., art. 1326, al. 3 nouv.).

d) Le « retrait litigieux »

Les nouveaux textes ne suppriment pas les dispositions relatives au retrait litigieux telles qu'elles sont prévues aux articles 1699 à 1701 du Code civil, qui permettent au débiteur cédé de ***se substituer au cessionnaire*** en lui remboursant le prix réel et les frais de la cession.

B - La cession de titres négociables

Des règles particulières existent en matière de transmission de créances constatées par des titres négociables (titres au porteur, nominatifs ou à ordre).

Cette cession a en effet des ***effets*** spécifiques :

- le cessionnaire de bonne foi ne peut se voir opposer les exceptions que le débiteur pouvait opposer au cédant ;
- la garantie du cédant est souvent plus forte qu'en droit commun.

C - La cession Dailly

La cession Dailly permet à une entreprise de céder à sa banque ses créances sur ses clients pour ***obtenir ou garantir un crédit*** au moyen d'un bordereau (loi Dailly du 2 janvier 1981 ; C. mon. fin., art. L. 313-23 et s.). La remise du bordereau à son destinataire entraîne de plein droit le transfert des créances.

Elle ne nécessite pas de notification ou d'acceptation du débiteur cédé.

Les ***effets*** de la cession Dailly sont les suivants :

- transfert de plein droit des créances entre les parties avec tous leurs accessoires, sûretés et garanties ;
- le débiteur ne peut opposer à la banque les exceptions fondées sur un rapport personnel avec le cédant ;
- le cédant est garant solidaire des débiteurs cédés à l'établissement de crédit.

2 • LA CESSION DE DETTE

L'ordonnance du 10 février 2016 fait entrer la cession de dette dans le Code civil : « *Un débiteur peut, avec l'accord du créancier céder sa dette à une autre personne* » (C. civ., art. 1327, al. 1er nouv.). Elle permet à un débiteur de se libérer d'une dette en donnant à son créancier un autre débiteur. Née de la pratique, elle était déjà admise par la jurisprudence à certaines conditions, reprises par le nouveau texte, qui en fixe le régime.

A - Les conditions de la cession de dette

Conformément à la jurisprudence[10], le nouvel article 1327 du Code civil exige le ***consentement exprès*** du créancier à la cession de dette. Ce consentement peut être donné ***par avance*** par le créancier mais la cession ne lui sera opposable qu'à partir du jour où elle lui a été notifiée ou dès qu'il en a pris acte (C. civ., art. 1327-1 *in fine* nouv.).

B - Les effets de la cession de dette

La cession de dette a un caractère libératoire pour le débiteur originaire seulement si le créancier y consent expressément (C. civ., art. 1327-2 nouv.).

1) Le créancier n'a pas libéré le débiteur originaire

La cession ne fait qu'***ajouter un débiteur***. Le débiteur originaire est tenu solidairement au paiement de la dette avec le débiteur substitué, sauf clause contraire (C. civ., art. 1327-2, *in fine* nouv.).

Lorsque le débiteur originaire n'est pas déchargé par le créancier, les sûretés subsistent (C. civ., art. 1328-1, al. 1er nouv.). Le débiteur substitué et le débiteur originaire peuvent opposer deux types d'exceptions au créancier (C. civ., art. 1328 nouv.) :

- les ***exceptions inhérentes à la dette*** : nullité, exception d'inexécution, résolution, compensation de dettes connexes ;
- les ***exceptions qui sont personnelles*** à chacun d'eux.

2) Le créancier a libéré le débiteur originaire

Si le créancier a déchargé le cédant, celui-ci sera alors ***libéré*** pour l'avenir.

Les ***garanties*** consenties par des tiers ne subsistent qu'avec leur accord (C. civ., art. 1328-1, al. 1er *in fine* nouv.). Dans ce cas, les codébiteurs solidaires du cédant restent tenus déduction faite de sa part dans la dette (C. civ., art. 1328-1, al. 2 nouv.).

3 • LA NOVATION

Contestée par la doctrine mais utilisée par la pratique comme en témoigne l'importante jurisprudence qu'elle suscite, la novation est conservée au sein du Code civil par l'ordonnance du 10 février 2016 mais les dispositions qui l'organisent font l'objet de simplifications.

10. Cass. 1re civ., 2 juin 1992, n° 90-19157.

« *La novation est un contrat qui a pour objet de substituer à une obligation, qu'elle éteint, une obligation nouvelle qu'elle crée* » (C. civ., art. 1329 nouv.) : la naissance d'une nouvelle obligation doit être ***corrélative*** à l'extinction d'une autre obligation.

La novation a à la fois un ***effet créateur*** et un ***effet extinctif***. La disparition de l'une des obligations est la condition de la naissance de l'autre et inversement.

Les ***garanties et exceptions*** accompagnant l'ancienne obligation disparaissent également.

L'ancienne obligation peut survivre dans certains de ses éléments si les parties en conviennent.

A - Les modalités de la novation

Il existe 3 modalités de novation (C. civ., art. 1329, al. 2 nouv.) :
- novation par substitution d'obligation entre les mêmes parties ;
- novation par changement de débiteur ;
- novation par changement de créancier.

B - Les conditions de la novation

La novation suppose le ***consentement*** des parties. Elle ne se présume pas : l'***intention de nover*** doit résulter clairement de l'acte (C. civ., art. 1330 nouv.). La ***preuve du consentement*** peut être apportée par ***tout moyen***.

La novation suppose que l'ancienne comme la nouvelle obligation soient toutes deux ***valides*** (C. civ., art. 1331 nouv.), conformément à la jurisprudence[11]. Ce principe peut être écarté lorsque la novation a « *pour objet déclaré de substituer un engagement valable à un engagement entaché d'un vice* » (l'hypothèse rappelle celle de la confirmation, V. Chapitre 7).

Certains types de novation exigent des ***conditions spécifiques*** :
- la novation par changement de débiteur peut s'opérer sans le concours du premier débiteur (C. civ., art. 1332 nouv., reprenant l'ancien art. 1274) ;
- la novation par changement de créancier nécessite le consentement du débiteur mais celui-ci peut, par avance, accepter que le nouveau créancier soit désigné par le premier (C. civ., art. 1333, al. 1er nouv.).

C - Les effets de la novation

La novation est ***opposable aux tiers à la date de l'acte***. En cas de contestation de celle-ci, la preuve en sera à la charge du créancier, qui peut l'apporter par tout moyen (C. civ., art. 1333, al. 2 nouv.).

11. Cass. com., 19 novembre 2003, n° 00-15287.

Les articles 1334 et 1335 du Code civil simplifient et clarifient les anciens articles 1278 à 1281. La novation ***éteint l'obligation ancienne ainsi que ses accessoires*** (C. civ., art. 1334, al. 1er nouv.), c'est-à-dire les garanties, avec des exceptions :

- les ***sûretés réelles*** peuvent être réservées pour la garantie de la nouvelle obligation avec l'accord des tiers garants (C. civ., art. 1334, al. 2) ;
- pour les ***sûretés personnelles*** : la novation convenue entre le créancier et l'un des codébiteurs solidaires libère les autres (C. civ., art. 1335, al. 1er). Une nouveauté découle du 2e alinéa de l'article 1335 : « *La novation convenue entre le créancier et une caution ne libère pas le débiteur principal. Elle libère les autres cautions à concurrence de la part contributive de celle dont l'obligation a fait l'objet de la novation* ». Les anciens textes ne prévoyaient pas une telle disposition, inspirée par la doctrine.

4 • LA DÉLÉGATION

La délégation est une opération qui consiste à ce qu'une personne, le délégant, demande à une autre personne, le délégué, de payer à une troisième, le délégataire, qui l'accepte comme débiteur, une dette en son nom (C. civ., art. 1336, al. 1er nouv.).

A - Les formes de la délégation

La délégation peut être ou non novatoire.

En cas de délégation « imparfaite » ou « simple » (C. civ., art. 1338 nouv.), ***le délégué ne décharge pas le délégant de son obligation***.

Lorsque la délégation est « parfaite » ou « novatoire », le délégué ***décharge le délégant de son obligation***. La délégation opère novation par changement de débiteur (C. civ., art. 1337, al. 1er nouv.).

Les conditions de la délégation parfaite sont les mêmes que pour la délégation imparfaite mais le délégataire doit déclarer expressément qu'il entend décharger le débiteur/délégant de son obligation (C. civ., art. 1337, al. 2 nouv.).

B - Les effets de la délégation

1) Les effets communs aux délégations parfaites et imparfaites

Le délégué ne peut, sauf stipulation contraire, opposer au délégataire les exceptions tirées de ses rapports avec le délégant (C. civ., art. 1336, al. 2 nouv.), ni des rapports entre délégant et délégataire. Le nouveau texte consacre une jurisprudence ancienne[12], approuvée par la doctrine. La Cour de cassation approuvait également les clauses contraires.

12. Cass. req., 7 mars 1855, DP 1855, 1, 107.

2) Les effets de la délégation imparfaite

En cas de délégation « imparfaite » ou « simple » (C. civ., art. 1338 nouv.), ***le délégant n'est pas déchargé de son obligation par le délégué***. Le délégataire a deux débiteurs : le délégant et le délégué (C. civ., art. 1338, al. 1er nouv.). « *Le paiement fait par l'un des deux débiteurs libère l'autre, à due concurrence* » (C. civ., art. 1338, al. 2 nouv.).

Dans le cas particulier ***où le délégant est créancier du délégué***, se pose alors la question du sort de cette créance. Dans un premier temps, la chambre commerciale avait décidé que la créance du délégant envers le délégué ne pouvait être saisie par les créanciers du délégant[13] puis avait adopté la solution contraire quelques années plus tard[14]. Le nouvel article 1339 du Code civil met fin à la controverse en disposant dans son 1er alinéa que « *lorsque le délégant est créancier du délégué, sa créance ne s'éteint que par l'exécution de l'obligation du délégué envers le délégataire et à due concurrence* » mais le texte précise, confirmant la jurisprudence de 1996, qu'avant cette exécution, « *le délégant ne peut en exiger ou en recevoir le paiement que pour la part qui excéderait l'engagement du délégué* » et qu'« *il ne recouvre ses droits qu'en exécutant sa propre obligation envers le délégataire* » (C. civ., art. 1339, al. 2 nouv.). « *La cession ou la saisie de la créance du délégant ne produisent effet que sous les mêmes limitations* » (C. civ., art. 1139, al. 3 nouv.).

3) Les effets de la délégation parfaite

La délégation « parfaite » ou « novatoire » ***décharge le délégant de son obligation***. La délégation opère novation par changement de débiteur (C. civ., art. 1337, al. 1er nouv.).

Lorsque ***le délégant est créancier du délégué***, la libération du délégant par le délégataire libère le délégué à l'égard du délégant, à concurrence du montant de son engagement envers le délégataire (C. civ., art. 1339, al. 4 nouv.).

La délégation n'est pas une indication de paiement (C. civ., art. 1340 nouv.).

BIBLIOGRAPHIE

BOFFA (R.), « Les opérations translatives dans le projet d'ordonnance », Gaz. Pal. 4 juin 2015, n° 155, p. 8.

CATALA (P.), « Cession de créance et subrogation personnelle dans l'avant-projet de réforme du droit des obligations », in *Mélanges Le Tourneau* 2007, p. 213.

EGÉA (V.), « La circulation d'une créance non monétaire (l'exemple de la délivrance) », D. 2012, Chron. p. 2111.

DENIS-FATÔME (A.), « La délégation de créance. Essai d'une typologie nouvelle », D. 2012, Chron. p. 2469.

PELLIER (J.-D.), « La nature de la délégation imparfaite », D. 2014, Chron. p. 92.

13. Cass. com., 16 avril 1996, n° 94-14618.
14. Cass. com., 29 avril 2002, n° 99-15072.

CHAPITRE 24

Les actions ouvertes au créancier

Le nouvel article 1341 du Code civil affirme le principe selon lequel « *Le créancier a droit à l'exécution de l'obligation* ». Ce principe évident n'était pas énoncé explicitement par le Code civil jusque-là. Le même texte ajoute qu'« *il peut y contraindre le débiteur dans les conditions prévues par la loi* », c'est-à-dire par le recours aux procédures d'exécution. Lorsque le créancier n'obtient pas l'exécution de l'obligation, il peut s'adresser soit au débiteur, soit à un tiers.

Les dispositions relatives à l'action oblique et à l'action paulienne sont désormais intégrées dans un chapitre intitulé « *Les actions ouvertes au créancier* » (C. civ., art. 1341 à 1341-3 nouv.). S'y ajoutent des dispositions relatives d'une part au droit du créancier à l'exécution et d'autre part à l'action directe.

1 • L'ACTION DU CRÉANCIER CONTRE LE DÉBITEUR

Le créancier peut agir contre son débiteur pour obtenir l'exécution. Il ne peut agir sur la personne de son débiteur ; il doit par conséquent agir sur son patrimoine.

A - Les conditions de l'action du créancier contre le débiteur

L'action du créancier contre le débiteur nécessite une mise en demeure préalable ainsi que l'obtention d'un titre exécutoire.

1) La nécessité d'une mise en demeure préalable

La mise en demeure est l'acte par lequel le créancier demande solennellement au débiteur de s'exécuter.

a) La mise en demeure du débiteur

La mise en demeure du débiteur est obligatoire. Elle peut prendre la forme d'une ***sommation ou d'un acte portant interpellation suffisante*** (C. civ., art. 1344 nouv.). En outre, si le contrat le prévoit, la ***seule exigibilité de l'obligation*** met le débiteur en demeure de payer.

La mise en demeure marque le ***point de départ du cours des intérêts moratoire***s, au taux légal (C. civ., art. 1344-1 nouv.). Étant supplétif de volonté et ne visant que les intérêts au taux légal, les parties peuvent prévoir que la mise en demeure fera courir des intérêts à un taux qu'elles auront fixé conventionnellement. Le créancier n'est pas tenu de justifier d'un préjudice.

« *La mise en demeure de délivrer une chose met les risques à la charge du débiteur, s'ils n'y sont déjà* » (C. civ., art. 1344-2, al. 2 nouv.). Ce texte déroge au principe prévu à l'article 1196 du Code civil selon lequel le propriétaire supporte les risques de la chose : si la chose périt par force majeure après la mise en demeure, l'acheteur devenu propriétaire n'aura pas à en payer le prix, à moins que le débiteur ne prouve que la chose aurait également péri si elle lui avait été délivrée.

b) La mise en demeure du créancier

La procédure compliquée des ***offres réelles***, qui faisait l'objet de vives critiques, est remplacée par un système inédit de mise en demeure du créancier, plus simple et moins onéreux, notamment parce qu'il évite le recours à un huissier (C. civ., art. 1345 à 1345-3 nouv.).

En cas de refus de paiement du créancier, ce dernier peut ***mettre en demeure son cocontractant d'accepter ou de permettre l'exécution du paiement***. Cette mise en demeure marque l'arrêt des intérêts moratoires et met les risques de la chose à la charge du créancier. En revanche, elle n'a pas pour effet d'interrompre la prescription. Lorsque l'obstruction n'a pas pris fin dans les deux mois de la mise en demeure, le débiteur se libère en ***consignant la somme due ou en séquestrant la chose*** qui devait être livrée. Le débiteur est alors libéré, la consignation tenant lieu de paiement.

Quelques précisions doivent être apportées :

- lorsque l'obligation porte sur un ***autre objet qu'une somme d'argent***, « *le débiteur est libéré si l'obstruction n'a pas cessé dans les deux mois de la mise en demeure* » (C. civ., art. 1345-2 nouv.) ;
- lorsque l'obligation porte sur la ***livraison d'une chose***, celle-ci devra être séquestrée auprès d'un gardien professionnel (C. civ., art. 1345-1, al. 1er nouv.) ;
- lorsque le ***séquestre de la chose est impossible ou trop onéreux***, le juge peut en autoriser la vente amiable ou aux enchères publiques : le prix en est consigné à la Caisse des dépôts et consignations, après déduction des frais de la vente (C. civ., art. 1345-1, al. 2 nouv.) ;
- la mise en demeure n'interrompt pas la ***prescription*** (C. civ., art. 1345, al. 3 nouv.) ;
- « *les **frais** de la mise en demeure et de la consignation, du séquestre ou du dépôt sont à la charge du créancier* » (C. civ., art. 1323-3 nouv.).

2) La nécessité d'obtenir un titre exécutoire

La possibilité d'entreprendre une mesure exécutoire ne peut être envisagée sans que le créancier ne dispose d'un titre exécutoire qui lui permettra, le cas échéant, de recourir à la *force publique*.

La formule exécutoire peut être apposée sur les actes délivrés par les ***officiers publics***. Les arrêts et jugements sont de plein droit exécutoires. L'article L. 111-3 du Code des procédures civiles d'exécution établit une liste limitative de ces titres exécutoires.

B - Les modalités de l'action du créancier contre le débiteur

Le créancier dispose d'un droit de gage général. Il peut solliciter des mesures conservatoires ainsi que des mesures d'exécution.

1) Le droit de gage général

Tous les biens du débiteur garantissent toutes ses dettes :

- **art. 2284, C. civ.** : « *Quiconque s'est obligé personnellement, est tenu de remplir son engagement sur tous ses biens mobiliers et immobiliers, présents et à venir* » ;
- **art. 2285, C. civ.** : « *Les biens du débiteur sont le gage commun de ses créanciers* ».

Le droit de gage général n'est qu'une garantie qui donnera lieu à une ***saisie*** :

- il donne à son titulaire un droit personnel et non pas un droit réel ;
- il ne lui confère ni droit de préférence, ni droit de suite ;
- la saisie est exclue pour certains biens : créances à caractère alimentaire, biens mobiliers nécessaires à la vie et au travail du saisi et de sa famille, objets indispensables aux personnes handicapées ou destinés aux soins des malades, une fraction des salaires (C. trav., art. L. 3252-2), biens rendus inaliénables par la volonté de l'auteur d'une libéralité...

2) Les mesures conservatoires

Tout créancier peut solliciter une mesure conservatoire à 3 ***conditions*** (CPC exéc., art. L. 511-1) :

- la créance doit être fondée en son principe ;
- une autorisation judiciaire est indispensable ;
- la mesure conservatoire doit être exécutée dans les 3 mois à compter de l'ordre et une procédure sur le fond est indispensable pour obtenir un titre exécutoire.

Ces mesures peuvent prendre deux ***formes*** :

- saisie conservatoire générale (CPC exéc., art. L. 521-1) ;
- sûretés judiciaires.

Elles ont un caractère provisoire.

3) Les mesures d'exécution

L'exécution forcée peut être directe ou indirecte :

- ***l'exécution forcée directe :*** elle peut prendre différentes formes :
  - pour une obligation de payer une somme d'argent : saisie et vente forcée des biens du débiteur (saisie-vente de biens meubles corporels, saisie immobilière...),
  - pour une obligation autres que de sommes d'argent : exécution forcée en nature (C. civ., art. 12221 et 1222 nouv. ; V. Chapitre 12) ;
- ***l'exécution forcée indirecte*** : l'astreinte consiste à condamner le débiteur à payer une somme d'argent par jour/semaine/mois de retard dans l'exécution de l'obligation.

Dans certains cas, ce n'est pas le créancier le plus diligent qui obtient son paiement le premier ; il existe des cas dans lesquels un ***ordre*** est institué par une procédure générale de règlement collectif du paiement (= procédures collectives) par exemple en cas de

défaillance d'un débiteur commerçant (C. com., art. L. 622-1 et s.) ou de ***surendettement des ménages*** (C. consom., art. L. 330-1 et s.).

Une procédure de recouvrement des petites créances a été créée par la loi du 6 août 2015 (CPC exéc., art. L. 125-1).

2 • L'ACTION DU CRÉANCIER CONTRE LES TIERS

Pour obtenir le paiement, le créancier a parfois la possibilité d'agir contre des tiers.

A - Les mesures conservatoires et d'exécution

Les mesures de conservation et d'exécution permettent au créancier d'agir contre le débiteur de son débiteur :

- ***les mesures conservatoires*** sont les mêmes que lorsque le créancier agit directement contre son débiteur. Il s'agit d'immobiliser des sommes entre les mains du débiteur du débiteur ;
- ***les mesures d'exécution*** ne sont envisageables que lorsque la créance est liquide et exigible et que le créancier possède un titre exécutoire. Le créancier peut alors saisir entre les mains d'un tiers les créances de son débiteur portant sur une somme d'argent (CPC exéc., art. L. 211-1, = saisie-attribution ; exemple : saisie des rémunérations du débiteur dues par son employeur).

B - L'action oblique

L'action oblique permet au créancier d'exercer un droit ou une action que le débiteur néglige d'exercer.

1) Les conditions de l'action oblique

Les conditions de l'action oblique sont précisées par le nouvel article 1341-1 du Code civil : « *Lorsque la* ***carence du débiteur*** *dans l'exercice de ses droits et actions à caractère patrimonial compromet les droits de son créancier, celui–ci peut les exercer pour le compte de son débiteur, à l'exception de ceux qui sont exclusivement attachés à la personne* ».

Les conditions de l'action oblique sont désormais au nombre de deux :

- la ***carence du débiteur*** dans l'exercice de ses droits et actions à caractère patrimonial : l'ancien article 1166 ne soumettait pas l'action oblique à la carence du débiteur mais la jurisprudence l'exigeait ;
- la carence du débiteur doit ***compromettre les droits de son créancier***.

La possibilité pour le créancier d'exercer une ***action du débiteur exclusivement attachée à sa personne*** est exclue.

2) Les effets de l'action oblique

L'action oblique constitue un moyen pour le créancier d'agir contre le débiteur de son débiteur. L'action appartient au débiteur mais est exercée en son nom par le créancier, contre le débiteur du premier.

La jurisprudence applique la règle selon laquelle le créancier qui exerce l'action n'a ***aucune priorité sur la créance*** et subit donc le concours des autres même restés inactifs, dans la mesure où le bénéfice de l'action intègre le patrimoine du débiteur[1]. L'intérêt de l'action oblique en pâtit puisqu'il n'est pas supérieur à celui d'une saisie de la créance du débiteur sur le tiers.

C - L'action paulienne

L'action est exercée par le créancier en son nom personnel pour faire déclarer inopposables à son égard les actes faits par son débiteur en fraude de ses droits (C. civ., art. 1341-2 nouv.).

1) Les conditions de l'action paulienne

L'article 1341-2 du Code civil met à la charge du créancier une double preuve :
- celle de l'existence d'une fraude ;
- celle de la connaissance de la fraude par le tiers cocontractant[2].

La fraude n'est pas définie par le nouveau texte.

2) Les effets de l'action paulienne

L'***inopposabilité*** sanctionne les actes faits en fraude des droits du créancier. Le nouveau texte expose désormais clairement la nature de la sanction, qui était déjà admise par la Cour de cassation[3].

Selon la jurisprudence, qui n'est pas expressément consacrée, les effets de l'action ne passant pas par le patrimoine du débiteur, le créancier ***ne subit pas le concours*** des autres créanciers[4].

D - L'action directe

Il n'existe pas de droit commun de l'action directe : « *Dans certains cas déterminés par la loi, le créancier peut agir directement en paiement de sa créance contre un débiteur de son débiteur* » (C. civ., art. 1341-3 nouv.). L'action directe est ***limitée aux cas prévus par la loi*** :
- action du ***bailleur contre le sous-locataire*** (C. civ., art. 1753) ;
- action des maçons, charpentiers et autres ouvriers d'un ***entrepreneur contre le maître d'ouvrage*** (C. civ., art. 1798) ;

1. Cass. civ., 18 juillet 1838.
2. Cass. 3e civ., 22 janvier 1971, n° 69-13046.
3. Cass. com., 14 mai 1996, n° 94-11124.
4. Cass. 1re civ., 30 mai 2006, n° 02-13495.

- action ***du mandant contre le sous-mandataire*** pour l'accomplissement de sa mission (C. civ., art. 1994, al. 2) ;
- action de la ***victime contre l'assureur du responsable*** (C. assur., art. L. 124-3) ;
- action du ***sous-traitant contre le maître de l'ouvrage*** (art. 12 et s. de la loi du 31 décembre 1975) ;
- action du ***créancier d'aliments*** contre le débiteur du débiteur (CPC exéc., art. L. 213-1) ;
- action du ***Trésor contre tout débiteur d'un contribuable*** (LPF, art. L. 262).

L'action directe permet au créancier d'obtenir du débiteur de son débiteur un ***paiement direct***. Elle a pour conséquence d'immobiliser la créance : le débiteur du débiteur ne peut se libérer de sa dette qu'entre les mains du demandeur. L'action directe permet au créancier demandeur de se payer sur la créance alors que les autres créanciers ne le peuvent pas : le concours des autres créanciers est évité.

BIBLIOGRAPHIE

ROMAN (B.), « La nature juridique de l'action paulienne », Defrénois 2005, art. 38146.

CHAPITRE 25

L'extinction des obligations

Le paiement est la manière la plus courante d'éteindre une obligation. L'extinction peut également découler de la compensation, de la confusion, de la remise de dette ou de l'impossibilité d'exécution (art. 1351 et 1351-1).

1 • LE PAIEMENT

La section du Code civil consacrée au paiement traite successivement des dispositions générales applicables au paiement, des règles particulières au paiement des obligations de sommes d'argent, de la mise en demeure et enfin du paiement avec subrogation, forme particulière de paiement.

A - Dispositions générales relatives au paiement

Le paiement consiste dans l'***exécution de la prestation due*** (C. civ., art. 1342 nouv.). Il libère le débiteur et éteint la dette, sauf en cas de subrogation.

1) Les parties au paiement

Le paiement fait intervenir un *solvens* et un *accipiens*.

a) Le solvens

Selon le nouvel article 1342-1 du Code civil : « *Le paiement peut être fait même par une* ***personne qui n'y est pas tenue****, sauf refus légitime du créancier* ». Le **solvens** est celui qui paie, c'est-à-dire le débiteur même ou son représentant ou toute personne qui a intérêt à l'acquittement de la dette (mandataire, codébiteur, caution...). Le créancier ne peut refuser le paiement fait par un tiers que lorsqu'il s'agit d'une obligation de faire conclue *intuitu personae*.

b) L'accipiens

« *Le paiement doit être fait au* ***créancier*** *ou à la* ***personne désignée*** *pour le recevoir* » (C. civ., art. 1342-2, al. 1er nouv.). L'***accipiens*** est celui qui reçoit le paiement. Il peut s'agir du créancier lui-même ou de son représentant à condition que celui-ci ait reçu légalement, judiciairement ou conventionnellement le pouvoir d'encaisser ce paiement.

La jurisprudence relative à la ***théorie de l'apparence*** est consacrée à l'article 1342-3 du Code civil[1] : « *Le paiement fait de bonne foi à un créancier apparent est valable* ».

2) Les modalités du paiement

a) Le paiement partiel ou par dation

Le créancier ***ne peut pas se voir imposer*** un paiement partiel « *même si la prestation est divisible* » (C. civ., art. 1342, al. 1er nouv.).

La ***dation en paiement,*** c'est-à-dire la possibilité pour le créancier de recevoir en paiement autre chose que ce qui lui est dû, est désormais clairement admise par l'article 1342-4 du Code civil découlant de l'ordonnance du 10 février 2016.

La ***perte de la chose*** devra être supportée par le propriétaire (*res perit domino*). Le débiteur est tenu de restituer le corps certain dans l'état où il se trouve mais pourra voir sa responsabilité engagée en cas de ***détérioration*** (C. civ., art. 1342-5 nouv.).

b) La date du paiement

Le paiement doit être fait dès que la dette est exigible (C. civ., art. 1342, al. 2 nouv.).

c) Le lieu du paiement

Le principe de ***quérabilité*** impose le paiement au ***domicile du débiteur*** (C. civ., art. 1342-4 nouv.) « *à défaut d'une autre désignation par la loi, le juge ou le contrat* » ; il n'est donc pas d'ordre public.

d) Les frais du paiement

Les frais du paiement sont à la ***charge du débiteur*** (C. civ., art. 1342-7 nouv.).

e) La preuve du paiement

Le nouvel article 1342-8 du Code civil affirme clairement le principe de la liberté de la preuve du paiement adopté par la jurisprudence[2] : « *Le paiement se prouve par tous moyens* ».

La remise volontaire par le créancier au débiteur (ou l'un de ses codébiteurs solidaires) de l'acte sous signature privée ou de la copie exécutoire du titre de créance vaut présomption simple de libération (C. civ., art. 1342-9 nouv.).

3) L'imputation des paiements

Les règles d'imputation des paiements, c'est-à-dire celles qui régissent l'***ordre dans lequel le débiteur de plusieurs dettes doit s'en acquitter,*** ont été clarifiées par l'ordonnance du 10 février 2016.

Le débiteur a le choix de l'ordre dans lequel il paie ses dettes : « *Le débiteur de plusieurs dettes peut indiquer, lorsqu'il paie, celle qu'il entend acquitter* » (C. civ., art. 1320-10 nouv.). A défaut d'indication de la part du débiteur, l'imputation se fait d'abord sur les dettes échues ; si les dettes sont toutes échues ou toutes non échues, l'imputation se fait

---

1. Cass. com., 25 avril 1977, n° 76-11671.
2. Cass. 1re civ., 16 septembre 2010, n° 09-13947.

sur la dette que le débiteur avait le plus d'intérêt à régler ; enfin, si l'intérêt n'est pas possible à déterminer, l'imputation se fait sur la dette la plus ancienne ou sur les plus anciennes proportionnellement si elles sont d'anciennetés égales (C. civ., art. 1342-10, al. 2 nouv.).

B - Les dispositions spécifiques aux obligations de sommes d'argent

Les obligations de somme d'argent présentent un certain nombre de spécificités.

Le principe est celui du paiement en ***espèces*** en monnaie fiduciaire.

Le paiement en monnaie scripturale c'est-à-dire par ***chèque*** est également possible et même obligatoire dans certains cas (ex. : achat de biens et services pour une somme supérieure à 3 000 €).

Le paiement par monnaie électronique (***carte bancaire***) est aujourd'hui en plein développement.

1) Le principe du nominalisme monétaire

L'ordonnance du 10 février 2016 a permis de compléter les dispositions spécifiques aux obligations portant sur une somme d'argent qui étaient jusque-là relativement brèves.

Le nouveau texte réaffirme à l'article 1343 du Code civil le principe du nominalisme monétaire : « *Le débiteur d'une obligation de somme d'argent se libère par le versement de son **montant nominal*** ». Ainsi, même si la valeur de la monnaie a varié, le débiteur devra payer la somme numérique prévue au contrat. Ce principe, énoncé également dans d'autres articles du Code civil (art. 860 1 ou 1895), est confirmé par la jurisprudence[3].

Le principe du nominalisme monétaire connait des ***atténuations*** :

- la clause d'***indexation*** prévue au contrat peut ***faire varier le montant de la somme due*** (C. civ., art. 1343, al. 2 nouv.) : « *Le montant de la somme due peut varier par le jeu de l'indexation* ». Les parties peuvent ainsi se prévaloir des fluctuations monétaires. Le texte est bien peu précis, tant sur les modalités de l'indexation que sur ses effets. Les clauses d'indexation sont prévues par certaines lois spéciales. Certaines sont interdites : ainsi, le Code monétaire et financier (art. L. 112-2) interdit « *toute clause prévoyant des indexations fondées sur le salaire minimum de croissance, sur le niveau général des prix ou des salaires ou sur les prix des biens, produits ou services n'ayant pas de relation directe avec l'objet du statut ou de la convention ou avec l'activité de l'une des parties* » ;
- la ***dette de valeur*** est introduite pour la première fois dans le Code civil : le débiteur d'une dette de valeur se libère par le versement d'une ***somme d'argent actualisée***, c'est-à-dire qui peut varier selon les circonstances (C. civ., art. 1343, al. 3 nouv.).

3. Cass. req., 25 février 1929, DH 1929, 161.

2) L'obligation avec intérêts

En cas de paiement d'une obligation avec intérêts, le ***paiement s'impute d'abord sur les intérêts, puis sur le capital***, notamment en cas de paiement partiel (C. civ., art. 1343-1, al. 1er nouv.).

L'alinéa 2 du nouvel article 1343-1 fait de la disposition spécifique au prêt à intérêt de l'article 1907 une règle générale : « *L'intérêt est accordé par la loi ou stipulé par le contrat. Le taux de l'intérêt conventionnel doit être fixé par écrit* ». Le taux est réputé annuel par défaut (C. civ., art. 1343-1, al. 2 *in fine* nouv.).

« *Les intérêts échus, dus au moins pour une année entière, produisent intérêt si le contrat l'a prévu ou si une décision de justice le précise* » : le principe de l'***anatocisme***, c'est-à-dire de la capitalisation des intérêts, s'applique (C. civ., art. 1343-2 nouv.)

3) La devise utilisée pour le paiement

En France, le paiement d'une somme d'argent s'effectue en ***euros*** mais une autre devise peut être choisie si l'obligation est contenue dans un contrat international ou un jugement étranger (C. civ., art. 1343-3 nouv.)[4].

4) La portabilité du paiement des obligations de somme d'argent

Apportant une ***exception au principe de quérabilité***, l'article 1343-4 du Code civil pose le principe de la portabilité du paiement des obligations de sommes d'argent (« *le paiement doit être faut au domicile du débiteur* »), nécessitée par le développement de la monnaie scripturale (chèques, virements ou paiement par carte bancaire).

5) Les délais de grâce accordés par le juge

Le juge a la possibilité d'accorder des délais de grâce, c'est-à-dire un ***report ou un échelonnement*** du paiement des dettes (C. civ., art. 1343-5 nouv.).

Le juge ne peut ordonner des délais de grâce qu'en considération de la ***situation du débiteur*** tout en tenant compte des ***besoins du créancier*** (C. civ., art. 1343-5, al. 1er nouv.), sauf pour les dettes d'aliments (C. civ., art. 1343-5, al. 6 nouv.). Les règles énoncées sont d'ordre public (C. civ., art. 1343-5, al. 5 nouv.).

Le report ou le rééchelonnement de la dette ne peut s'étendre sur plus de ***deux années***. Il a pour effet de ***suspendre les procédures d'exécution*** qui auraient été engagées par le créancier. Les majorations d'intérêts ou les pénalités prévues en cas de retard ne sont pas encourues pendant le délai fixé par le juge (C. civ., art. 1343-5, al. 4 nouv.).

Le juge a également la possibilité d'ordonner, par décision spéciale et motivée, que les sommes correspondant aux échéances reportées porteront ***intérêt à un taux réduit*** au moins égal au taux légal ou que les paiements s'imputeront d'abord sur le capital (C. civ., art. 1343-5, al. 2 nouv.). Enfin le juge peur « *subordonner ces mesures à l'accomplissement par le débiteur d'**actes propres à faciliter ou à garantir le capital*** » (C. civ., art. 1343-5, al. 3 nouv.).

4. Cass. 1re civ., 13 mai 1985, n° 83-16923.

C - Le paiement avec subrogation

La subrogation a pour effet de substituer une personne à une autre pour le paiement de la dette (subrogation personnelle). Les règles qui l'organisent sont largement modifiées par l'ordonnance du 10 février 2016.

1) Le domaine de la subrogation

Le champ d'application de la ***subrogation légale*** est élargi par l'ordonnance du 10 février 2016 au-delà des hypothèses prévues par le Code civil ou par des textes spéciaux : la subrogation légale est généralisée au profit de celui qui, à condition d'y avoir un intérêt légitime, libère par son paiement celui sur lequel pesait tout ou partie de la dette (C. civ., art. 1346 nouv.).

Les cas de ***subrogation conventionnelle*** ont été restreints par l'ordonnance du 10 février 2016 en raison de l'extension des cas de subrogation légale :

- ***subrogation consentie par le créancier*** « *lorsque celui-ci, recevant son paiement d'une tierce personne, la subroge dans ses droits contre le débiteur* » (C. civ., art. 1346-1 nouv.). La subrogation conventionnelle doit alors être expresse (C. civ., art. 1346-1, al. 2 nouv.) et obligatoirement consentie concomitamment au paiement (C. civ., art. 1346-1, al. 3 nouv.) ;
- ***subrogation consentie par le débiteur*** qui, « *empruntant une somme à l'effet de payer sa dette, subroge le prêteur dans les droits du créancier avec le concours de celui-ci* » (C. civ., art. 1346-2 nouv.). Elle peut être consentie sans le concours du créancier à conditions que soient respectées plusieurs conditions dans l'objectif d'éviter les risques de fraude (C. civ., art. 1346-2, al. 2 nouv.) :
    - la dette doit être échue ou le terme doit être en faveur du débiteur,
    - l'acte d'emprunt et la quittance doivent être passés devant notaire,
    - il doit être déclaré dans l'acte d'emprunt que la somme a été empruntée pour faire le paiement,
    - il doit être indiqué dans la quittance que le paiement a été fait des deniers fournis à cet effet par le nouveau créancier.

2) Les effets de la subrogation

Le régime de la subrogation a connu des modifications substantielles du fait de l'ordonnance du 10 février 2016, tenant notamment compte de la jurisprudence :

- le bénéficiaire de la subrogation se voit ***transmettre***, « *dans la limite de ce qu'il a payé* », ***la créance et ses accessoires*** (C. civ., art. 1346-4, al. 1er nouv.). En revanche, les droits exclusivement attachés à la personne du créancier ne lui sont pas transmis (C. civ., art. 1346-4, al. 1er *in fine* nouv.) ;
- « *La subrogation ne peut nuire au créancier lorsqu'il **n'a été payé qu'en partie** ; en ce cas, il peut exercer ses droits, pour ce qui lui reste dû, par préférence à celui dont il n'a reçu qu'un paiement partiel* » (C. civ., art. 1346-3 nouv.) ;
- comme pour la cession de créance (C. civ., art. 1324 nouv.), l'article 1345-5, alinéa 1er exige que la subrogation soit ***notifiée*** pour pouvoir être opposable au débiteur cédé ou que le débiteur en ait pris acte alors que la jurisprudence

n'exigeait pas l'application à la subrogation des formalités prévues aux anciens articles 1690 et 1691 (signification) pour la cession de créance[5].

Les règles relatives à l'***opposabilité*** de la subrogation au débiteur et aux tiers et les ***exceptions*** que le débiteur peut opposer au créancier subrogé sont les mêmes qu'en matière de cession de créance (C. civ., art. 1346-5, al. 2 et 3 nouv.) :

- « *La subrogation est opposable aux tiers dès le paiement* » (C. civ., art. 1346-5, al. 2 nouv.) ;
- « *Le débiteur peut opposer au créancier subrogé les exceptions inhérentes à la dette, telles que la nullité, l'exception d'inexécution, la résolution ou la compensation de dettes connexes. Il peut également lui opposer les exceptions nées de ses rapports avec le subrogeant avant que la subrogation lui soit devenue opposable, telles que l'octroi d'un terme, la remise de dette ou la compensation de dettes non connexes* » (C. civ., art. 1346-5, al. 3 nouv.).

2 • LA REMISE DE DETTE

« *La remise de dette est le contrat par lequel le créancier libère le débiteur de son obligation* » (C. civ., art. 1350 nouv.) : la remise de dette n'est pas un acte juridique unilatéral mais un ***contrat*** qui requiert *l'**accord des deux parties***.

La remise de dette a pour conséquences ***l'extinction*** de celle-ci.

Les dispositions applicables en cas de pluralité de débiteurs ou de cautions subissent de larges modifications :

- lorsque l'un des ***codébiteurs solidaires*** bénéficie d'une remise de dette, les autres sont libérés à concurrence de sa part (C. civ., art. 1350-1, al. 1er nouv.). La remise de dette faite par l'un seulement des ***créanciers solidaires*** ne libère le débiteur que ***pour la part de ce créancier*** (C. civ., art. 1350-1, al. 2 nouv.). L'ancien article 1285 posait au contraire la présomption selon laquelle la remise de dette réalisée au profit de l'un des codébiteurs solidaires libérait tous les autres, sauf lorsque le créancier avait expressément réservé ses droits contre ces derniers ;
- les règles relatives à la libération des ***cautions*** reprennent partiellement les dispositions des anciens articles 1287 et 1288 : « *La remise de dette accordée au débiteur principal libère les cautions. La remise de dette consentie à l'un des codébiteurs solidaires libère les autres à concurrence de sa part. La remise de dette faite par l'un seulement des créanciers solidaires ne libère le débiteur que pour la part de ce créancier. La remise consentie à l'une des cautions solidaires ne libère pas le débiteur principal, mais libère les autres à concurrence de sa part. Ce que le créancier a reçu d'une caution pour la décharge de son cautionnement doit être imputé sur la dette et décharger le débiteur principal à proportion. Les autres cautions ne restent tenues que déduction faite de la part de la caution libérée ou de la valeur fournie si elle excède cette part* ».

5. Cass. com., 7 janvier 2014, n° 12-24468.

3 • LA COMPENSATION

« *La compensation est l'extinction simultanée d'obligations réciproques entre deux personnes* » (C. civ., art. 1347, al. 1er nouv.). Les dispositions du Code civil comprennent désormais des dispositions générales puis des dispositions spécifiques aux compensations judiciaires puis conventionnelles, qui n'apparaissaient pas auparavant dans le Code, seule la compensation légale étant abordée.

A - Les conditions de la compensation

Pour pouvoir faire l'objet d'une compensation, les créances doivent être ***fongibles, certaines, liquides et exigibles*** (C. civ., art. 1347-1, al. 1er nouv.). « *Sont fongibles les obligations de somme d'argent, même en différentes devises, dès lors qu'elles sont convertibles ainsi que celles qui ont pour objet une quantité de choses de même genre* » (C. civ., art. 1347-1, al. 1er nouv.).

Ne peuvent faire l'objet d'une compensation, sauf si le créancier y consent :

- les créances insaisissables ;
- les obligations de restitution d'un dépôt, d'un prêt à usage ou d'une chose dont le propriétaire a été injustement dépouillé, sauf si le créancier y consent, ce qui est nouveau.

Le ***délai de grâce*** ne fait pas obstacle à la compensation (C. civ., art. 1347-3 nouv.).

Lorsque ***plusieurs dettes sont compensables***, les règles prévues en matière d'imputation des paiements sont applicables (C. civ., art. 1347-4 nouv.).

B - Les effets de la compensation

1) Les règles communes

La compensation ***éteint les obligations*** à due concurrence au jour où les conditions en sont réunies, à condition d'être invoquée (C. civ., art. 1347, al. 2 nouv.).

Le débiteur qui a pris acte sans réserve de la cession de créance ***ne peut opposer au cessionnaire la compensation*** qu'il eût pu opposer au cédant (C. civ., art. 1347-5 nouv.).

La compensation intervenue entre le créancier et le débiteur principal est ***opposable par la caution au créancier*** conformément au caractère accessoire de la caution par rapport à la dette principale (C. civ., art. 1347-6, al. 1er nouv.). Le codébiteur solidaire ne peut opposer la compensation intervenue entre le créancier et l'un de ses coobligés mais peut se prévaloir de la diminution de la dette qui en est la conséquence (C. civ., art. 1347-6, al. 2 nouv.).

La compensation ne préjudicie pas aux ***droits acquis par des tiers*** (C. civ., art. 1347-7 nouv.).

2) Les règles spécifiques à la compensation judiciaire

Le juge peut prononcer une compensation lorsque les conditions de la compensation légale ne sont pas réunies, c'est-à-dire si ***l'une des obligations, bien que certaine, n'est pas encore liquide ou exigible*** (C. civ., art. 1348 nouv.). « *À moins qu'il n'en soit décidé autrement, la compensation produit alors ses effets à la date de la décision* » (C. civ., art. 1348 *in fine* nouv.). La pratique applique cette règle depuis plusieurs années sur le fondement de textes du Code de procédure civile.

Le nouvel article 1348-1 du Code civil reprend dans son alinéa premier la jurisprudence selon laquelle le juge ne peut refuser la compensation de ***dettes connexes*** aux seuls motifs que l'une des obligations ne serait pas liquide ou exigible[6]. La compensation est réputée s'être produite au jour de l'exigibilité de la première des dettes connexes (C. civ., art. 1348-1, al. 2 nouv.). Il permet au débiteur d'opposer la compensation même en cas d'acquisition de droits par un tiers sur l'une des obligations connexes (C. civ., art. 1348-1, al. 3 nouv.).

3) Les règles spécifiques à la compensation conventionnelle

Les parties peuvent librement avoir recours à la compensation conventionnelle, qui trouvera son utilité notamment lorsque les ***conditions de la compensation judiciaire ne sont pas réunies***. Elle permet aux parties de « *librement convenir d'éteindre toutes obligations réciproques, présentes ou futures, par une compensation* » (C. civ., art. 1348-2 nouv.). La compensation « *prend effet à la date de leur accord ou, s'il s'agit d'obligations futures, à celle de leur coexistence* » (C. civ., art. 1348-2 *in fine* nouv.).

4 • LA CONFUSION

Les règles relatives à la confusion sont clarifiées par l'ordonnance du 10 février 2016, même si elles reprennent globalement le droit positif.

A - La notion de confusion

« *La confusion résulte de la réunion des qualités de créancier et de débiteur d'une même obligation dans la même personne* » (C. civ., art. 1349 nouv.).

Aucune précision n'est apportée quant aux qualités des créances et dettes qui peuvent faire l'objet d'une confusion.

B - Les effets de la confusion

La confusion a un ***effet extinctif***, quant à la créance et à ses accessoires, sous réserve des droits acquis par ou contre des tiers (C. civ., art. 1349 *in fine* nouv.). L'effet extinctif

6. Cass. 3e civ., 30 mars 1989, n° 87-12470.

de la confusion n'est pas absolu. L'étendue de celui-ci était sujet à controverse : le nouveau texte entend préserver les droits des tiers.

Lorsque la confusion ne concerne que l'un des débiteurs ou créanciers solidaires, l'extinction n'a lieu, à l'égard des autres, ***que pour sa part*** (C. civ., art. 1349-1, al. 1er nouv.). La règle était déjà formulée de manière moins précise par l'ancien article 1301.

Lorsque la confusion concerne une obligation cautionnée, la caution, même solidaire, est libérée (C. civ., art. 1349-1, al. 2 nouv.). Si la confusion concerne l'une des cautions, elle ne libère pas le débiteur principal mais les autres cautions solidaires sont alors libérées à concurrence de la part de cette caution.

5 • L'IMPOSSIBILITÉ D'EXÉCUTER

Le nouvel article 1218 du Code civil définissant la force majeure renvoie dans son 2e alinéa *in fine* aux articles 1351 et 1351-1 : « *Si l'empêchement est définitif, le contrat est résolu de plein droit et les parties sont libérées de leurs obligations dans les conditions prévues aux articles 1351 et 1351-1* ».

Les articles 1351 et 1351-1 du Code civil organisent les modalités de libération du débiteur dans cette hypothèse.

A - L'impossibilité d'exécuter la prestation résultant d'un cas de force majeure

En cas d'***impossibilité d'exécuter une prestation résultant d'un cas de force majeure***, le débiteur est libéré à due concurrence à condition que l'impossibilité soit définitive (C. civ., art. 1351 nouv.).

Par ***exception***, il demeure tenu dans deux cas (C. civ., art. 1351, *in fine* nouv.) :

- lorsqu'il avait ***assumé le risque*** : il est alors tenu d'une obligation de garantie ;
- lorsqu'il a été préalablement ***mis en demeure***.

B - L'impossibilité d'exécuter la prestation résultant de la perte de la chose due

Dans le cas où l'impossibilité d'exécuter découle de la perte de la chose due, le débiteur peut se trouver néanmoins libéré à certaines conditions : il doit prouver que la perte se serait pareillement produite si l'obligation avait été exécutée (C. civ., art. 1351-1, al. 1er nouv.). « *Il est cependant tenu de céder à son créancier les droits et actions attachés à la chose* » (C. civ., art. 1351-1, al. 2 nouv.).

6 • LA PRESCRIPTION EXTINCTIVE

L'écoulement d'un délai fait perdre un droit réel à son titulaire parce qu'il n'agit pas (contrairement à la prescription acquisitive qui permet d'acquérir un droit réel par l'écoulement d'un délai fait).

Le délai de ***droit commun*** est de 5 ans (C. civ., art. 2224).

Il existe des ***exceptions,*** par exemple en matière de dommage corporel (10 ans). Il n'est pas possible d'augmenter par convention la durée de ces délais.

La prescription se ***compte*** par jours (C. civ., art. 2228). Le premier jour est exclu du calcul alors que le dernier est pris en compte (C. civ., art. 2229).

Le ***point de départ*** est fixé au jour où l'action en justice est ouverte. Le délai peut être suspendu (par un événement qui a pour conséquence d'arrêter le délai qui commence à courir quand l'événement a pris fin, par exemple la minorité, art. 2235) ou interrompu (par un événement permettant d'effacer le temps déjà écoulé, par exemple la mise en demeure).

L'obligation prescrite est éteinte. La prescription ne produit pas ses effets de plein droit :

– le juge ne peut la soulever d'office ;
– le débiteur peut y renoncer tacitement ou expressément.

BIBLIOGRAPHIE

BOUGEROL-PRUD'HOMME (L.), « Réflexions sur le paiement à l'épreuve de la monnaie scripturale », RTD civ. 2012, p. 439.

HIEZ (D.), « La nature juridique de la dation en paiement », RTD civ. 2004, p. 199.

QUETAND-FINET (C.), « La nature juridique du paiement : ce que la controverse nous apprend », D. 2013, Chron. p. 942.

CHAPITRE 26

Les restitutions

L'ordonnance du 10 février 2016 réunit pour la première fois dans un chapitre du Code civil l'ensemble des dispositions consacrées aux restitutions (C. civ., art. 1352 à 1352-9 nouv.). Celles-ci ne faisaient l'objet que de quelques dispositions éparpillées dans le Code civil. Leur régime, fortement inspiré de la jurisprudence, s'applique à toutes les restitutions, qu'elles découlent de l'annulation, de la résolution, de la caducité du contrat ou de la répétition de l'indu.

1 • LA RESTITUTION D'UNE CHOSE AUTRE QU'UNE SOMME D'ARGENT

Les dispositions relatives à la restitution d'une chose autre qu'une somme d'argent distinguent d'une part un cas général et d'autre part le cas particulier de la restitution d'une prestation de service.

1) Le cas général

a) Les modalités de la restitution

L'article 1352 du Code civil pose le ***principe de la restitution en nature*** d'une chose autre qu'une somme d'argent. La valeur sera estimée au jour de la restitution (C. civ., art. 1352 *in fine* nouv.).

La restitution n'a lieu ***en valeur*** que dans les hypothèses où la restitution en nature est impossible :

- lorsque ***la chose restituée a subi des dégradations ou détériorations*** qui en ont diminué la valeur, celui qui restitue doit en répondre, sauf lorsqu'il est de bonne foi et que ces dégradations et détériorations ne sont pas dues à sa faute (C. civ., art. 1352-1 nouv.) ;
- lorsque ***la chose a été vendue*** par le débiteur de la restitution, la restitution se fera par exception en valeur (C. civ., art. 1352-2 nouv.) : le débiteur de bonne foi devra restituer le prix de la vente alors que le débiteur de mauvaise foi devra la valeur au jour de la restitution lorsqu'elle est supérieure au prix.

b) L'étendue de la restitution

La restitution d'une somme autre qu'une somme d'argent porte sur la chose, à laquelle s'ajoutent les fruits et la valeur de la jouissance que la chose a procurée :

- le débiteur de bonne foi ne doit restituer que le ***prix de vente*** alors que celui de mauvaise foi restitue la valeur de la chose au jour de la restitution lorsque cette valeur est supérieure au prix (C. civ., art. 1352-2 nouv.) ;
- les ***fruits*** doivent être restitués que le débiteur soit de bonne ou mauvaise foi (C. civ., art. 1352-3, al. 1er nouv.). Si les fruits ne se retrouvent pas en nature, ils sont restitués selon leur valeur à la date du remboursement, suivant l'état de la chose au jour du paiement, sauf stipulation contraire (C. civ., art. 1352-3, al. 3 nouv.) ;
- le principe de l'octroi d'une ***indemnité de compensation de jouissance*** met fin à une jurisprudence constante le refusant (C. civ., art. 1352-3, al. 1er nouv.)[1]. Cette valeur est évaluée au jour du jugement (C. civ., art. 1352-3, al. 2 nouv.).

« *Les restitutions dues à un mineur non émancipé ou à un majeur protégé sont réduites à proportion du profit qu'il a retiré de l'acte annulé* » (C. civ., art. 1352-4 nouv.).

Le **montant de la restitution** doit tenir compte « *des dépenses nécessaires à la conservation de la chose et de celles qui en ont augmenté la valeur, dans la limite de la plus-value estimée au jour de la restitution* » (C. civ., art. 1352-5 nouv.). Le texte semble en contradiction avec l'article 555 du Code civil sur les constructions sur le terrain d'autrui qui distingue entre constructeur de bonne foi et constructeur de mauvaise foi.

2) Le cas particulier de la restitution d'une prestation de service

L'ordonnance du 10 février 2016 créée des modalités spécifiques à ***la restitution d'une prestation de service***. Cette restitution doit nécessairement avoir lieu en valeur, qui est appréciée à la ***date à laquelle elle a été fournie*** (C. civ., art. 1352-8 nouv.), conformément à la jurisprudence[2].

2 • LA RESTITUTION D'UNE SOMME D'ARGENT

« *La restitution d'une somme d'argent inclut les intérêts au taux légal et les taxes acquittées entre les mains de celui qui l'a reçue* » (C. civ., art. 1352-6 nouv.). Le Code civil conserve le principe du ***nominalisme monétaire***, également posé à l'article 1343 et plusieurs fois affirmé par la jurisprudence[3], ce qui conduit le débiteur de la restitution à subir les fluctuations monétaires.

La ***restitution*** d'une somme d'argent doit inclure les intérêts au taux légal et les taxes acquittées (C. civ., art. 1352-6 nouv.).

1. Cass. ch. mixte, 9 juillet 2004, n° 02-16302.
2. Cass. 3e civ., 24 juin 2009, n° 08-12251.
3. Cass. 1re civ., 7 avril 1998, n° 96-18790.

Les ***intérêts, fruits et valeur de la jouissance sont dus à partir d'une date*** qui peut varier selon la bonne ou mauvaise foi de celui qui les a reçus (C. civ., art. 1352-7 nouv.) :

- lorsque le débiteur de la restitution est de ***mauvaise foi***, il doit ceux qu'il a perçus à compter du paiement, comme le décidait déjà la jurisprudence[4] ;
- la partie de ***bonne foi*** ne conserve les fruits que jusqu'à la demande (C. civ., art. 1352-7, *in fine* nouv.), conformément à la jurisprudence[5].

Le nouvel article 1352-9 du Code civil reprend un principe consacré par une jurisprudence constante[6] en matière de prêt d'argent : « *Les sûretés constituées pour le paiement de l'obligation sont reportées de plein droit sur l'obligation de restituer sans toutefois que la caution soit privée du bénéfice du terme* ».

BIBLIOGRAPHIE

Rouvière (F.), « L'évaluation des restitutions après annulation ou résolution de la vente », RTD civ. 2009, p. 617.

4. Cass. 1re civ., 4 octobre 1988, n° 86-13437.
5. Cass. com., 28 avril 2004, n° 02-21585 : « *le possesseur, même de bonne foi, doit restituer les fruits au propriétaire qui revendique la chose à compter du jour de la demande* » ; Cass. 3e civ., 7 juillet 2004, n° 01-17446.
6. Cass. com., 17 novembre 1982, n° 81-10757 ; Cass. com., 1er juillet 1997, n° 95-15642.

Bibliographie

AYNÈS (L.), MALAURIE (Ph.), STOFFEL-MUNCK (Ph.), *Les obligations*, Defrénois, 7e éd., 2015.

BÉNABENT (A.), *Droit civil, Les obligations*, LGDJ, 15e éd., 2016.

BUY (F.), « *L'essentiel des grands arrêts du droit des obligations* », Gualino éditeur, 8e éd., 2016-2017.

CABRILLAC (R.), *Droit des obligations*, Dalloz-Sirey, coll. « Cours », 12e éd., 2016.

CAPITANT, *Les grands arrêts de la jurisprudence civile* par Terré, Simler et Lequette, Dalloz, 13e éd., 2015.

DELEBECQUE (Ph.) et PANSIER (F.-J.), *Droit des obligations – Régime général*, Litec, 7e éd., 2015 ; *Droit des obligations, Tome 1, Contrat et quasi-contrat*, Litec, 6e éd., 2013 ; *Droit des obligations, Tome 2, Responsabilité civile – Délit et quasi-délit*, Litec, 6e éd., 2014.

DRUFFIN-BRICCA (S.), *Annales et sujets d'actualité – Droit des obligations* 2016, Gualino éditeur.

FAGES (B.), *Droit des obligations*, LGDJ, Coll. « Manuel », 6e éd., 2016.

FENOUILLET (D.), MALINVAUD (Ph.), *Droit des obligations*, Litec, Coll. « Manuel », 13e éd., 2014.

FLOUR (J.), AUBERT (J.-L.), FLOUR (Y.), SAVAUX (E.), *Droit civil. Les obligations – 1. L'acte juridique*, Vol.1, Dalloz, 16e éd., 2014 ; *Droit civil. Les obligations – 2. Le fait juridique*, Vol. 2, Dalloz, 15e éd., 2014 ; *Droit civil. Les obligations – 3. Le rapport d'obligation*, Dalloz, Sirey-Université, 9e éd., 2015.

RENAULT-BRAHINSKY (C.), *L'essentiel du droit des obligations*, Gualino éditeur, 12e éd., 2016.

LE TOURNEAU (Ph.), BLOCH (C.), GUETTIER (Ch.) et JULIEN (J.), *Droit de la responsabilité et des contrats*, Dalloz-Action, 10e éd., Édition 2014-2015.

TERRÉ (F.), SIMLER (Ph.) et LEQUETTE (Y.), *Droit civil. Les obligations*, 11e éd., Dalloz, 2013.

• *Sur le réforme des contrats :*

COLLECTIF, *La réforme du droit des contrats : quelles innovations*, Revue Droit des contrats, LGDJ, 2016

DOUVILLE (Th.) *Table de correspondance ancien/nouveau articles du droit des contrats,* Gualino éditeur, 2016, *La réforme du droit des contrats, commentaire article par article de l'ordonnance du 10 février 2016*, Gualino éditeur, 2016.

RENAULT-BRAHINSKY (C.), *Le nouveau droit des contrats*, coll. Droit en poche, Gualino éditeur, 2016 ; *L'essentiel de la réforme des obligations*, coll. Carrés Rouge, Gualino éditeur, 2016.

Index

Imprimé en France - JOUVE, 1, rue du Docteur Sauvé, 53100 MAYENNE
N° 2426952R - Dépôt légal : août 2016